Moritz Julius Bonn

Spaniens Niedergang während der Revolution des 16. Jahrhunderts

Moritz Julius Bonn

Spaniens Niedergang während der Revolution des 16. Jahrhunderts

ISBN/EAN: 9783743310025

Hergestellt in Europa, USA, Kanada, Australien, Japan

Cover: Foto ©ninafisch / pixelio.de

Manufactured and distributed by brebook publishing software
(www.brebook.com)

Moritz Julius Bonn

Spaniens Niedergang während der Revolution des 16.

Jahrhunderts

Spaniens Niedergang

während der

Preisrevolution des 16. Jahrhunderts.

Ein

induktiver Versuch zur Geschichte der Quantitätstheorie.

VON

Dr. MORITZ JULIUS BONN.

STUTTGART 1896.

VERLAG DER J. G. COTTA'SCHEN BUCHHANDLUNG

NACHFOLGER.

Druck der Union Deutsche Verlagsgesellschaft in Stuttgart.

Vorwort.

Die vorliegende Arbeit wird sich in mancher Hinsicht kaum mit dem üblichen Masse von Nachsicht, das man Erstlingsarbeiten gerne zugesteht, begnügen können. Der Gegenstand derselben ist ein so umfangreicher, dass mir nicht einmal eine vollständige Verarbeitung der gesamten Litteratur gelungen ist, um so weniger, als eine grosse Anzahl der Schriften, die zu einer einigermassen befriedigenden Untersuchung unentbehrlich waren, mir nicht zugänglich gewesen ist. So habe ich nichts Fertiges zu bieten, sondern höchstens einen Versuch, der Fragen aufwirft, sie aber nicht beantwortet.

Wenn derselbe doch vielleicht einiges Brauchbare enthält, so danke ich das don Anregungen und der unermüdlichen Unterstützung meiner verehrten Lehrer, der Herren Professoren Brentano und Lotz, welche sie mir durch 2½ Jahre angedeihen liessen. Beiden schulde ich den grössten Dank, insbesondere dem ersteren, der auch meine Aufmerksamkeit dem behandelten Thema zuwandte.

Dankend muss ich auch an dieser Stelle der grossen Liberalität gedenken, mit welcher mir Herr Professor Karl Menger in Wien während meines dortigen Aufenthaltes seine reichen Bücherschätze zu eingehender Benutzung überliess.

Gern hätte ich die folgenden Blätter Herrn Geheimrat Brentano zugeeignet, als äusseres Zeichen des Dankes für die vielfache freundliche Förderung, die ich durch ihn erfahren habe. Indes eine Erstlingsarbeit, deren Wert und Schicksal dem Verfasser kaum zweifelhaft ist, scheint nicht die richtige Form tiefgefühlten Dankes zu sein, nicht der geeignete Ausdruck aufrichtiger Verehrung.

Frankfurt a. M., den 26. September 1895.

M. J. Bonn.

Inhaltsverzeichnis.

Einleitung.

1. Schwache Fäden sind es, die heute das geistige Leben des spanischen Volkes mit dem Denken und Fühlen der übrigen europäischen Nationen verbinden. Und auch bei diesem ziemlich geringfügigen Gedankenaustausche ist Spanien, abgesehen von rein litterarischen und künstlerischen Bestrebungen, meist der empfangende Teil. Zweimal aber in der Vergangenheit haben die Bewohner der iberischen Halbinsel den Versuch gemacht, den Völkern der östlichen Lande ihr Kulturgepräge aufzudrücken. Das erste Mal waren es die Araber, die das Gotenreich vernichtet hatten und nun in scheinbar unaufhaltsamem Vorrücken Europa zu überfluten drohten, bis in der Ebene von Tours und Poitiers das Kreuz über den Halbmond siegte. 750 Jahre vergingen, bis die Nachkommen der flüchtigen Goten dem Könige Boabdil el Chico Granada abgewannen, bis der besiegte Maurenfürst zum letztenmal den Blick schweifen liess über die leuchtende Vega. die der Xenil mit seinen Wassern befruchtet, und thränenden Auges Abschied nahm von der herrlichen Stadt Granada, „ihren Verlust beweinend wie ein Weib, da er sie nicht wie ein Mann verteidigt hatte“. Damals begründeten Ferdinand V. von Aragon und Isabella die Katholische von Kastilien, die ihre Länder vereint hatten, Spaniens Weltmacht. Als nach langer. oft glorreicher Regierung, Ferdinand starb. hinterliess er Karl V., seinem Enkel und Erben, einmal ein mächtiges Reich. dessen Kern

Kastilien bildete, zu welchem jenseits der Pyrenäen die Kaiser-
krone und der Besitz des Hauses Burgund hinzukam. Er
hinterliess ihm aber auch eine ungelöste politische Aufgabe:
er sollte die ganze Welt unter spanisches Regiment bringen.
Karl V. wie sein Sohn Philipp II. haben mit allen Mitteln
diesem Ziele zugestrebt. Zahllose Kriege hat Karl geführt.
in welchen die Spanier zeigten, dass ein 800jähriger Krieg sie
zu den ersten Soldaten der Welt gebildet hatte.
Mit Frankreich rang der Kaiser um die europäische Vorherrschaft. gegen die Türken focht er als Vertreter der
Christenheit und schlug sich als solcher mit Berbern und
Mauren, als Vorkämpfer der römischen Kirche stand er gegen
die deutschen Protestanten. Ueberall halfen ihm spanische
Truppen siegen. Amerikas Silberschätze begannen sich ihm
zu erschliessen. Damals feierte Pero Mexia[1]) in einem Buche.
„Los Caesares" genannt, die herrlichen Zeiten des römischen
Kaiserreiches, da überall Friede und Eintracht herrschte. da
Gerechtigkeit, Sicherheit, Freiheit für jeden zu finden war, weil
sich alles in der starken Hand eines Mannes befand, weil
alles unter einem mächtigen Scepter stand. Kaiserliche
Wünsche und Hoffnungen, die nie in Worte gefasst wurden,
aber deutlich durchschimmern in der Politik jener Tage, haben
wohl Mexias Feder beeinflusst, als er diese Schilderung gab.
die die Völker mit froher Zuversicht erfüllen sollte auf
die Wiederkehr jenes Zeitalters unter dem Scepter der Habs-
burger.

Damals war die Gefahr nicht gering, dass Westeuropa in
spanische Abhängigkeit geraten würde. Spanische Kriegskunst
und Diplomatie, spanisches Geld und spanische Sitte haben
damals die Welt regiert. Aber das Zeitalter der Cäsaren
kehrte nicht wieder.

Müde und gebrochen an Leib und Seele zog sich Karl V.
nach St. Yuste zurück. Philipp II. folgte.

An allen Punkten der Erde setzte er seine Macht ein,
um Kastilien zum Herzen der Welt zu machen. Die Neben-
buhlerschaft Frankreichs dauerte fort, er verband sich mit den

---

[1]) Davenant. Works IV. 29.

Guisen, ja er dachte daran, den Franzosen einen König aus seiner Familie zu geben [1]). Seine Flotte schlug die Türken bei Lepanto. Nach Portugal streckte er die Hand aus und gewann es nebst seinen reichen Kolonien.

Der Umfang der Monarchie nahm stetig zu. Aber nicht nur Mehrer seines Erbes wollte er sein, sondern Vertreter der katholischen Christenheit. „Es sei besser, gar nicht," meinte er, „als über Ketzer zu herrschen." So suchte er den Protestantismus in den Niederlanden zu ersticken.

Diese aber rissen sich los und im Kampfe mit dem ketzerischen England versank die Armada. Es war der schwerste Schlag, den Spanien erleiden konnte, doch ertrug es ihn. Noch zitterte die Welt vor seinem Namen. In fast allen europäischen Angelegenheiten fiel Spaniens Einfluss entscheidend in die Wagschale, überall in Europa gab es eine spanische Partei. Spanien war zwar nicht Weltmacht geworden, aber es war die erste Grossmacht Europas. Unter Philipps Nachfolgern jedoch — und schon in seinen letzten Regierungsjahren, nur damals weniger auffällig — zerfiel diese gewaltige Monarchie mit unheimlicher Schnelle.

Im Dreissigjährigen Kriege unterlag die spanische Partei. Holland, England, Frankreich kamen empor, Portugal riss sich los, die Niederlande blieben befreit, in Katalonien brach ein Aufstand aus. Andalusien wollte sich selbständig machen. Eine Zeitlang galten noch die spanischen Waffen, noch lief — und läuft — Silber um, gefördert aus den Minen von Potosi, noch herrschte — und herrscht mancherorts — spanisches Hofceremoniell; aber Spaniens goldenes Zeitalter war bereits um 1600 unwiederbringlich versunken.

Weite Strecken Landes, die früher wohl bebaut waren, lagen brach, die einst nicht unbeträchtliche Industrie war fast vernichtet. Schiffahrt und Handel, selbst mit den Kolonien, war den Händen der Spanier entglitten. Amerikas und

---

[1]) Ranke, Französische Geschichte. Bd. I. Philippson. Ein Ministerium unter Philipp II. 1895. S. 241—307.

Spaniens Bedürfnisse deckten die Ausländer. Die Bevölkerung war zurückgegangen, die Ehen wurden selten.

Das war der Zustand der Nation, die seit 200 Jahren Amerikas Silberschätze geerntet hatte, welche auch damals noch nicht versiegt waren. Aber sie blieben nicht im Mutterlande. Dort hatte das Silber ein Agio von 40%. Der ganze Verkehr vollzog sich durch Kupfermünzen. Und trotz dieses Mangels hatte man hohe Preise!

So unvermittelt wie er sich über die Pyrenäen ergossen hatte, flutete der Strom spanischer Kultur wieder zurück, wenig tiefe Spuren hinter sich lassend. Wie ein Sommer des Südens war diese Zeit spanischer Vorherrschaft für Kastilien. Goldner Glanz schien sich über die Lande zu verbreiten. Aber so heiss brannte die Sonne, dass sie alle Keime verdorren liess, dass sie eine Wüste schuf, wo früher die Erde reiche Ernten versprach. Nur der Herbst, der folgte, der wenige herrliche Früchte zeitigte. während das ganze Land zu Tode gesengt war, lässt diese Zeit des Ruhms weniger öde und dürr erscheinen. Murillo und Velasquez, Lope de Vega und Calderon und vor allem Cervantes, der das grosse Trauerspiel des Verfalls mit lachender Lippe und blutendem Herzen erklärte, sie beweisen, dass das heisse, hastende Leben des 16. Jahrhunderts kein ganz vergebenes war.

II. Noch eines blieb.

Wie der Chor in der Tragödie dem Verlaufe der Handlung folgend, Unausgesprochenes in Worte fasst, Unbegreifliches zu ergründen sucht, so begleitet das ökonomische Denken die trüben Ereignisse des politischen Lebens. Vermeintlichen oder sichtlichen Verfall wagt es zu deuten, drohende Schicksalsschläge sucht es durch Erkennen zu bannen.

Zu Anfang des 16. Jahrhunderts beginnt die volkswirtschaftliche Betrachtung in Spanien.

Die Schriftsteller, die an die Untersuchung der ökonomischen Zustände herantreten, entstammen den verschiedensten Lebenstellungen. Die Art ihrer wissenschaftlichen Auffassung ist indes unterschiedslos eine rein empirische. Die harte, eherne Not hat sie zur Betrachtung der mannigfachsten Schäden geführt, auf deren Beseitigung sie sinnen. Die Behauptungen, die sie aufstellen, wollen nicht als ökonomische Lehrsätze behandelt sein, sondern sind konkrete Antworten auf konkrete Fragen. Von diesem Gesichtspunkt aus, muss man ihre oft unerfreuliche Breite beurteilen, ihre oft wenig scharfe Begriffsfassung entschuldigen. Dass der religiöse Geist des spanischen Mittelalters auch aus diesen Werken spricht, kann man ihren Verfassern kaum zum Vorwurfe machen [1]). Es ist nicht möglich, sich der Grundstimmung seiner Zeit zu entziehen, besonders nicht in einem Momente des Niederganges, wenn die Hilfsmittel dieser Erde thatsächlich zu versagen beginnen. So geben uns die erwähnten Schriftsteller ein recht gutes Bild des damaligen ökonomischen Gedankenkreises. In einer Geschichte der Nationalökonomie müssten sie auf ein besonderes Blatt kommen, denn sie kümmern sich wenig um die Aufsuchung allgemeiner Wahrheiten. Der Zustand des Landes spricht aus ihren Worten, nicht aber irgend eine fest geronnene theoretische Anschauung. Es sind im grossen und ganzen deskriptive Nationalökonomen, doch sind ihre Darstellungen nicht als Aeusserungen plastischen Bedürfnisses aufzufassen, sondern als Grundlage eines zeitlich und räumlich beschränkten Handelns und Erkennens.

Die erste Frage, die zu einer eingehenderen ökonomischen Untersuchung Anlass gab, dürfte die Zunahme der Bettler und Vagabunden zu Beginn des 16. Jahrhunderts gewesen sein. Juan Luis Vives war es wohl, der 1526 dieses Problem anschnitt. Dann kam es im Jahre 1545 zu einer lebhaften Auseinandersetzung zwischen den Padres Juan de Medina und Domingo de Soto. Der letztere, vielleicht im Interesse der Bettlerorden, verteidigte die grösstmögliche Freiheit des Almosenempfangs, während Medina nur die wirklich Bedürftigen bedacht wissen wollte. In ähnlichem Sinne trat 1579, 1584 und 1587 Miguel de Giginta für Arbeits- und Armenhäuser ein, wie dies schon Vives gethan hatte. Auch Mariana be-

---

[1]) Z. B. Konrad Häbler, Die wirtschaftliche Blüte Spaniens im 16. Jahrhundert und ihr Verfall. Berlin 1888. S. 19.

schäftigte sich in dem bekannten Buche „De rege" (1598) mit der Armenfrage.

Er meinte, man solle der Geistlichkeit in den grossen Städten ihr Eigentum wegnehmen und solches unter die Armen verteilen [1]). Jede Stadt soll die Sorge für ihre mittellosen Angehörigen selbst übernehmen.

Unbeeinflusst von der beginnenden Zersetzung blieb die Schrift des Diego de Covarrubias y Leiva über das Geldwesen (1550). Der Verfasser, ein berühmter Jurist, gibt eine recht langweilige und akademisch gehaltene Abhandlung über alte Münzen u. s. w.. die indes für die Münzgeschichte nicht wertlos ist [2]). Die Behandlung des Stoffes ist eine wesentlich formal juristische. Eine Untersuchung über den Einfluss der amerikanischen Edelmetallproduktion findet sich nicht.

Unendlich mehr bietet die Schrift des Tomás de Mercado, Tratos y contratos de mercaderes y tratantes (1569). Der Verfasser ist genau mit der Organisation des Sevillaner Handels bekannt und gibt eine ausführliche Schilderung desselben. Er steht durchaus auf dem Boden der städtischen Interessen und verteidigt daher die Getreidetaxe als äusserst nützliche Massregel, da sie die Preise herabsetzt. Er hat ein Steigen derselben beobachtet und den Einfluss der amerikanischen Schätze auf den Preis erkannt.

Infolge der Preissteigerung, die auch andern Schriftstellern auffällt, treten dann Fragen der Verkehrspolitik in den Vordergrund. Nur durch den Ausbau der Wasserstrassen war auf einen Ausgleich der lokal äusserst verschiedenen Preise zu rechnen. Einen solchen empfiehlt das ökonomisch bedeutend gedachte Kanalbauprojekt des Antonelli.

Man kann indessen nicht sagen, dass diese Schriften von einem eigentlichen Verfall ihren Ausgang nehmen.

Doch schon um die Mitte des Jahrhunderts hatten sich Schäden gezeigt, auf deren Beseitigung die Schriftsteller drangen.

Trotz der Silberrente von Potosi floss aus Spanien alles

---

[1]) Brentano, Die Arbeiterversicherung gemäss der heutigen Wirtschaftsordnung. 1879. S. 55.

[2]) Auch in der Budeliana abgedruckt.

Geld ab, so dass häufig Mangel an baren Zahlungsmitteln eintrat. Diesen Punkt erörterte Luis Ortiz bereits 1558 in einem für den König bestimmten Memorial.

Auch Mercado hatte diese Frage berührt, hatte ernsthafte Besorgnisse ausgesprochen, man müsse, wenn der Abfluss andauere, zum Tausche zurückkehren.

Hiermit war die eine Seite des grossen ökonomischen Problems gegeben, mit welcher sich die Schriftsteller des 17. Jahrhunderts eingehend befassten. Für das ausströmende Geld kamen fremde Waren nach Spanien. Die spanischen Konsumenten verloren daher ihr Geld, die Produzenten ihren Absatz. Geldmangel herrscht, aber die Preise sind vielfach gestiegen.

Die Bevölkerung arbeitet nicht, der König erhält keine Steuern, die Volkszahl nimmt ab, die Soldaten fehlen. Das sind ungefähr die Gesichtspunkte, die Sancho de Moncada leiten, als er 1619 befürwortet, man solle die Einfuhr von Fabrikaten und die Ausfuhr von Geld und Rohstoffen verbieten. Betrachtet man diese Vorschläge losgelöst vom historischen Hintergrunde, dann wird man Moncada unter die Merkantilisten versetzen müssen, obwohl ihm nichts ferner lag als übertreibende Theorie und er sich nur mit rein praktischen Fragen beschäftigte.

Die Entvölkerung des Landes, die Einfuhr fremder Waren, das Daniederliegen der eigenen Industrie und Landwirtschaft, das sind auch die Fragen, die Fernandez Navarrete behandelt (1621 resp. 1623). Er betont vor allem die agrarischen Schäden, die Last der Majorate, die schlimme Lage der kleinen Besitzer, die Ausbreitung der toten Hand durch die Geistlichkeit, die Zunahme der Kleriker.

Das sind Schriftsteller, die vom bereits eingetretenen Verfalle ausgehen, die nicht mehr warnen, sondern nur durch eine allgemeine Umkehr auf allen Gebieten Besserung erhoffen.

Längst war in Spanien der alte ständische Staat durch den Absolutismus niedergebrochen worden. Bei einem Einzigen lag nun die Macht, der mit ihr schalten und walten konnte, wie er wollte. Die Nation, die sich ihrer politischen Selbstbestimmungsrechte begeben hatte, konnte nicht mehr eine gute Regierung erzwingen. Da schrieb man vom moralischen Standpunkte aus Bücher über die Kunst des Regierens, die in loyaler Weise den Herrscher auf seine Pflichten aufmerksam machen sollten. Rivadeneyra (1595), Mariana (1598), Saavedra (1640) sind die hauptsächlichsten Schriftsteller dieser Art. Wenn ihre Werke auch dem Fürsten in Ehrfurcht unterthänigst gewidmet sind, so findet sich doch in denselben ehrlicher Mut und ehrliche Unabhängigkeit. Ihre Verfasser treten ein für Minderung der Steuerlast, sie verurteilen die Münzfälschungen — auch als solche thatsächlich stattfanden —. sie tadeln die Missbräuche der Verwaltung.

Auf der andren Seite sucht man den Fürsten durch Finanzpläne die Mittel zu ihrer weit ausgreifenden Politik zu verschaffen (Gaspar Pons 1595, Luis Valle de la Cerda 1599 resp. 1600), die indes auch volkswirtschaftliche Gesichtspunkte enthalten. Die Mitte des 17. Jahrhunderts, die Zeit tiefen Verfalles, bringt einen grossen Nationalökonomen hervor. Auch bei Martinez de la Mata [1]) (Schriften 1656—1659) überwuchert das thatsächliche Material die theoretischen Ausführungen. Aber diese letzteren sind zahlreich vorhanden, sind scharf gefasst. Landwirtschaft und Industrie bedingen und fördern einander. Die Arbeit in der Industrie setzt den ziemlich wertlosen Rohstoffen den Hauptwert zu (S. 3), der Wert der Waren beim Verkauf wird bestimmt durch die Produktionskosten. Etwas höher als dieselben muss der Preis sein, um dem Verkäufer einen mässigen Gewinn zu gestatten (14). Veränderungen in der Preisbildung werden überwälzt. — Es ist nicht klug, hohe Steuern aufzulegen. Wenig Steuern auf viele Köpfe verteilt, ergibt weit mehr (3). Martinez de la Mata hat dann ferner vielerorts die Theorie der Produktivkräfte ausgesprochen (Friedrich List). Wer billig im Ausland kauft, kauft teuer, er ruiniert sein Vaterland (11). Aehnliche Anschauungen verbreitet später (1686) Alvarez Osorio y Redin. Er schiebt den Edelmetallen die Schuld am Verfalle des Reiches zu, nicht aus mechanischen, auf die Preisbildung wirkenden Einflüssen, sondern infolge der moralischen Zersetzung, die ihre Einfuhr hervorrief.

---

[1]) cd. Campomanes.

Es kann nicht unsre Aufgabe sein, sämtliche spanischen Oekonomen jener Tage kritisch aufzuzählen. Dazu ist ihre Zahl viel zu gross (Colmeiro hat 405 Werke zusammengestellt). Es sollte nur darauf hingewiesen werden, dass die vollständige Auflösung der spanischen Volkswirtschaft auch in Spanien selbst nicht als etwas gegebenes hingenommen wurde, sondern dass sich Leute fanden, die deren Gründe zu verstehen trachteten. Die meisten Punkte haben sie richtig erkannt und gewürdigt. Daher sind die Fragen, die uns im folgenden beschäftigen werden, hier bereits gestreift worden.

Auf die ökonomische Wissenschaft des übrigen Europa blieben die erwähnten Werke ohne grösseren Einfluss; höchstens Mariana und Saavedra wurden bekannt. Erst Ustariz (1724) und Ulloa (1740) gaben den Schriftstellern diesseits der Pyrenäen die nötige Kenntnis von den wirtschaftlichen Zuständen ihres Landes. Ihre Bücher, vor allem das des Ustariz, sind meines Erachtens beträchtlich überschätzt worden. Wertvoll an ihnen ist nur das Material, das sie im Geiste des Colbertismus färbten. Für die Wirtschaftsgeschichte ihres Landes sind sie von hoher Bedeutung, für die Geschichte der Nationalökonomie nur dadurch, dass ihren Büchern eine Theorie oder vielmehr die Beweise für die Richtigkeit derselben entnommen werden konnten. Der Untersuchung dieser Theorie, der Betrachtung ihres Zusammenhanges mit den realen Verhältnissen soll die folgende Darstellung dienen.

Vgl. hierzu: 1. Colmeiro, Historia de la economía política en España. 2 Bde. Madrid 1863.

2. Derselbe, Biblioteca de los economistas españoles de los siglos XVI, XVII y XVIII, in den Memorias de la Real Academia de ciencias morales y políticas. 2. Aufl. Madrid 1879. Bd. I.

3. Federigo Rahola, Economistas españoles de los siglos XVI y XVII. Barcelona 1887.

4. Conde de Campomanes, Apéndice á la educacion popular. Madrid 1775. 4 Bde. 8⁰.

5. Sempere y Guarinos, Biblioteca española económico-política. 4 Bde. 1801—1824. — Dieses Werk enthält eine grosse Menge älterer Schriftsteller in oft ausführlichem Auszuge. Campomanes bringt in dem erwähnten Werke die Abhandlungen von Martinez de Mata und Osorio unverkürzt.

6. Don Diego de Covarrubias y Leiva, Veterum numismatum collatio cum his quae modo exponduntur, publica et regia auctboritate recussa. In der Budeliana 1596.

7. Fr. Tomás de Mercado, Tratos y contratos de mercaderes y tratantes discididos y determinados. Salamanca 1569. 4º. Italienische Ausgabe Brescia 1591.

8. Don Diego de Saavedra Fajardo, Idea de un príncipe político christiano representada en cien empresas. 1640. Später oft aufgelegt. Lateinische Ausgabe: Symbola christiana politica. Brüssel 1649.

9. P. Juan de Mariana, De Rege et Regis institutione libri III. 1. Aufl. 1597.

10. Jerónimo de Ustáriz, Teórica y práctica de comercio y de marina. 1724 u. 1740. Englische Ausgabe von John Kippax, französische von Forbonnais.

11. Bernardo de Ulloa, Restablecimiento de los fábricas y comercio español. Madrid 1740. 2 Bde. Französische Ausgabe Amsterdam 1753.

12. A. Wirminghaus, Zwei spanische Merkantilisten. Jena 1886.

13. Luigi Cossa, Introduzione allo studio dell' economia politica. 1892. S. 219.

Kapitel I.

Die Quantitätstheorie.

Die älteren Nationalökonomen wie Sir William Temple, Charles Davenant und andre haben die Zustände der spanischen Monarchie vom reinpolitischen Standpunkt aus betrachtet. Karl V. hatte die Politik verfolgt: Con todos guerra y paz con Inglaterra. Unter seinem Nachfolger war England Spaniens Todfeind geworden. Leichten Herzens sah das kleine Inselreich den einst so gefürchteten Koloss in sich zusammensinken. Wie verhaltener Jubel bricht es aus den Werken der zeitgenössischen Schriftsteller, wenn sie berichten, dass das unersättliche Spanien „uns einst so furchtbar (Davenant III. S. 305) verfällt, dass es an seiner Ländergier zu Grunde gegangen ist" [1].

Das Zeitalter der Aufklärung kam, Spaniens Verfall war fortgeschritten, das Land war ein Gegenstand der Ausbeutung für das seebeherrschende England geworden. In diesen Tagen der Verfechtung der Toleranz schrieb man den Untergang Spaniens der Inquisition und dem Despotismus zu.

Diese Auffassung hat auch Joseph Townsend vertreten. Er hat (1786—1787) gründliche Reisen in Spanien unternommen und die Ergebnisse derselben in einem umfangreichen Buche niedergelegt, das von jener gesunden und nicht unangenehmen Plattheit strotzt, die dem Zeitalter der Aufklärung in England eigentümlich ist [2]. 18 Gründe des Verfalls, alle richtig beobachtet, hat er angegeben, deren Aufzählung uns indessen zu

---

[1] Vgl. Macaulays Essays: Burleigh and his times.
[2] Journey through Spain in 1786/87. 3 Bde. 1. Aufl. London 1790. 2. Aufl. 1792.

weit führen würde. Auch auf A. Smiths Betrachtungen, der
einmal die Alcabala, ein andermal die Rentenschuld als Ursache
des Verfalls bezeichnet, kann nicht eingegangen werden. Zwei
Punkte nur sind für die Entwickelung der ökonomischen
Theorie nicht gleichgültig gewesen. Der Verfall der Volkswirtschaft hatte zu einer Abnahme der Bevölkerung geführt.
Die vorhandenen Einwohner lebten in engen ökonomischen
Verhältnissen, daher war ihre weitere Zunahme sehr gering.
An dem Beispiel Spaniens zeigt Steuart, dass der Satz: What-
ever gives food, gives numbers (I. S. 118) [1]), Berechtigung
hat. Dann ist Townsend während seiner Reise oft genug auf
den Zusammenhang zwischen Nahrungsspielraum und Volkszahl gestossen (II. S. 362) und hat Folgerungen daraus gezogen, die im Werke des Malthus die Welt eroberten. Doch
auch diesen Punkt müssen wir beiseite lassen, um dem andern
unsre volle Aufmerksamkeit zu schenken.

1. Geldmenge und Preis.

Infolge der Entdeckung von Amerika waren grosse Geldmengen nach Europa gelangt. Zur selben Zeit fand in den
meisten Staaten eine bedeutende Preissteigerung statt. Es war
nicht wunderbar, dass der theorienbildende Geist eine ursäch-
liche Verknüpfung der gleichzeitigen Thatsachen vornahm.

Der erste, der diese Verbindung herstellte, war der be-
kannte Jurist, Politiker und Philosoph Jean Bodin (1568) [2]).
Gegenüber Malestroit und Garrault betonte er, dass man es
nicht mit einer nominellen Preissteigerung zu thun habe, dass
sich vielmehr das Wertverhältnis zwischen den Edelmetallen
und den sonstigen Waren verschoben habe, weil man noch nie
eine solche Menge Goldes und Silbers besessen habe wie jetzt.
Ueberschuss aber erzeugt alle Zeit Geringschätzung. Daher
ist der Wert der Edelmetalle gesunken, der Preis der Waren,
ausgedrückt in Edelmetallen, gestiegen. Diese Ursache der

---

[1]) An Inquiry into the principles of political oeconomy. London 1767.
[2]) Réponse aux Paradoxes de M. de Malestroit touchant l'eucherisse-
ment de toutes les choses et des monnoyes. Paris 1568. Vgl. auch
Budeliana.

Preissteigerung, fügt er hinzu, ist die hauptsächlichste und fast die einzige, die bis jetzt niemand erwähnt hat [1]. Er ist indes vernünftig genug, noch weitere Gründe anzugeben. Ursache des grossen Edelmetallreichtums ist einmal die Ausdehnung von Handel und Verkehr, dann die Zunahme der Edelmetallproduktion. Die amerikanische Förderung ist nicht das einzig entscheidende gewesen, wenngleich sie so bedeutend war, dass die Bewohner der pyrenäischen Halbinsel, denen sie in erster Linie zu Gute kam, weit höhere Preise haben.

Diese Verknüpfung zwischen Geldmenge und Preis ist nicht mehr aus der ökonomischen Wissenschaft verschwunden, sondern hat schnell Verbreitung gefunden. In der 1581er Ausgabe der William Staffordschen Dialoge [2], wohl 1549 geschrieben, hat diese Auffassung bereits Eingang gefunden und seither in gewissem Sinne geherrscht. Man kann sie als Quantitätstheorie im weiteren Sinne bezeichnen.

Es ist nicht unsre Aufgabe, die Geschichte derselben zu schreiben, so verlockend solches auch wäre, es muss uns der Hinweis auf einzelne besonders scharfgefasste Formulierungen genügen.

Der Wert der edlen Metalle im Handelsverkehr hängt, nach John Locke, wesentlich von ihrer Menge ab. Dies spezielle Gesetz für die Geldpreisbildung sucht er unter das allgemeine von Angebot und Nachfrage zu stellen, ohne indes die Eigentümlichkeiten des Geldes zu verkennen. Da der Verkehr das Geld nicht stofflich konsumiert, so ist, ausser der Menge, die Umlaufsgeschwindigkeit von Bedeutung. Da die Wertumsätze in den einzelnen Produktionszweigen verschieden schnell vor sich gehen, so bedarf eine Volkswirtschaft, je nachdem sie agrarisch oder industriell organisiert ist, verschieden grosser Geldmengen [3].

Indes waren die Vorstellungen, die sich Locke, gleich den

---

[1] Die Cortes betonen dies bereits 1554; siehe unten.

[2] Herausgegeben von E. Leser in der Brentano-Leserschen Sammlung staatswissenschaftlicher Schriften (Heft 5).

[3] Lockes Essays, Ward Lock and Co. London und New York. S. 572 ff.

meisten Zeitgenossen, von den amerikanischen Silberschätzen gemacht hatte, weit übertriebene. Daher erschien ihm die Preissteigerung der letzten zwei Jahrhunderte als äusserst bedeutend.

Die Ursache derselben ist darin zu suchen, dass jetzt zehnmal so viel Silber in der Welt ist, wie vor Zeiten [1]). Die Entdeckung Amerikas ist die Ursache dieser Vermehrung. Infolgedessen ist Silber jetzt $9/10$ weniger wert als vor Zeiten. Es wird daher $9/10$ weniger von irgend einem Gute eintauschen können. Diese Anschauung lässt sich als rein mechanische bezeichnen. Man kann sie sich am besten im Bilde der kommunizierenden Röhren veranschaulichen.

Trotz mancher Angriffe (Law) gelangte die Theorie ziemlich unverändert an Hume, der sie mit seiner gewöhnlichen Schärfe formte.

Die Preise der Waren stehen immer im Verhältnisse zu der Menge des Geldes. Wenn Geld in grösserer Masse vorhanden ist, braucht man mehr, um den gleichen Güterwert zu repräsentieren. Denn Geld ist nur der Repräsentant des Warenwertes.

Seit der Entdeckung Amerikas sind die Preise fast vervierfacht worden. Man sieht, es ist dieselbe Anschauung wie bei Locke, nur ist der mechanisch-proportionale Zusammenhang zerrissen, denn Hume fügt hinzu, dass sich die Edelmetallmengen in weit stärkerem Masse vermehrt hätten [2]).

Steuart (1767) hat diese Anschauungen bekämpft, aber in gewissem Sinne vergeblich.

Nicht nur James Anderson [3]), der diese Lehre ganz plump vertritt, auch die Klassiker selber haben sie, wenn gleich mit Einschränkungen, angenommen [4]).

Uebertragen in die Sphäre des Kreditgeldes — schon

---

[1]) S. 589.
[2]) David Hume, Essays and Treatises. 1752. Bd. II. Basler Ausgabe 1798. On Money S. 35 ff.
[3]) James Anderson, herausgegeben von L. Brentano. Heft 3 der Brentano-Leserschen Sammlung. S. 5.
[4]) A. Smith, z. B. Buch I, chapt. V; Ricardo.

Hume hatte dies angedeutet —, dann auf die Banknote angewandt, wurde die Quantitätstheorie im engeren Sinne unter dem Namen Currency-principle Gegenstand eines jahrzehntelangen heftigen Streites [1]. Während hier die theoretische Entscheidung zu ihren Ungunsten ausfiel [2]), ist sie auf dem Gebiete des Hartgeldumlaufs zu neuen Ehren gelangt. Einseitige Monometallisten wie Bimetallisten bedienen sich ihrer bewusst oder unbewusst.

Gegenseitig hält man sich Preistabellen vor, aus deren Inhalt man ohne weiteres die Bewegungen des inneren Geldwertes entnehmen soll. Das Gold ist selten und teuer geworden, daher sinken die Preise, sagen die einen, die andern bestreiten das, sind aber der Ansicht, dass eine Geldvermehrung zu einer Preissteigerung führen würde.

Theoretisch steht man auf demselben Standpunkt, nur über die Thatsachen herrscht Streit [3]). Insofern man das Geld als Wertmass betrachtet, ist die gezeichnete Anschauung auch richtig, vorausgesetzt, dass man Umlaufsgeschwindigkeit und Kreditumlaufsmittel ausser Betracht lässt. Ob man eine Last durch Kilogramm oder Pfund wiegt, ist für ihr Gewicht ganz gleichgültig, nur der Gewichtsausdruck ändert sich. Aber das Geld ist nicht nur Wertmesser, es ist auch die „allein verkehrsfähige Form des Kapitals", und wirkt in dieser Eigenschaft, wenigstens zeitweilig, auf die Produktion. Infolge hiervon kann nämlich eine Steigerung des Preises zu einer Vermehrung der Warenmenge führen und hierdurch wird dann die a priori zu erwartende mechanische Wirkung der Geldmenge auf den Preis verändert. Dass unter Umständen die Vermehrung des Geldumlaufs preissteigernd wirken kann, soll damit nicht geleugnet werden. Die direkte Verbindung von Warenpreis und Geldmenge, wie sie sich uns z. B. in den Indexziffern darstellt, ist zudem für unser Denkvermögen zu naheliegend, als dass wir diese Beziehung wenigstens als Vorstellungsmöglichkeit gänzlich auszuscheiden vermöchten.

---

[1]) Wagner, Die Geld- und Kredittheorie der Peelschen Bankakte. 1862.

[2]) Nasse, Art. Banken, Handwörterbuch, Bd. II. 23.

[3]) Vgl. dagegen Lexis, Der gegenwärtige Stand der Währungsfrage. Dresden 1895. Derselbe auch in der „Zukunft", III. 33. IV. 5.

Das muss vorausgeschickt werden, wenn wir im folgenden daran gehen wollen, die realen Verhältnisse zu untersuchen, die der Quantitätstheorie, wenn nicht als Ausgangspunkt, doch als Stützpunkt gedient haben. Es soll versucht werden, den Zusammenhang zwischen Geld und Preisen dort zu prüfen, wo er sich in der Vergangenheit am deutlichsten dargestellt hat. Man darf erwarten, dass die spanische Monarchie, die zuerst die Schätze von Potosi erntete, am stärksten von der Preisrevolution des 16. Jahrhunderts berührt wurde. Zwei Fragen ergeben sich also an dieser Stelle:

1. Hat in Spanien eine Preisrevolution stattgefunden?

2. Hat die Edelmetallzufuhr diese Preisrevolution verursacht?

2. Die automatische Handelsbilanz.

Locke und Hume schrieben dem Gelde im grossen und ganzen nur einen imaginären Konventionswert zu [1]). Für einen geschlossenen Handelsstaat müsse es demnach ziemlich gleichgültig sein, ob er viele Rechenpfennige hat, d. h. nominell hohe, oder wenige, d. h. nominell niedere Preise. Anders im internationalen Verkehr, wo der Preis der Produktionselemente, das sind die Produktionskosten, massgebend ist für die Konkurrenzfähigkeit.

In einem Lande, das im freien Weltverkehr steht und dieselben Geldstoffe wie seine Nachbarn benutzt, genügt nicht jede beliebige Geldmenge, um einen Handel von gegebenem Umfange aufrecht zu erhalten [2]). Soll man ohne Verlust Handel treiben, so müssen die Warenpreise auf annähernd gleichem Niveau stehen, wie im Auslande. Hat man bedeutend weniger Geld, so ist das unmöglich. Entweder müssen dann die eigenen Waren sehr billig verkauft werden, oder ein Teil des Handels muss aufhören, da man nicht genug Geld

---

[1]) Locke 572, Hume 39.
[2]) Locke S. 591.

hat, um die teueren fremden Waren zu bezahlen. In andern Ländern, wo der Geldwert gering ist, werden die Kaufleute mit diesen eingeführten Waren grosse Preise erzielen. Sie werden dieselben in England nur für die gleiche Geldmenge losschlagen. Die Folgen sind daher:

1. Zu billiger Verkauf der eigenen Waren.
2. Teuerung fremder Waren.
3. Auswanderung der Bevölkerung nach Ländern mit hohen Arbeitslöhnen.

Diese Betrachtung entspricht teilweise noch der mittelalterlichen Wirtschaftsanschauung. England war damals noch kein Exportstaat, der nach Absatzmärkten für seine Waren suchte und solche durch niedrige Produktionskosten zu finden hoffte. Noch herrschte der Gesichtspunkt vor, möglichst viel fremde Ware für möglichst wenig eigene zu erwerben, nicht der günstigen Preisstellung wegen, sondern um den nötigen Gütervorrat im Lande zu behalten. Dabei wird möglichste Geldfülle angestrebt, weil Geld trotz innerer Nutzlosigkeit Kaufkraft gegenüber alle andern Güter bedeutet, und daher Reichtum in Geldmenge besteht [1]). Es wird daher der Handel, der Geld verschafft, empfohlen. In diesen Anschauungen spricht sich eine gewisse Halbheit aus, die charakteristisch für den Merkantilismus scheint: er gibt den Standpunkt der Versorgungspolitik nicht ganz auf, sucht aber bereits durch Steigerung der Produktivität die Versorgungspolitik überflüssig zu machen [2]). Sechzig Jahre später war alles anders geworden. Das System des Konsumentenschutzes war gänzlich gefallen. Steigerung der Produktivität, Gewinnung des grösstmöglichen Absatzes war das Ziel der Wirtschaftspolitik geworden. Die Verringerung der Produktionskosten war eine Sache von höchster Bedeutung. Die Volkswirtschaft — wenigstens die englische — war mit Geld gesättigt. Da meinte Hume, dass der Nutzen einer Vermehrung der Geldmenge ein sehr beschränkter sei [3]). Dieselbe mag sogar einem Volke im

---

[1]) Locke 565. 566.
[2]) Siehe darüber unter Kap. VI, S. 151.
[3]) Hume 36.

auswärtigen Handel schädlich sein. Denn in geldarmen Ländern ist die Arbeit billig. Die Industrie verändert daher allmählich ihren Standort. Sie verlässt die Länder und Provinzen, die sie schon bereichert hat und wendet sich zu andern, die sie durch Wohlfeilheit der Unterhaltsmittel und der Arbeit anlocken, bis sie deren Wohlstand gehoben hat und aus denselben Ursachen weiter wandert. Und wir können im allgemeinen bemerken, dass der hohe Preis aller Waren infolge von Geldüberfluss ein Nachteil ist, der einen bestehenden Handel angreift und ihm in jedem Lande Grenzen setzt, indem er es den geldarmen Staaten ermöglicht, die geldreichen auf allen auswärtigen Märkten zu unterbieten. Durch diese Beziehung zwischen Geldmenge und Preis regelt sich die Handelsbilanz automatisch [1]. Hohe Preise locken den Import an. Waren strömen ein. Geld strömt ab, aus doppeltem Grunde sinken die Preise. So sind der Geldgier Schranken gesetzt, die unüberschreitbar sind, denn, wie die Flüssigkeiten, sucht das Geld überall ein gleiches Niveau zu erlangen. Damit hatte Hume die Lehre von der Handelsbilanz bekämpft. Während Locke noch erklärt hatte, die Verteilungsgesetze in der Volkswirtschaft seien dieselben wie die in der Privatwirtschaft, wies Hume dies als unbegründet zurück [2]. Hierdurch nahm er dem Gelde einen Teil seines Nimbus, indem er die bei zunehmender Geldmenge im Staate, nicht in der Einzelwirtschaft, eintretende Geldentwertung betonte, aber er schrieb ihm eine grössere Macht zu: als automatischer Verteiler sollte es das Schicksal der Völker regeln. Hume hat dies an einem Beispiel darzustellen versucht. Seit der Entdeckung der amerikanischen Minen, schreibt er, hat sich die Industrie in allen europäischen Staaten gehoben, ausgenommen in denjenigen, die Minen besitzen. Das darf, neben andern Ursachen, der Vermehrung von Gold und Silber zugeschrieben werden [3].

Dieselbe Anschauung hat James Anderson in denkbar schärfster Form ausgesprochen [4]. Für einen isolierten Staat

---

[1] Hume 69 ff.
[2] Locke 608. Hume 75.
[3] Hume 39.
[4] Anderson, herausgegeben von L. Brentano. S. 5 ff.

ist die Quantität des Geldes gleichgültig. Konkurrieren aber zwei Länder miteinander auf einem dritten Markte, so wird das geldarme Land zu billigeren Preisen losschlagen können, als das geldreiche. Dasselbe würde dadurch den Absatzmarkt verlieren. Es würde aber auch, angelockt durch die niederen Preise, die Waren des geldarmen Landes importieren. Die heimische Industrie würde erschlaffen, das Geld abströmen, das Land verarmt, die Preise sinken, bis die Nation wieder konkurrenzfähig wird. Dies ist die Theorie, die später auch Ricardo vertrat. Er dachte sie nicht in dieser extremen Form aus, er nahm nicht solche heftigen Auf- und Abwärtsbewegungen, solch starken Wechsel zwischen Blüte und Verfall an, aber das Gesetz der automatischen Handelsbilanz hat er klar genug ausgesprochen.

Um seine Behauptung zu beweisen, hat Anderson den Verfall der spanischen Monarchie angezogen. Spanien blühte zur Zeit der Entdeckung von Amerika — Anderson schreibt aus Ustariz ab —, aber die Silberzuflüsse trieben die Preise in die Höhe, so dass fremde Länder billiger zu liefern vermochten. Der spanischen Industrie mangelte der Absatz, daher zerfiel sie, mit ihr aber verdorrte die volkswirtschaftliche Blüte.

Das Beispiel scheint die Richtigkeit der Behauptung zu erweisen.

Die erwähnten Schriftsteller gehen von gegebenen Produktenmengen aus — Anderson sagt ausdrücklich „ceteris paribus" —, die infolge verschiedener Geldmengen als Mass derselben verschieden gross erscheinen. Durch die nivellierende Kraft des Geldes findet Ausdehnung und Einschränkung, findet gerechte Verteilung statt.

Unabhängig vom Wollen der Menschen, unabhängig von ihrer grösseren oder geringeren Erkenntnis spielt sich die Weltwirtschaftsgeschichte ab. Völker steigen aus tiefer Dunkelheit empor und gebieten der Welt. Tribut und Beute wird ihnen zu teil. Aber wie sich ihr Reichtum bis zu einem gewissen Masse angestaut hat, den der Nebenländer zu übertreffen beginnt, hebt in öder Regelmässigkeit das Gesetz des Verfalles an. Die geheimnisvollen Kräfte des Geldes bestimmen mechanisch das Schicksal der Welt. Das Geld ist der entscheidende Faktor der Volkswirtschaft, der die internationale Verteilung der Produktion regelt. Die Produktivkräfte berührt Anderson nur flüchtig, trotzdem bereits Josiah Tucker im Streite mit Hume sie aufs stärkste betont hatte[1]). Man muss fragen, sagt Tucker, woher kommt der Geldzufluss? Gelangte das Geld durch Raub u. s. w. ins Land, dann werden schlimme Folgen nicht ausbleiben, dann muss moralische Zersetzung eintreten.

Anders, wenn das Geld durch Warenverkauf, durch Anspannung der Produktivkräfte gewonnen wurde, wenn das Land ein industrielles ist. Dann mag das geldarme Land immerhin billige Löhne haben, dann besitzt das geldreiche Land folgende Vorteile:

1. Bessere Produktionsmittel, grössere merkantile Schulung.
2. Bessere Technik.
3. Grössere Kapitalien, die umfangreichere Unternehmungen gestatten.
4. Höhere Löhne, die bessere Arbeiter anlocken.
5. Grössere Arbeitsteilung, infolge grösseren Absatzes.
6. Weitgehende Konkurrenz der Produzenten, die die Preise senkt.
7. Niedrigern Zins, den die Grösse der Kapitalien gestattet.

Die moralische Zersetzung als Folge unverdienten Geldüberflusses, hat auch Anderson (S. 8) anerkannt[2]), nicht so die andern Punkte. Die Volkswirtschaft scheint ihm nur auf einen äusseren Druck hin elastisch nachgeben zu können und auch dann nur innerhalb festbestimmter Grenzen.

Tucker aber hat ein starres „Ceteris paribus" nicht zugegeben, hat die Organisation der Volkswirtschaft, die beweglichen Kräfte volkswirtschaftlichen Lebens als das Primäre betrachtet. Die Wirkungen des Geldes sind im wesentlichen von moralischer Bedeutung, allerdings insoweit von höchster Wichtigkeit.

---

[1]) Josiah Tucker, Four Tracts. 3. Aufl. Gloucester and London 1776. Erste Abhandlung.

[2]) Ebenso Townsend II, 236.

An der Zersetzung, die als Folge volkswirtschaftlichen
Raubes eintrat, ist z. B. Spanien zu Grunde gegangen, nicht
an den ökonomischen Wirkungen des Geldes, sondern an den
psychischen [1]). Die Formel, dass ceteris paribus die Menge
des Geldes entscheidend sei, ist unrichtig, denn das Ceteris
paribus ist unbrauchbar, da man nicht Hauptsächliches beseitigen darf, um Nebensächliches zu erkennen.

Es ist schon erwähnt worden, dass die Lehre von der
automatischen Handelsbilanz sich forterhielt. Sie besteht in
gewissem Sinne auch heute noch in der Theorie der Exportprämie.
Die Nation, die das beste Geldwesen hat, meinte Anderson, muss auf dem Weltmarkt unterliegen. Aehnlich ist die
Anschauung, der am 25. Januar 1894 Professor Friedberg im
preussischen Abgeordnetenhause Ausdruck gab: „Der Satz,
dass eine entwertete Währung einen Zollschutz für das be-
treffende Land bietet, dass es einen Anreiz zum Export gewährt
und den Import erschwert, ist so unbestreitbar, dass, wenn
jemand es leugnet, man mit ihm überhaupt nicht diskutieren
kann. Ja, meine Herrn, das ist einer der elementarsten Sätze
der Nationalökonomie." Der Unterschied zwischen Professor
Friedberg und Anderson besteht darin, dass ersterer den Nachteil einer qualitativ guten, letzterer den einer quantitativ guten
Währung betont.

Bei beiden schwebt das Geld über der Volkswirtschaft
geheimnisvoll wie die „Moira" der Alten.

Bei beiden ist die Frage nach der Berechtigung des
„Ceteris paribus" unbeantwortet geblieben.

Die Lehre, dass Geldmenge durch Einfluss auf die Preise
das Geschick der Völker lenke, ist, wie gezeigt, am Schicksal
Spaniens dargelegt worden.

Stimmt das angezogene Beispiel überein mit der Wirklichkeit? Das ist die dritte Frage, die im folgenden beantwortet werden soll; sie lautet dahin: Haben die infolge
der amerikanischen Entdeckungen gestiegenen Preise
Spanien zu Grunde gerichtet?

Fällt diese Antwort verneinend aus, so ist die Unhaltbar-

---

[1]) S. 25.

keit der Theorie nicht dargethan. Höchstens wäre das Beispiel als unzutreffend, die Beobachtung als mangelhaft zu bezeichnen.

Eines darf man indes nicht vergessen. Man hat eigentlich die zerstörende Wirkung der Edelmetallzuflüsse nur an diesem Beispiel zu beweisen vermocht. Andre Länder haben weitaus grössere Schätze (Kalifornien) in weitaus kürzerer Zeit gewonnen, ohne zu Grunde zu gehen. Warum musste Spanien an denselben verbluten? Ein besonderes Interesse gewinnt diese Frage, wenn wir uns einer bereits oben erwäbnten Thatsache erinnern. Der Geldüberfluss soll die hohen Preise bewirkt haben, dabei herrschte indes Geldmangel. Wie ist dieser Widerspruch zu erklären?

Vgl. hierzu: Zuckerkandl, Theorie des Preises. Leipzig 1887. Derselbe, Handwörterbuch, Bd. V. S. 225 ff.

Paasche, Studien über die Natur der Geldentwertung.

Soetbeer, Materialien zur Erläuterung und Beurteilung der wirtschaftlichen Edelmetallverhältnisse und der Währungsfrage. Berlin 1886.

Kapitel II.

Preise und Währung.

Die erste Frage, die der Erledigung harrt, ist die: Hat überhaupt eine Preissteigerung stattgefunden? Die Beantwortung derselben bildet die Grundlage aller folgenden Erörterungen. Fällt dieselbe verneinend aus, dann ist jedes weitere Eingehen auf das Problem überflüssig.

1. Preise. [1])

Zwei grosse Hindernisse stehen a priori einer mittelalterlichen Preisgeschichte entgegen. In dem einen Falle besitzen wir Preisnotizen, die ein Verfolgen der Preisbewegung an einem bestimmten Orte gestatten. Es ist hier eine gewisse Genauigkeit in der Untersuchung der Thatsachen möglich. Wie wir aber den ursächlichen Zusammenhang prüfen, stossen wir auf lokale Eigentümlichkeiten und Ereignisse, die an diesem Orte von solcher Bedeutung waren, dass eine Verallgemeinerung der gefundenen Resultate unthunlich ist. Die besonderen Agentien treten so in den Vordergrund, dass sich ein Urteil über Mass und Stärke einer allgemeineren Ursache nicht bilden lässt. Allerdings, wenn eine grosse Anzahl solcher Einzeluntersuchungen zusammengefasst wird, können die Elemente des Zufalls und lokaler Besonderheiten unterdrückt werden. Aber nicht überall bietet sich solches Material.

[1]) Das gesamte auf die Preisrevolution des 16. Jahrhunderts bezügliche Material ist in dem Buch von G. Wiebe, Zur Geschichte der Preisrevolution des 16. und 17. Jahrhunderts, zusammengestellt (Staats- und sozialwissenschaftliche Beiträge, herausgegeben von A. v. Miaskowski. Bd. II. Heft 2. S. 414: Einiges über Spanien). Neue Gesichtspunkte finden sich kaum in demselben.

Ein direktes Streben nach allgemeinen Resultaten ist andrerseits nicht möglich. In der Volkswirtschaft jener Zeit fehlt der ausgleichende Faktor des Verkehrs. Die Staaten sind zollpolitisch in einzelne Wirtschaftsgebiete aufgelöst, die unter durchaus verschiedenen Verhältnissen stehen. Abgetrennt voneinander erleben sie in denselben Zeitläuften, unter demselben Himmel beinahe, verschiedene Schicksale. In Kastilien herrscht höchste Not der Konsumenten, denn die Ernte ist schlecht ausgefallen, in Andalusien höchste Verzweiflung der Produzenten, denn die überaus günstige Ernte hat den Preis so gedrückt, dass die Kosten sich nicht mehr decken. In einem Lande steht der Preis pro Hanega[1]) = 10 Realen, im andern 20 R. Beide Provinzen grenzen aneinander. Aber mangelhafter Verkehr und engherziges Gesetz gestatten nicht, dass sie sich Hilfe leisten[2]). Solche zu geben und zu empfangen ist nur den an der See gelegenen Landesteilen möglich. Es gibt im Lande keine einheitlichen Preise, wie kann man eine Preisbewegung feststellen?

Der erst bezeichnete Weg, zahlreiche lokale Preisnotizen zusammenzufassen, der für andre Länder beschritten worden, ist mit dem mir vorliegenden Materiale ungangbar[3]).

Anders der zweite. Er steht uns offen, nicht trotz der Zerrissenheit der spanischen Volkswirtschaft, nicht trotz der jähen örtlichen Preisschwankungen, sondern infolge derselben. Was die wirtschaftliche Organisation nicht vermochte, sollte die staatliche Autorität durchsetzen. Man suchte durch Preistaxen einen festen Preis zu gewinnen.

Man muss hier zwischen allgemeinen Taxen und Lokaltaxen unterscheiden.

---

[1]) Die Hanega = 55,501 l. Münzangaben siehe unter Münzgeschichte.

[2]) Hierüber Ustariz und Ulloa passim.

[3]) Es ist mir nur eine einzige Arbeit über die Preissteigerung in Spanien bekannt, nämlich der Exkurs „Preise" in dem häufig zu erwähnenden Werke von Häbler. Die offenbar äusserst geringe ökonomische Schulung des Verfassers lässt dieselbe aber als unbrauchbar erscheinen. Es ist dies sehr zu bedauern. Herr Häbler beherrscht ein viel grösseres Material als mir zugänglich war, und hätte sicher mehr Thatsachen anführen können, als ich.

Für Getreide bestanden in Spanien Taxen, die im ganzen Lande galten mit Ausnahme der Küsten und Grenzgebiete [1]. Dagegen waren leider die Industrietaxen der Verfügung der lokalen Behörden überlassen, so dass mir dieselben nicht zugänglich sind. Man muss, meinte ein Schriftsteller, drei Preise, den höchsten, den mittelsten und den niedrigsten feststellen und dann einen der Taxe zu Grunde legen [2]. Es ist klar, dass bei lokal schlechter Ernte, bei mangelhafter Zufuhr die Preise über den Betrag der Taxe stiegen, dass sie in den einzelnen Distrikten von ihr abwichen. Während 1503 die Taxe 110 Maravedis betrug, kostete der Weizen vielerorts 500—600 Mrs. (Häbler p. 29). Es liegt hier also ein Ausnahmepreis infolge schlechter Ernten vor. Um eine Preisgeschichte zu schreiben, müsste man solche Fälle eliminieren oder kompensieren, wie dies bereits bei Festsetzung der Taxe geschah. Dieselbe spiegelt uns daher nicht die Mannigfaltigkeit der Preisbewegung wieder. Es wird im Einzelfalle oft und leicht nachzuweisen sein, dass Preise und Taxen auseinanderfallen. Aber wie die Lebensdauer der Einzelindividuen nicht mit dem statistisch ermittelten Durchschnitte übereinstimmt, ohne dass letzterer wertlos wäre, so auch der Preis nicht mit der Taxe; nichtsdestoweniger liefert dieselbe einen brauchbaren Anhaltspunkt.

Auf mannigfache Weise suchte man indes die gesetzlichen Bestimmungen zu umgehen. Man verkaufte das Getreide zum Taxpreis, aber nur, wenn der Käufer Oliven, Wein oder andere taxfreie Waren hinzukaufte, die er selbstverständlich überzahlen musste. Oekonomisch gesprochen liegt also hier ein zusammengesetzter Preis vor, aus dessen einem Teile wir nichts entnehmen können, da ein Uebertrag auf den andern stattgefunden hat [3]. Die Taxe ist überdies im Kampfe der Interessenten festgestellt worden, so dass man nicht glauben darf, sie hätte ein gerechtes Mass verordnet.

---

[1] Recopilacion de las Leyes de España. Buch V. Tit. 25. 1640. Nueva Rec. 1755.

[2] Colmeiro, Economia II. 278.

[3] Cardenas, Historia de la propriedad territorial en España. Bd. II. 319.

Man darf sie als eine Begünstigung städtischer Interessen dem Ackerbau gegenüber auffassen [1]). Die Konsumenten, die in den Cortes ihre Vertretung hatten, vermochten ihren Vorteil als den allgemeinen hinzustellen. Eine organisierte Minderheit betrachtet Nachteile, die sie erleidet, als nationale Schäden und weiss auf fremde Kosten sie zu beseitigen. Der von kaufmännischem Geiste erfüllte Sevillaner Schriftsteller Tomas Mercado preist begeistert 1569 die Segnungen der Taxe [2]). Dieselbe wollte eine Verbilligung des Brotes herbeiführen und hat daher sicher die Preise gedrückt. Man darf also die Taxe beinahe als Minimalgrenze betrachten.

Gegenüber den Einzelfällen, deren Abweichungen sich gegenseitig aufwiegen müssen, fast immer ungenau, ist doch in der Taxe die Preisbewegung mit wenigen scharfen Strichen angedeutet.

Wie später gezeigt werden soll, geht die ganze Handelspolitik jener Jahre auf ein Drücken der Preise hinaus. Wenn eine Regierung, die sich autoritative Verbilligung der Lebensmittel zum Ziele setzte, die Preise derselben dauernd erhöhte, dann ist klar, dass die Absichten der Regierung gegen die stärkeren Thatsachen nicht durchdringen konnten. Man kann sicher annehmen, dass die Taxen der Regierung niedriger waren als die Preise. Aber dieser Unterschied schadet nichts. Denn wir besitzen eine Reihe von Taxen und bei der Bestimmung der einzelnen spielten dieselben Momente des Darniederhaltens der Preise mit. Man mag nun annehmen, die Preistaxen wurden nur in Notjahren erlassen, ihr Inhalt bezeichnet daher nur den Eintritt eines Notstandes. Aber die Taxe von 1502 sollte für 10 Jahre gelten und basierte auf einem etwas erhöhten Mittelpreis, so dass wir es nicht mit einer Ausnahmegesetzgebung zu thun haben können [3]). Auch wäre, wenn wir das annehmen würden, die stetige Erhöhung der Taxen merkwürdig, falls wir nicht glauben wollten, dass bei deren jeweiligem Erlass der Notstand im entsprechenden Verhältnis zugenommen hätte. Es wäre das jedenfalls eine auf-

---

[1]) Siehe unter Handelspolitik. Kap. VI.
[2]) Italienische Ausgabe von 1591. S. 74.
[3]) Cardenas II. 319. Häbler 29.

fällige Regelmässigkeit. Die obenerwähnte Thatsache indes, dass in schlechten Jahren Taxe und Preis auseinanderfielen (1502), scheint für die Auffassung der Taxe als Normalpreis zu sprechen. Wenn wir daher auch nicht den absoluten Preisstand und seine Entwickelung erhalten, so ist uns doch das relative Anschwellen derselben erkennbar. Den Brotpreis jener Zeit dürften wir aus der Taxe kaum entnehmen können, ebensowenig wie aus einer Indexziffer des Brotpreises den heutigen. Aber wie wir aus der letzteren das Mass ihrer Veränderung erkennen, so auch aus der Taxe. Ehe wir indes an eine Betrachtung derselben gehen, ist zu bemerken, dass sie nicht fortlaufend bestanden. Die Taxe von 1503 wurde nach Isabellas Tode aufgehoben und erst 1558 durch eine neue ersetzt [1]). Die von Colmeiro citierte Taxe von 1539 scheint eine provinzielle gewesen zu sein und zeigt als solche deutlich die lokale Verschiedenheit der Preise.

Tabelle der Preistaxen[2]) für Getreide (in Hanegas[3]).

Jahr	Weizen Mrs.	Gerste Mrs.	Roggen Mrs.	Hafer Mrs.	Hirse Mrs.	Mahl-zuschlag zum Kornpreise Mrs.	Transport pro Legua Zuschlag für Weizen u. Roggen Mrs	Gerste u. Hafer Mrs.
1503	110[4])	60[4])	60	—	—	—	—	—
1539	240|176[5])	120|85[5])	160|140[5])	—	—	+ 20	—	—
1558	310	140	200	100	240	+ 30	6	5
1566(7)	—	187	200	100	240	+ 30	6	5
1571(2)	374	—	200	100	240	+ 30	6	5
1582	476	204	272[6])	100	240	—	10	8
1598	—	238	...	—	—	—	—	—
1600	612	306	—	—	—	—	—	—

---

[1]) Häbler 36—37.
[2]) Recopilacion, Buch V. Tit. 25. Colmeiro, Economia II. 275. 276.
[3]) Die Hanega (auch Fanega) — 55,501 l.
[4]) Mrs. = Maravedi. Ueber denselben siehe Teil II. dieses Kapitels.
[5]) In Toledo, die vordere Zahl gilt für Kastilien.
[6]) 1579 bitten die Cortes um Erhöhung auf 250 (Pet. 71).

Der Anschaulichkeit halber sollen die Hauptdaten auf Indexziffern zurückgeführt werden.

Jahr	Weizen	Gerste	Roggen
1503	100	100	100
1539	218|160[1])	200|142[1])	266·233[1])
1558	281	233	333
1566	281	312	333
1571	340	312	333
1582	433	340	453
1593	433	397	—
1600	556	510	—

In der Bewegung der einzelnen Getreidearten spricht sich demnach eine verschiedene Stärke aus. Schlüsse lassen sich indes hieraus nicht ziehen. Es mag die Richtung der Konsumtion von Einfluss gewesen sein, die auf die Produktion bestimmend wirkte, es mögen aber auch technische und kasuelle Momente der Produktion hineingespielt haben. Alles, was wir feststellen können, ist die Thatsache, dass die Preissteigerung nicht gleichmässig für die einzelnen Getreidearten erfolgt ist. Die weniger bedeutenden Getreidearten, wie Hafer und Hirse, bleiben für den ganzen Zeitraum, über den wir Daten besitzen, konstant.

Dagegen können wir in dem Zuschlage, der für Mehl erhoben werden darf und in den Zuschlägen für Transportkosten ein Anwachsen beobachten. Es spricht vielleicht aus diesen Daten eine Erhöhung des Arbeitslohnes, doch könnten auch Veränderungen in den Transportverhältnissen von Einfluss sein.

Vielleicht ist es auch nicht uninteressant, sich zu vergegenwärtigen, in welchem Masse, aufs einzelne Jahr berechnet, die Preise gestiegen sind.

---

[1]) In Toledo, die vordere Zahl gilt für Kastilien.

Zeit	Anzahl der Jahre	Weizen Zuwachs[1] gesamt	jährlich	Roggen Zuwachs[1] gesamt	jährlich	Gerste Zuwachs[1] gesamt	jährlich
1503—1539	36	118	3,3	166	4,6	100	2,8
1539—1558	19	63	3,3	67	3,5	38	1,7
1558—1566	13{ 8 }	0	4,5	0	—	79	9,9
1566—1571	16{ 5 }24²)	59	11,8	0	5	0	—
1571—1582	11	93	8,5	120	10,9	28	1,7
1582—1598	18{ 16	0	6,8	—	—	57	3,6
1598—1600	2	123	61,5	—	—	113	56,5

Leider sind die Taxen für die einzelnen Getreidesorten
nicht zur nämlichen Zeit erhöht worden. Dadurch wird ein
Vergleich hinsichtlich des Anwachsens der Taxe für dieselben
unmöglich. Um diesen Ueberblick zu gewinnen, müssen wir
daher einige Zeiträume zusammenziehen.

Es wird erhöht die Taxe für:

Jahre	Weizen pro Jahr (um Einheiten auf 100)	Gerste pro Jahr (um Einheiten auf 100)	Roggen pro Jahr (um Einheiten auf 100)
1503—1539	3,3	2,8	4,6
1539—1558	3,3	1,7	3,5
1558—1582	6,3	4,5	5
1582—1600	6,8	9,4	—
1503—1600	4,6	4,2	bis 1582: 4,5

¹) In Prozenten berechnet, der Anfangspreis — 100 gesetzt.

²) Die fett gedruckten Ziffern bezeichnen, in welchem Masse die
Taxe für die einzelne Getreideart seit dem Erlasse der letzten Taxe für
die gleiche Sorte erhöht worden ist.

Es zeigt sich hiernach deutlicher wie oben, dass in den Einzelperioden, sowie im ganzen Zeitraume die Steigerung eine verschiedene ist. Bis 1558 steigen Weizen und Gerste mässig, dann aber in beschleunigtem Tempo. Bei Roggen ist die Aufwärtsbewegung von Anfang an stärker.

Klar geht aus dieser Darstellung nur eines hervor: Es ist, angesichts so sehr verschiedener Wirkungen fraglich, ob dieselben durch die gleiche Ursache hervorgerufen worden sind. Sollte dies aber auch der Fall sein, dann ist es doch zweifellos, dass ein verschiedener Stärkegrad zum Ausdrucke gekommen ist. Es müssen bei der Preissteigerung der weniger gestiegenen Kornarten anderweitige hemmende Ursachen mitgespielt haben oder in der stärkeren Bewegung beschleunigende Momente. Damit ist eine Erklärung durch eine einzige Ursache von vorneherein ausgeschlossen.

Eine Steigerung der Kornpreise bedeutet indes noch keine allgemeine Preissteigerung. Die einzelnen Kornarten zeigen Schwankungen untereinander, die wir aus den Ernährungsverhältnissen oder den Produktionsbedingungen erklären müssen. Dieselben Momente bestimmen das Verhältnis des Getreides zu den andern Lebens- und Unterhaltungsmitteln. Verminderte Produktivität des Getreidebaues, Veränderungen in der Nachfrage durch Verschiebung der auf Brot entfallenden Konsumquote können ein Steigen der Getreidepreise bewirken. Wohl wird sich dasselbe nach der Bedeutung des Brotkonsums und der sozialen Machtverteilung, die eine Kostenabwälzung nach einer oder der andren Seite hin ermöglicht, auch bei andern Waren ausdrücken, doch nicht in mechanischer Proportion. Es kann daher auch die soziale Wirkung eine verschiedene sein, insofern die Klassen, die eine grössere Einkommensquote dem Brotgenuss zuwenden, härter betroffen werden. Es müssen daher auch andre Waren zum Vergleiche herangezogen werden.

Allerdings ist hier das verfügbare Material nicht von der gleichen Güte. Die folgenden Preise entstammen zum grössten Teile den Petitionen der Cortes, die sich über deren Höhe beklagen. Zwar dürfte das Element zeitlicher und örtlicher Kalamität im grossen und ganzen ausgemerzt sein, aber wir besitzen immerhin nur ein subjektives, vielleicht übertriebenes und entstelltes Momentbild [1]). Mit Anlehnung an die Getreidetaxe sind diese Daten vielleicht doch nicht ganz wertlos.

Tuch pro Elle kostet:

1522 (Tuch von Segovia)   .   500—550 Mrs. [2])
1537 . . . .   1596 „
·1548 (als Minimum) . . . 680—740 „
1586 . . . . . .   1125 „
1598 . . . .   .   1596 „ und mehr.

Sammet pro Elle kostet:

1586   . . .   1125 Mrs. [3])
1598 . . . .   1732 „
Seide ist per Pfund um 15—160 gestiegen.

Filzhüte kosten:

1586 .   12 R.
1598 .   . .   24 „

Leder und Schuhe.

1550 ist Leder um 100 % gestiegen [4]).
1560 ist Schuhwerk [5]) teurer geworden als Kleidung früher war.

1586 kosten Schuhe .   4½ R.
1598 „   „   .   .   7 „

Fleisch und Vieh.

1548 sind die Fleischpreise um 100 % gestiegen [6]).

1560 meinen die Cortes, dass Maultiere und Esel, „soviel das Land auch hervorbringe, im Preise verdoppelt seien“ [7]).

---

[1]) Man könnte derartige Preise vielleicht abstrakte nennen, im Gegensatz zu konkreten, nachweisbaren Einzelpreisen, die indes aus den oben erwähnten Gründen nicht brauchbar sind.

[2]) 1537 Pet. 116. Auch Colmeiro, Economia II. 232.

[3]) Ebendaselbst. auch S. 450.

[4]) Clemencin', Elogia de la reina Catolica Doña Isabel. Colmeiro, Economia II. 450.

[5]) Ranke, Die Osmanen und die spanische Monarchie. S. 305.

[6]) Clemencin.

[7]) Ranke 305.

Eisen.

1548 ist eine Erhöhung um 100 % eingetreten.

Löhne Gehälter u. s. w.

Die Procuradores de Chancelleria erhielten einen Gehalt von 120 000 Mrs. und Strafgelder [1]). Das ist „ein sehr kleiner Gehalt, um sich der Würde des Amtes und dem Stande der Personen entsprechend unterhalten zu können, da die Lebensmittel teuer geworden". 1551 sollen die Gehälter des Rates erhöht werden, „weil ihre Bezüge klein sind und es jetzt nötig ist, weitere Vorkehrungen zu treffen, da die Waren und Lebensmittel teurer geworden.

Von den „Oydores de Chancelleria" hiess es bereits 1532 (Pet. 11), dass ihr Gehalt (25 000 Mrs.) „den Zeitverhältnissen und der Teuerung der Lebensmittel entsprechend sehr gering ist".

Häbler berichtet, der Gehalt der Mitglieder des königlichen Rates sei 1560 um 100 %, 1583 um weitere 50 % erhöht worden, so dass in diesen 23 Jahren eine Steigerung um 200 % (von 1560 ausgehend) erfolgt sei [2]).

1558 baten die Cortes den König, „die 5000 Mrs., die festgesetzt wären, damit die Armen Prozesse führten, sollten in der Zukunft 15 000 betragen, weil heute die 5000 Mrs. weniger wert sind als in alten Zeiten" [3]).

„Weil der Wert aller Dinge mit der Zeit und mit der Teuerung der Lebensmittel gewachsen ist, so dass was 4000 bis 5000 Mrs. wert war, heute mehr als 12 000 Mrs. gilt, wäre es recht und ziemlich, die Gesetze über Berufung zu reformieren". Darauf setzte Philipp die Gebühren hinauf, jedoch bloss auf 10 000 von 6000 Mrs. Die Regierung gab eben nur ungern der Preisbewegung nach. 1586 meinen die Cortes (Pet. 36), es liesse sich jetzt mit 3000 Dukaten nur dieselbe Lebenshaltung führen, wie früher mit 1000 Dukaten. 1588 sagen sie, was früher 400 Mrs. kostete, erfordere heute 1000 Mrs. (Pet. 48).

---

[1]) Colmeiro Introduccion zu „Cortes de los antiguos reinos de Leon y de Castilla. Bd. II. 158. 248.

[2]) Exkurs „Preise".

[3]) Clemencin.

Es betrug ferner der

	1586	1598
Lohn eines Maurers	4 Realen	8 Realen
„ „ Handlangers . . .	2 „	4 „
Unterhalt eines Studenten mit Diener in Salamanca . . .	60 Dukaten	120 Dukaten[1]).

Wenn wir diese Daten flüchtig betrachten, so fällt vor allem der enorme Preis des Tuches 1537 auf, der höher als 1548 ist. Die Cortes (Pet. 116) sagen darüber: Seit vier Jahren ist das Tuch von Segovia gestiegen. Die Fabrikanten behaupten, Wolle, Pastel und die übrigen Materialien seien teurer geworden, aber das ist nicht richtig. Auf der Messe von Villalon sind Wolle und Pastel sogar billiger geworden. Schuld an den hohen Preisen sind die Preisverabredungen! Wenn man dies mächtige Anschwellen betrachtet, wird man wahrscheinlich beiden Parteien recht geben. Bei steigenden Preisen des Rohproduktes, der Wolle — solche lassen sich auch indirekt darthun — haben die Tuchmacher ihre Monopolstellung ausgenutzt.

Die erwähnten Waren sind die wichtigsten Produkte der spanischen Volkswirtschaft und dürften daher eine allgemeinere Betrachtung zulassen. In dem ' Zeitraume bis 1548 oder 1560 hören wir von einer Preisverdoppelung bei: Fleisch, Pferden, Eseln, Eisen, Leder. Die Bewegung der Getreidepreise scheint eine etwas stärkere zu sein. Weizen ist 1558 um das 2,8fache, Gerste um das 2,3fache, Roggen um das 3,3fache gestiegen. Da wir für die erwähnten Waren nur Relativzahlen und solche ohne bestimmten Anfang besitzen, ist eine Vergleichung unmöglich. Aus der ganzen wirtschaftlichen Lage ist indes anzunehmen, dass die Cortes den Anfang des Steigens nicht auf den Beginn des Jahrhunderts legen.

Brauchbar zu einem unmittelbaren Vergleiche sind höchstens die Tuchpreise, die sich von 1522—1598 verdreifacht haben. Doch auch hier fällt der Ausgangspunkt nicht mit

---

[1]) Colmeiro, Economia II. 450.

demjenigen der Getreidetaxen zusammen. Im Anwachsen der Tuchpreise können übrigens drei Momente vereinigt sein: Steigen der Wollpreise, Steigen der Löhne, Ausbeutung der Monopolstellung.

Von besonderem Interesse ist das scharfe Anziehen der Preise von 1586—1598. Hier finden wir eine Verdoppelung der Löhne (Maurer) und der Unterhaltkosten eines gewissen Standes (Studenten). Ob dasselbe für alle Stände der Fall war, ist zweifelhaft, umsomehr, da sich aus den Getreidetaxen ein derartiges Anschwellen nicht nachweisen lässt. Die Verdoppelung der Löhne muss nicht erfolgt sein durch verdoppelte Kosten der Lebenshaltung in diesem Zeitraume. Es ist vielleicht eine Folge eingetretener Lebensverteuerung vergangener Jahre, die erst jetzt im Arbeitslohne anerkannt wird. Es mag auch der Zustand des Arbeitsmarktes nicht ohne Wirkung gewesen sein. Schon Guicciardini [1]) hatte bemerkt, dass der Spanier seine Arbeit teuer verkaufe, ein Gleiches spricht Jean Bodin aus.

Aus der Gehaltserhöhung einiger Beamtenkategorien kann man ebenfalls nicht auf eine gleichmässige Verminderung der Kaufkraft des Geldes gegenüber allen Waren schliessen. Vielmehr müsste man, um ein Urteil fällen zu können, die Zusammensetzung ihres Konsumtionsbudgets kennen. Auch ist eine Gehaltserhöhung ohne äussere Veranlassung wohl denkbar in jener Zeit, wo jeder nur für das eigene Interesse sorgte, ohne Rücksicht auf die Finanzen.

Es ist möglich, dass man aus der Erhöhung der Summe, die für die Prozesse der Armen und beim Berufungsverfahren ausgesetzt wurde, mehr schliessen kann.

Sicher ist nur, dass wir im 16. Jahrhundert eine allgemeine Preissteigerung vorfinden, die thatsächlich alle Hauptprodukte Spaniens betraf. Da wir die einzelnen Perioden, ausser bei Getreide, nicht nebeneinander stellen können, ist ein Vergleich, die Stärke der einzelnen Bewegung betreffend, unmöglich. Wie dieses Mass bei den Getreidesorten verschieden ist, so dürfte es auch unter den andern Waren der Fall sein.

---

[1]) Bei Baumgarten, Geschichte Karls V. I. 66.

Es stieg z. B. 1586—1598 der Maurerlohn im Verhältnis 1 : 2, der Preis der Schuhe wie 9 : 14, von Tuch wie 11 : 16, von Sammet wie 11 : 17.

Es könnte naheliegen, diese verschiedenen Preissteigerungen [1] mit den Münzverschlechterungen, die im 15. und 16. Jahrhundert vielerorts vorkamen, in Verbindung zu bringen. Solches haben für Frankreich Bodin, Malestroit und Garrault, für England Stafford gethan. Bevor etwas derartiges für Spanien angenommen werden könnte, muss das spanische Münzwesen des 16. Jahrhunderts untersucht werden.

2. Das Münzsystem [2].

In Spanien, wie überall zu Ausgang des Mittelalters, lief eine grosse Menge fremder Münzen um. Vermehrt .wurde dieselbe durch den Umstand, dass Valencia, Katalonien, Aragon ein gesondertes Münzwesen besassen, dabei jedoch teilweise in engstem Zusammenhange mit Kastilien standen. Alles das soll in folgendem übergangen werden, wo wir uns nur mit der kastilischen Währung beschäftigen wollen.

---

[1] Die obigen Daten sollen keine exakte Feststellung der Preissteigerung geben. Sie rufen nur das flüchtig skizzirte Bild einer solchen hervor. Selbst wenn wir, wie z. B. für die Gegenwart, genauere Daten besitzen, ist eine methodologisch richtige Verwertung derselben schwer möglich. Nach 1600 tritt kein Stillstand in der Preisbewegung ein, doch werden die Daten infolge der Münzverschlechterung von 1603 unbrauchbar zu Vergleichen.

	1590	1627
Ochse	200 R.	440—500 R. u. mehr.
Schaf	11 „	24 „
Widder	20 „	40 „
Ziege.	11 „	24 „
Bock	22 „	40 „
Aroba-Wolle von Segovia . .	38 „	77 „
Aroba-Wolle von Cuenca . . .	11 „	33 „
Aroba-Wolle von Soria	11 „	33 „

Weizen 1632 775 Mrs. Colmeiro II. 450.

[2] Vgl. A. Heiss. Colmeiro, Economia II. Covarrubias. Soetbeer in Petermanns geographischen Mitteilungen. Gotha 1879. (Erg.-Heft 57.) W. Lexis bei Conrad. Bd. XXXIV.

Erst durch Ferdinand und Isabella erhielt das Land ein einheitliches Münzwesen. Der eigentliche Ausgangspunkt einer Währung ist die Gesetzgebung von 1497 zu Medina del Campo [1]).

Die Grundlage des ganzen Münzsystems bildet die Gewichtseinheit der Mark = 230,5 g [2]).

a) Aus der Mark Gold, 23^3_4 Quilates (Quilates = Karat) fein ($^{95}/_{96}$), werden geprägt $65^1_{,3}$ Excelentes de Granada [3]). Der Excelent von Granada wog 3,52 g. (Schon 1480 waren Excelentes geprägt worden, von denen aber 50 = 1 Mk. waren; es wog also jeder derselben 4,6 g.)

b) Aus der Mark Silber, 11 Dineros, 4 Granos fein ($^{67}/_{72}$), werden 67 Realen geprägt.

c) Aus der Mark Bronze (Vellon), 7 Gran fein ($^7/_{288}$), d. h. 7 Gran Silber enthaltend, sollen 192 Blancas ausgebracht werden. 2 Blancas sollen = 1 Maravedi sein. In den sieben Münzstätten des Landes dürfen aber nur 10 Millionen geprägt werden („und nicht mehr ohne unsere Erlaubnis und speziellen Befehl"). Es wäre hier also ein wichtiges Kriterium der Scheidemünze gegeben. (Die Blanca wiegt 1,2 g.)

Ueberdies gab es Kupfermünzen, in Betreff welcher jedoch das Gesetz nichts aussagt. Ihr Wert basierte jedenfalls auch auf dem Maravedi. Doch lässt sich ihre Bedeutung kaum ahnen. Sie erhielten sich lange Zeit.

d) Folgende Relationen sollen bestehen [4]):

1 Excelent = 11 R. und 1 Mr.
1   „   = 375 Mrs.
1 Real   = 34 Mrs.

Die Mark Gold enthält also nach diesen Angaben $375 \times 65^1_3 = 24\,500$ Mrs.
Die Mark Silber: Mrs. $34 \times 67 = 2278$ Mrs.

---

[1]) A. Heiss, Descripcion General de las Monedas Hispano-Christianas desde la invasion de los Arabes. 1865. S. 323 ff.
[2]) Heiss 134.
[3]) Die Gesetze in der Recopilacion. Buch V. Tit. XXI.
[4]) Recopilacion Buch V. Tit. XXI. Ley 1 ff.

Es verhält sich also Münzgold zu Münzsilber = 24 500 : 2278 = 1 : 10,755.

Nun ist aber zu bemerken, dass Ley 5 ausdrücklich erklärt, die Mark Silber von gesetzlicher Feinheit sei bloss 65 R. wert, solle aber, um einen mässigen Gewinn zu geben, zu 67 R. ausgebracht werden [1]). Daher Feingold zu Feinsilber = 1 : 9,829, während Münzgold zu Münzsilber (ohne Schlagschatz) steht wie 1 : 10,1.

In andern Ländern war wohl die Relation etwas ungünstiger für Silber [2]):

$$\text{England } 1464 \quad . \quad . \quad . \quad 1 : 11^{151}{}_{955}$$
$$\text{Frankreich } 1488 \quad . \quad . \quad 1 : 11.83$$
$$\text{Florenz } 1495 \quad . \quad . \quad . \quad 1 : 10^{11}{}_{21}.$$

In früheren Zeiten, z. B. 1475, 1480, 1486, stand das Gold in Spanien tiefer zum Silber: 1 : 10,41, 1 : 10,87. 1 : 10,98. Die Veränderung war vielleicht eine Folge der beginnenden amerikanischen Ausbeute, die zu Anfang in Gold bestand. In Deutschland, den Niederlanden, Frankreich stand

$$1501{-}1520 \text{ Silber zu Gold} = 10,75 : 1 \text{ [3])}$$
$$1521{-}1540 \quad \text{„} \quad \text{„} \quad \text{„} \quad = 11,25 : 1.$$

Die Relation in Spanien betrug 1497 9,828 : 1. Es besass daher das Gold daselbst eine geringere Kaufkraft als in den andern Ländern.

Trotz der strengsten Geldausfuhrverbote floss es daher ab [4]). Als Karl V. mit seinem flamändischen Hofstaate nach Spanien kam, vernehmen wir lebhafte Klagen über ihre Raubgier. Es ist nicht unmöglich, dass die geschäftsklugen Niederländer die Gelegenheit wahrnahmen, um das bessere spanische Gold auszuführen. Die Doppelkronen, die Ferdinand V.

---

[1]) Ley V.

[2]) Soetbeer 119, 120.

[3]) Soetbeer 126.

[4]) Hierüber Ferrer del Rio, Decadencia de España. Historia del levantamiento de las communidades de Castilla. S. 33.

„aus dem besten Golde, das jemals eine Währung enthielt",
geprägt hatte, verschwanden.

Ueber Barcelona sollen . . 750 Cuentos [1]),

„ Coruña sollen . . . 950 „

„ die sonstigen Häfen . 800 „
_____
2500 Cuentos Mrs.

abgeflossen sein. Pedro Martir de Angleria, der gerade damals in Spanien war, sagt, in 10 Monaten wären 1 100 000 Dukaten oder 375 Cuentos abgeführt worden. Es herrschte um
jene Zeit in Spanien ein solcher Geldmangel, dass der Verkehr stockte [2]).
Daher petitionieren schon 1518 (Pet. 34), 1520 (Pet. 32)
und 1523 die Cortes um Verschlechterung der Goldmünzen.
Sie wollen Münzen im Gewichte der Ecus-Soleils und 22 Quilates fein [3]).
Schliesslich setzten sie ihre Wünsche durch. 1537 sollen
aus der Mark Goldes, $11/12$ fein, „Escudos ó Coronas" geprägt
werden, und zwar 68 Stück. Jede Corona soll 350 Mrs. gelten.
Darauf klagten die Cortes, an vielen Orten des Reiches hätten
die Kronen ein Disagio [4]). Das Gewicht der Corona war
$\frac{230,5}{68} = 3,38$ g. Die Mark Gold enthielt nun 68×350 Mrs.
$= 23800$ Mrs. $11/12$ fein. Die jetzige Relation dürfte daher 10,284
sein, während die frühere 9,829 betrug. Es ist also die Kaufkraft des Goldes gesteigert. Diese Verschlechterung hat auch
zu einer entsprechenden Wertveränderung der bereits geprägten
Münzen geführt. Indes stand Gold im Auslande immer noch
günstiger, denn 1548 und 1552 betonen die Cortes, in Aragon
und Valencia seien die kastilischen Coronas 10 Mrs. mehr wert
als in Kastilien [5]). 1548 liess der Kaiser 10 Mill. Mrs. Vellon

_____

[1]) Cuento = 1 Million Maravedis.
[2]) Baumgarten 1. 227.
[3]) Tit. XXI. Declaraciones sobre las Leyes y Ordenanzas pasadas.
Ley X. Colmeiro, Economia II. 486.
[4]) Pet. 104.
[5]) Comleiro, Economia II. 488.

prägen in Blancas, 1 Blanca = $\frac{1}{2}$ Mr. Die Mark, $7_{/288}$ fein, soll 192 Stücke enthalten. Wieder finden wir die Bestimmung, „und nicht mehr, ohne unsere Erlaubnis und speziellen Befehl" [1]).

Es waren nach dem Gesetz dieselben Münzen wie 1497. Der Kaiser hatte sie aber um $1\frac{1}{2}$ Gran verschlechtert, so dass man sie im Verkehr nicht nehmen wollte. Die Cortes hatten dauernd geklagt, es sei zu viel Silber in den alten Münzen enthalten. Man brauche für die zu bewerkstelligenden Umsätze ganz kleines Geld. Daher soll man die Legierung verschlechtern [2]). Fortwährend (1518 Pet. 46, 1520 Pet. 19, Madrid 1523, Pet. 161, Valladolid 1548, Pet. 149) bitten sie um Vellon. „Denn es sei grosser Mangel an kleinerem Gelde, das die Armen gebrauchen könnten und auch für die Allgemeinheit, denn es sei nichts da, um den Verkehr zu vollziehen." Daraus geht wohl hervor, dass sich die Geldwirtschaft in Spanien noch im Beginne der Entwickelung befindet. Die Werte, die das tägliche Leben umsetzt, sind noch recht klein. Anders lagen jedenfalls die Verhältnisse im Grosshandel. Diese Zustände erinnern einigermassen an die im heutigen Indien [3]).

Dort wie hier grosse Silbermassen im Lande, aber wenn man den indischen Arbeitern den Wochenlohn in Silbermünzen von der Grösse der 20 Pfennigstücke geben will, dann heisst es: „Das ist nicht mein Geld! Das ist dein Geld! Gib du mir mein Geld!" Sie wollen Kupfer haben, wie die Spanier Bronze. Darauf erliess Karl V. 1552 folgendes Gesetz [4]): Weil bei 7 Gran Silber ein Gewinn zu machen ist, wird das Bronzegeld exportiert. Dadurch entsteht Mangel im Lande. Um dem abzuhelfen, sollen die Blancas u. s. w. nur $5\frac{1}{2}$ Gran Silber enthalten. Dann kann der Gewinn nur ein mässiger sein. „Aber das veranlasste die Unterthanen, dem Werte dieser Münze zu misstrauen, und bei Kauf und Vertrag war sie verabscheut."

---

[1]) Heiss 151.
[2]) Colmeiro, Economia II. 487.
[3]) Ellstaetter, Indiens Silberwährung 114.
[4]) Tit. XXI. Declaraciones sobre las Leyes y Ordenanzas pasadas. Ley X.

Philipp II. erliess 1566 eine Pragmatica über das Münzwesen [1]).

Die Silberprägung soll geschehen wie zu Zeiten seines Vaters.

Die Mark Silber, $^{67}_{,72}$ fein, soll in 67 R. ausgeprägt werden, der Real zu 34 Mrs.

Aus der Mark Gold, $^{11}/_{12}$ fein, sollen 68 Escudos ausgebracht werden, so dass in Legierung und Gewicht nirgends Aenderung eintritt.

Aber der Escudo soll = 400 Mrs. sein.

Die Mark Gold enthält also 68 × 400 Mrs. = 27 200 Mrs.

Danach ergäbe sich eine Relation 1 : 11,758.

Diese Bestimmung wird auch auf die altgeprägten Escudos ausgedehnt, ebenso auf ausländische Münzen von gleichem Gewicht.

Der Dukat wird auf 429 Mrs., der Castellano, $^{11}/_{12}$ fein, auf 540 geschätzt. Es scheint aber, dass die Relation noch ungünstiger für das Silber war. Denn das Gesetz bestimmt: „dass (die Escudos) über diesen Preis (à 400 Mrs.) nicht umlaufen, nicht passieren, nicht irgendwie zum Verkaufe gelangen können bei der Strafe, die die Gesetze und Pragmatiken dieses Landes dem auferlegen, der dies besagte Goldgeld zu einem höheren Preise gibt, verkauft, kauft oder hinnimmt als dem durch uns bestimmten" [2]).

Das Vellongeld betreffend prägte Philipp II. auf Bitten der Cortes 1558 (Pet. 36) 20 000 Dukaten in Blancas nach dem alten Fusse aus.

Um diese Zeit hat Philipp II. versucht, eine Münzfälschung im grössten Stile auszuführen. Er wollte nachgemachtes Silber, das ein Deutscher Namens Sternberg aus Quecksilber herstellte, ausgeben. Aber die Cortes kamen dahinter und protestierten [3]), „denn leicht möchte man über dem schlechten Gelde das gute und echte verlieren". Man sieht, das sog. Greshamsche Gesetz war bereits den Cortes von 1558 bekannt.

---

[1]) Declaraciones. Ley XIII.
[2]) Um 1550 meint Covarrubias (Budeliana 597), die Relation sei auf 1 : 11 gestiegen, ob auri inopiam.
[3]) Ranke 276.

Wohl oder übel musste Philipp auf seine Absichten verzichten. Dagegen führte er 1566 eine neue Münze ein [1]. Die Mark Bronze, $^{62}_{288}$ fein, wird zu 80 Stücken ausgeprägt. Jedes dieser Stücke ist $= \frac{1}{4}$ R. oder $8\frac{1}{2}$ Mrs. Die Mark Bronze ist 680 Mrs. wert. Dieses Geld soll umlaufen wie Silbergeld. Es soll nicht mehr geprägt werden „als zum gewöhnlichen Gebrauche und zum Handel nötig ist". Es darf nur mit spezieller Erlaubnis in speziell bestimmter Menge herausgebracht werden, je nach dem Bedarfe des Verkehres. Besondere Bestimmungen in Betreff des Schlagschatzes wurden erlassen. Das im Verkehre befindliche alte Vellongeld wird nicht entwertet. „Dies Geld, das so gut beschickt war und seinem wirklichen Werte entsprach, war so verunglückt, dass man es sofort nach der Ausgabe fälschte" (Heiss).

Daher gebrauchte man die Vorsicht, es zurückzurufen, indem man ihm den Kurs entzog. Das alte Bronzegeld sollte nicht weiter geprägt werden. Doch dürfen für den Kleinverkehr „einige Mark" in Blancas herauskommen. Auch hierzu ist spezielle Erlaubnis nötig. Sie sollen 4 Gran fein sein, d. i. $\frac{1}{72}$, und aus der Mark sollen 214—226 gemacht werden, da bei so kleinen Münzen ein Irrtum leicht möglich ist. Die richtige Zahl ist 220.

Eine Bestimmung von 1583 lässt Realen, $\frac{1}{2}$ Realen und Blancas prägen wegen des Mangels an kleinem Gelde, der im Lande herrscht [2].

Philipp II. sträubte sich energisch gegen die Wünsche der Cortes, den Bronzegeldumlauf ungebührlich zu vermehren, trotzdem das Land augenscheinlich knappen Geldumlauf hatte.

Philipp III. aber erliess folgende Verordnung [3] (1603): Der Transport des Bronzegeldes ist wegen seines Gewichtes zu teuer. Der Zusatz von Silber zu demselben ist vollkommen nutzlos. Von nun ab soll alles Bronzegeld ohne Silberzusatz sein, also bloss aus Kupfer bestehen und nur die Hälfte des Gewichtes haben. Die Blanca soll 1 Mr. sein, die

---

[1] Ley XIV.
[2] Ley XV.
[3] Heiss 327.

Zweimaravedistücke 4 Mrs., die Viermaravedistücke 8 Mrs. Wenn früher 140 Mrs. = 1 Mk. Bronze waren, so soll diese jetzt zu 280 Mrs. ausgebracht werden. (Es dürfte nach dieser Angabe inzwischen eine weitere Vermehrung der aus der Mark Bronze ausgebrachten Blancas von 220 auf 280 stattgefunden haben.) [1]) Nach Ranke hat man für 6320440 Dukaten in Kupfermünze (d. i. Vellon) hiernach umgeprägt (294). 1609 setzte Philipp III. fest, der Escudo, $11_{/12}$ fein, habe 440 Mrs. zu gelten und dürfe in keiner Weise höher geschätzt werden [2]). 1612 wurde der Castellano, $11_{/12}$ fein, auf 566 Mrs. gewertet. Auch hier wurde wieder eingeschärft, man solle nie einen höheren Preis geben dürfen. Die Mark Gold, $11_{/12}$ fein, enthielt nun 29020 Mrs. Die Relation stellt sich auf 1 : 12,924.

Der neue Escudo entsprach ungefähr 13 R.

Die Münzen, die aus der alten Mark geprägt waren, wurden im Verhältnis : 1 Mark = 32300 Mrs. umgewertet [3]).

Das Silber wurde hingegen den ganzen Zeitraum hindurch unverändert gelassen. Die Mark, $67_{/72}$ fein, enthielt fortwährend 2278 Mrs.

Aus Obigem ergeben sich folgende Schlüsse. Die Relation Gold zu Silber steht nach dem Gesetze:

$$1493-1537 = 1 : 9,829$$
$$1537-1566 = 1 : 10.284$$
$$1566-1609 = 1 : 11,758$$
$$1609 \quad = 1 : 12,924.$$

Aus den verschieden angezogenen Bestimmungen geht hervor, dass sich diese Relation für Silber noch ungünstiger zu gestalten drohte, eine Tendenz, die das Gesetz zu hindern suchte.

Während sich das Verhältnis von Silber zu Gold verschoben hatte, blieb die Relation von Silber zu Bronze die gleiche. 1 R. wurde dauernd zu 34 Mrs. gerechnet. Aller-

---

[1]) Bei Davila 88. 89.
[2]) Ley XVI.
[3]) Heiss 171.

dings der innere Wert der Blancas schwankte und senkte sich durchgehends. Ferdinand und Isabella prägten:

$$1 \text{ Mk. Bronze} = 192 \text{ Blancas}$$
$$\text{Karl V.} = 192 \text{ „}$$
$$\text{Philipp II.} = 220 \text{ „}$$
$$\text{Philipp III.} = 560 \text{ „}$$

Der Silbergehalt unter den gleichen Fürsten ist:

$$7_{288}, \qquad 5^{1}/_{2}\,_{288}, \qquad 4_{288}, \qquad 0.$$

Die bessere Münze Philipps II. konnte, wie wir gesehen, sich nicht halten, war aber auch auf die Einheit des Maravedi gestellt. Der Maravedi war die Rechnungseinheit des ganzen Münzsystems. „Der Maravedi ist kein Geldstück," sagte Covarrubias, „sondern ein leerer Name. Wenn er ein Geldstück ist, so hält man ihn nicht seiner Brauchbarkeit wegen als solches im Verkehr. Die Spanier benötigten ihn, um alle Eingänge, grosse wie kleine, sowie alle Ausgänge zu buchen und einheitlich zu berechnen. Das können sie nur durch den Begriff des Maravedi" (666). In dieser Rechnungseinheit aber waren alle Geldübertragungen, alle Preise zu benennen. Nach Massgabe ihres gesetzlichen Wertes, ausgedrückt in Maravedi, waren Gold, Silber und Bronze gesetzliche Zahlungsmittel[1]). Es darf jedermann Gold, Silber und Vellon prägen[2]) lassen. Wer diese Metalle in die Münze bringt, ist hierbei von der Alcabala und verschiedenen andern Steuern befreit[3]). Man möchte hier fast von einer trimetallistischen Währung sprechen. Aber bezüglich des Vellons finden wir (siehe oben) verschiedene Gesetze, die ausdrücklich erklären, es dürfe nur eine bestimmte Menge geprägt werden. Auch scheint demselben von Anfang in gewissem Sinne der Charakter der Scheidemünze angehaftet zu haben. Während 1497 fremdes Silber[4]), nach seinem Wertgehalte berechnet, umlaufen darf.

---

[1]) Ley VI.
[2]) Tit. XXI. Ley X.
[3]) Ley LXXII.
[4]) Ley VIII.

wird fremdes Vellon verboten [1]). Man hatte hier Besorgnisse, die bei unterwertigen Scheidemünzen gerechtfertigt sind.

Eine fernere Eigentümlichkeit des gezeichneten Münzsystems ist die, dass geprägte Münzen nicht eingeschmolzen werden dürfen [2]).

Man sucht augenscheinlich möglichst viel Metalle in Münzform zu bringen, hindert aber die Rückverwandlung des Geldes in blosses Metall. Auch hat man vielleicht Münzfälschung gefürchtet.

Die Erhaltung eines ausreichenden Münzumlaufes ist überhaupt eine Hauptsorge der Spanier im 16. Jahrhundert gewesen. Denn, so merkwürdig es auch scheinen mag, Spanien litt dauernd Mangel an Geld, trotz der Ernte von Potosi. Die häufigen Klagen über die Knappheit des Kleingeldes haben wir oben bereits erwähnt. Es lässt sich nach dem bezeichneten Widerspruche nicht bestimmt entscheiden, ob auch Private während des ganzen Jahrhunderts Vellon prägen lassen durften. Sollte dies der Fall gewesen sein, so war dieses Geschäft keinesfalls so lohnend, um grosse Ausprägungen zu veranlassen. Es dürfte dies dann vielleicht die Schuld der Beamten gewesen sein, die viel zu grosse Beträge als Schlagschatz zurückbehielten [3]).

Dagegen scheint sich beim Einziehen und Einschmelzen der Bronzemünzen ein genügendes Mass an Silber ergeben zu haben. Daher wurde der Silbergehalt fortwährend herabgesetzt. Ueberdies war der Bedarf an Kleingeld ein unverhältnismässig hoher. Es lag dies nicht nur an der Ausdehnung geringfügiger Umsätze, sondern vor allem daran, dass das Silber hauptsächlich in Stücken zu 4 und 8 R. ausgeprägt wurde, teilweise in dieser Form von Amerika herübergelangte. Solche Stücke waren natürlich für den Kleinverkehr nicht brauchbar [4]).

Nach dieser Seite hin sind also die Klagen über Geldmangel leicht verständlich. Allerdings gegen Ende des Jahrhunderts schlug die Knappheit einmal ins Gegenteil um. 1576

---

[1]) Ley IX.
[2]) Ley LXVII.
[3]) Actas de las Cortes de Castilla. V. 388.
[4]) Declaraciones. Ley XVIII.

klagen die Cortes über das bedrohliche Anwachsen der
Bronzemengen [1]. Ob dies nur eine vorübergehende Kalamität war, lässt sich nicht erweisen. Die Kriege, die
die Spanier später mit den Holländern führten, brachten ihre
Währung in ernste Gefahr. Diese importierten gefälschte
Münzen, Molinillo genannt, und pumpten — wenn man sich
dieses Bildes bedienen darf — das gute Geld zum Lande
hinaus [2].
Die gleiche Erscheinung findet sich aber, trotz der Ernte
von Potosi, bei Silber- und Goldmünzen. Diese letzteren
spielen allerdings eine geringere Rolle. Die Aufrechterhaltung
der Geldausfuhrverbote wird in zahlreichen Petitionen der
Cortes immer wieder gefordert [3].
Als Resultat ergibt sich aus Vorstehendem: Silber und
Bronze liefen nach dem Gesetz im alten Verhältnisse nebeneinander her. Silber ist in keiner Weise verändert worden.
Preisnotizen in Silber lassen sich daher durch das ganze Jahrhundert vergleichen. Die Bronze ist innerlich schlechter geworden, aber sie läuft nicht in zu grosser Menge um, so dass
sie nicht entwertet, und ist an das Silber gebunden. Preisnotizen in Bronze und Silber, die in den Gesetzen oft durcheinander vorkommen, sind daher nebeneinander zu stellen.
Anders bei Gold. Hier müsste die veränderte Relation
berücksichtigt werden, doch haben wir wenig derartiges zu
benutzen [4].
Schwankungen in den Preisen, ausgedrückt in Real und
Maravedi, lassen sich also bis 1603 nur auf Veränderungen
im Werte der Metalle oder der Waren zurückführen, nicht
aber auf äussere, gesetzliche Massnahmen.
Anders wurde das durch Philipps III. Edikt. Jetzt konnte
aus 1 Pfund Kupfer ein Wert von 2 Pfund gemacht werden. Vom Auslande strömte auf gesetzlichen und ungesetz-

---

[1] Actas de las Cortes de Castilla. Bd. V. 388.
[2] Custodi III. Montanari 208. Bodin, Budeliana 740.
[3] Das weitere siehe unten Kap. VIII.
[4] Es wird auch unter dem Dukaten oft eine Recheneinheit von 375 Mrs.
verstanden, so dass eine Umrechnung auf 350 u. s. w. nicht immer am
Platze ist. Colmeiro II. 305. Anm. 1.

lichen Wegen Kupfer in grosser Menge ein. Davila spricht
von 128 Millionen Dukaten [1]. Unter solchen Umständen liess
sich die Entwertung dieser nicht vollwichtigen Münzen selbstverständlich nicht aufhalten [2]. Die Preise fingen an zu steigen.
Das Silber dagegen floss ab. 20, 30, 40 % Agio[3]) musste
man bei Hofe geben. In Leon hatte man nicht so viel Silber,
um 2 R. für die Ablasszettel bezahlen zu können. „Die
Fremden," erzählt Saavedra [4]), „aber erkannten den Wert,
den der Münzstempel jenem elenden Metalle gab und machten
es zum Handelsobjekt. Sie brachten Kupfergeld nach Spanien
und schleppten unser Gold und Silber und unsre übrigen
Waren fort. So schädigten sie uns schwerer, als wenn sie
alle Schlangen und Gifttiere Afrikas uns ins Land gesetzt
hätten. Der Handel war durch das Gewicht und den geringen
Wert dieses Metalles beschwert. Die Preise stiegen, der Verkehr stockte wie zu Zeiten Alonsos des Weisen."
    Weil die kastilische Münze die Welt durchlaufen sollte,
hatte man das Silber nicht verändert. Daher war es ganz
aus dem Verkehre geschwunden.
    Ein dauerndes Agio von 40, 50—74 % entstand. Phi-
lipp IV. suchte es 1625 auf 10 % zu beschränken [5]). 1637
gestattete er 25 %, solange die Indienflotten nicht da waren,
nach ihrer Ankunft 20 %. 1651 war das Agio 50 %. Falsch-
münzerei und Schmuggel blühten, bis 500 % betrugen die
Gewinne.
    „Der monetäre Zustand des Landes ist unhaltbar, der
Staat ist krank an Kupfer," sagte Davila. Wollten wir für
jene Zeit eine Untersuchung der Preise vornehmen, so wäre
überall das stets schwankende Agio zu berücksichtigen, eine
äusserst schwierige und undankbare Aufgabe. Wir müssten
ebenso der Entwertung des Kupfergeldes, der Scheidemünze
unsre Aufmerksamkeit zuwenden, eine Untersuchung, die auf
die grössten Hindernisse stossen würde. Wenn wir uns auf

---

[1]) Ranke 295.
[2]) Davila 88.
[3]) Colmeiro, Economia II. 494. Ranke 295.
[4]) Bei Sempere III. CII.
[5]) Colmeiro 494. Camponanes Apendice IV. 272.

eine Betrachtung der Verhältnisse bis 1603 beschränken wollen, haben wir somit die erste Frage beantwortet. Es hat sich darthun lassen, dass in der That eine bedeutende allgemeine Preissteigerung von 1503—1603 stattgefunden hat, an der die Münzverhältnisse unschuldig waren. Ein Hinausgehen über 1603, wo sich dies ändert, ist vollständig überflüssig. Die dann eintretende Preissteigerung ist andrer Natur, als die, die wir betrachten wollen, um das Wesen der Quantitätstheorie zu beleuchten. Nachdem die Thatsache der Preissteigerung feststeht, haben wir uns im folgenden der Ergründung ihrer Ursachen zuzuwenden. Das ist nur möglich durch eine Darstellung der Wirtschaftsverhältnisse der spanischen Monarchie während des 16. Jahrhunderts und der sie bedingenden anderweitigen Einflüsse. Wir wollen zuerst eine Darstellung von Staat und Volkswirtschaft zu Beginn der Preissteigerung versuchen, um dann die weitere Entwickelung zu schildern.

Kapitel III.

Staat und Volkswirtschaft um 1520[1]).

Die Grundlage der folgenden Untersuchungen muss die Darstellung der Zustände Spaniens bilden, wie sie vor der Preisrevolution vorhanden waren. Es ist der soziale Aufbau des Staates, die Verteilung der Macht, die Wirtschaftsorganisation in kurzen Zügen zu umschreiben, nicht minder der Geist, der diese Formen erfüllt.

1. Eigentum und Status[2]).

Im Kriege hat sich die Entwickelung des spanischen Staates vollzogen, haben sich die ersten wirtschaftlichen Gebilde gestaltet, der Krieg hat bestimmend auf die Weise der

---

[1]) Ausser dem Werke von Häbler, Die wirtschaftliche Blüte Spaniens im 16. Jahrhundert und ihr Verfall, wo sich auch eine umfangreiche Bibliographie findet, gibt es folgende, nicht spanische, allgemeine wirtschaftsgeschichtliche Darstellungen: Ansiaux, Histoire économique de l'Espagne au XVIe et XVIIe siècle. Revue d'économie politique. 1893 — L. Brentano, Ueber eine zukünftige Handelspolitik des Deutschen Reiches. Schmollers Jahrbuch. Bd. IX. — J. Conrad, Liebigs Ansichten von der Bodenerschöpfung und ihre geschichtliche, statistische und nationalökonomische Begründung. Jena 1864. — G. Hansen, Die drei Bevölkerungsstufen. München 1890. (Auszug aus Häbler mit einigen kritischen Bemerkungen.) — B. Moses, Economic condition of Spain in 1500—1600; in The Journal of Political Economy, September 1893. (Auszug aus Colmeiro.) — A. Wirminghaus, Zwei spanische Merkantilisten. 1886. — Die Geschichten des Welthandels von Scherer und Beer enthalten gleichfalls einiges Material. — Goury de Roslan, Essai sur l'histoire économique de l'Espagne, 1888, war mir nicht zugänglich. Dazu noch Townsend.

[2]) Ich verweise für das Folgende auf das grosse Werk von Don

Besiedelung gewirkt. Aus den Bergen Asturiens brachen die Spanier unter sagenhaften Königen hervor und dämmten in langem Kampfe die Macht der Mauren ein. Wenn das Land, das sie dem Gegner abnahmen, nicht verheert wurde, um die christlichen Besitzungen durch einen unwegsamen Wüstengürtel vor neuen Angriffen zu schützen, so wurde es dem Fürsten zugeteilt. Doch konnte und durfte dieser nicht alle eroberten Gebiete seinem Privateigentum einverleiben. Den „Conquistadores", den grossen Herren, die mit ihren Vasallen für den König ins Feld zogen, den Dienern der Kirche, die in Spanien dem Schwerte nicht entfremdet waren, endlich den Genossenschaften der Gemeinfreien (concejos) mussten ihre Dienste mit Land belohnt werden [1]. Dünn und unstet aber war die Bevölkerung. So kam es, dass ausser den weiten Oedländern, die Krieg und Kriegsfurcht unfruchtbar gemacht hatte, grosse Strecken Landes nie einen Besitzer fanden und in späterer Zeit als „Eigentum der Armen" galten.

Demnach zerfiel alles-Land in zwei Hälften [2]. Das vom König zurückbehaltene hiess „Realengo" oder „Propio del Rey". Ein Teil desselben wurde für den König genutzt, der übrige war für weitere Verwendung frei.

Das vergabte Land (Dominio de Señorio) zerfiel in:
Land der weltlichen Herrn (Señorio Seglar),
Land der Kirche (Abadengo),
Land der Körperschaften (Concejos), der Behetrías.
Die Vergebung geschah teils in Form des Allods, teils in der des Lehens. Mannigfach sind die diesbezüglichen Rechtsnormen, deren Aufzählung hier zu weit führen würde [3]. An den Lehen indes, die den grossen Herren, den Ricos-Hombres, verliehen worden waren, entwickelten sich mit der Zeit feste Eigentumsrechte, da die Möglichkeit einer Einziehung sehr beschränkt war [4].

Francisco de Cardenas, Ensayo sobre la Historia de la propriedad territorial en España (Madrid 1873—1875. 2 Bde.). Bes. Bd. I. Buch III.
[1] Colmeiro. Economia politica II. 127. 129.
[2] Cardenas I. 245.
[3] Cardenas I. 249.
[4] Pfaff u. Hoffmann, Zur Geschichte der Familienfideikommisse. 1884.

Wie der König, durften die Ricos-Hombres und die Kirche ihr Allodeigentum an Vasallen zum Lehen ausgeben. Hierdurch gelangten hauptsächlich die ersteren, die auf diese Weise eine grosse Gefolgschaft belohnen konnten, zu bedeutender Macht [1]).

Die Pecheros und Plebeyos (d. h. die nichtadligen Freien) lebten in der Regel in Häusern, die sie selbst auf dem Boden der Edeln errichtet hatten und bebauten das Land, das sie von diesen erhalten hatten [2]). Doch lagen so schwere Verpflichtungen auf ihnen, dass der grösste Teil ihres Eigentums nicht als frei und erblich betrachtet werden kann. Aber die Bedürfnisse der Besiedelung führten frühe zu Milderungen (vor 1000). Erst war es der König, der das Besitzrecht besserte, dann auch Adlige und Geistliche, die eine Flucht aus ihren Ansiedelungen nach den Realengos befürchteten und gegen gewisse Bedingungen Erbeigentum verliehen. Diese Bedingungen nannte man „Fuero“. Ein Fuero bestimmte daher in erster Linie ein Herrschaftsrecht über den Boden unter gewissen Voraussetzungen. Die Fueros bezeichnen den Anfang des freien nichtadligen Eigentums.

Eine besondere Form der Besiedelung bildet die Behetría.

Die Entstehung der Behetría dürfte sich folgendermassen erklären lassen [3]). Als die königliche Macht noch sehr schwach war, konnten viele Ortschaften ihre Freiheit gegen die Mauren nur dadurch sichern, oder sich nur so der Knechtung durch dieselben entziehen, dass sie ihre Verteidigung an einzelne Ritter oder Verbände derselben (Compañias de caballeros) übertrugen. Diese Ritter liessen sich in den betreffenden Orten nieder, zogen ihre Vasallen herbei und erhielten je nach Vertrag gewisse Anteile der Ernteerträge. Der Bewohner der Behetría war frei, er konnte, sagt Fuero von Leon 1020, mit seiner ganzen Habe hingehen wohin er wollte [4]).

Es bestand ein reines Vertragsverhältnis, das je nach seinem Inhalt den Bewohnern der Behetría grössere oder ge-

---

[1]) Cardenas I. 305.
[2]) I. 258 ff.
[3]) Cardenas I. 227 ff.
[4]) Cardenas I. 237.

ringere Freiheit bei der Wahl des Beschützers gab[1]. Danach
unterschied man: Behetría de mar à Mer und Behetría de
linaje. Die ersteren durften den Herrn durch ganz Spanien
wählen, die letzteren nur unter den ortsansässigen Adligen[2].
Zum Teile waren die letzteren auf die Wahl unter den Mit-
gliedern einer Familie beschränkt. Auch einzelne Personen
traten in das Rechtsverhältnis der Behetría ein[3]. Zur Verbesserung ihrer Lage stiegen mitunter grundbare Solariegos
in die Behetría empor. Mit der Zeit verschwand indessen
die Form der Behetría fast völlig[4]. Ein Teil der Leute sank
zu Solariegos herab, während andre aufstiegen und zu Concejos
wurden.

Aus dem eroberten Lande schenkten die Könige mit frei-
gebiger Hand an geschlossene Bevölkerungen grosse Länderstrecken, Besitzungen, die bis in späte Zeit währten und selbst
dann noch bedeutende Ausdehnung besassen. Dadurch war
freies bäuerliches Eigentum entstanden, die Concejos. Diese
gaben das Land in Individuallosen aus, behielten aber einen
Teil als kommunistische Nutzung zurück, während sie einen
andern zur Deckung der Bedürfnisse der Gemeinwirtschaft bestimmten[5].

Hier herrschte Unabhängigkeit, hier fanden die Könige
kräftigen Rückhalt gegen die grossen Herren, hier entwickelte
sich der dritte Stand[6].

Einen besonderen Charakter trugen die Ansiedelungen,
wenn eine grosse maurische Stadt erobert wurde, die dann
der König unter alle, die ihm Hilfe geleistet, verteilte. In Jaen

---

[1] Derselbe I. 231.
[2] Auch Sugenheim, Aufhebung der Leibeigenschaft. S. 26 ff. Doch
nicht ganz richtig.
[3] Cardenas I. 237.
[4] Derselbe I. 243.
[5] Es ist dies ein schönes Beispiel, um zu erkennen, dass Gemeinde-
oder Staatsbesitz im Sondereigentum einer juristischen Persönlichkeit
steht und wirtschaftlich dem Individualeigentum viel näher kommt, als
dem kommunistischen Gesamteigentum. Ersteres dient den exclusiven
Bedürfnissen einer Sonderwirtschaft, letzteres den unterschiedslosen Bedürfnissen aller Wirtschaften. Colmeiro I. 230. Townsend II. 285.
[6] Cardenas II. 181 ff. Cardenas I. 314.

wurden 300 Ritter angesiedelt, 200 in Sevilla, ebenso Geistliche und Pecheros. Murcia wurde an 333 Caballeros und
2200 Peones in ungleichen Losen je nach Verdienst ausgeteilt [1].
Die Ansiedelung fand statt im Kampfe gegen einen leicht
beweglichen Feind, vor dessen Angriffen man immer auf der
Hut sein musste [2]. Das einzelne Gehöft wäre dem sicheren
Verderben preisgegeben worden. Die Form der Besiedelung
war daher meistens die dorfweise. Selbst der Adel wohnte
nicht auf abseits gelegenen Burgen, sondern in Dörfern und
Städten [3].
Die Bebauung des Landes für König und Adel wurde
unfreien Arbeitskräften überlassen. Dieselben gliederten sich
in eigentliche Sklaven und Hörige, die an die Scholle gefesselt waren. Geburt, Gefangenschaft, Oblation (Obnoxacion),
Verbrechen bildeten die Entstehungsgründe dieser Formen der
Unfreiheit. „Die Leibeigenen waren gebunden an die Güter
ihrer Herren und gaben so in einer Zeit unruhiger Fluktuation
ein sesshaftes Element ab. Beide unterhielten mit ihrer
Arbeit die freien Männer, die den Staat mit dem Schwerte
verteidigten" [1].
Milder als die Unfreien auf den adligen und kirchlichen
Gütern wurden die „Kronsklaven" (servidumbre de la corona)
behandelt. Doch war wohl auch die Lage der ersteren besser
als zur Gotenzeit. Man hatte einen Feind vor sich und
musste sich hüten, sich einen weiteren im Rücken zu erwecken.
Infolge dieser steten Gefahr hatte man die Lage der
Hörigen gehoben. Aus ungemessenen Diensten waren ge-
messene geworden, die Abgaben wurden fixiert. Die neu ent-
standene halbfreie Klasse nannte man „Solariego" [5]. Der
Solariego ist ein Mensch, der auf fremdem Boden angesiedelt
ist und gewisse Verpflichtungen erfüllen muss. Es ist dies
eine vage Definition des zahlreichen Standes, in den von unten
Sklaven u. s. w. einrückten, von oben arme Freie herabsanken.

---

[1] Cardenas I. 248.
[2] Cardenas II. 182.
[3] Townsend II. 232. 237.
[4] Colmeiro I. 223. 230. Das Folgende I. 224.
[5] Cardenas I. 314. 315.

Die Ablösung dieser Klasse von Grund und Boden, ihre Ausstattung mit Eigentum bildet einen wichtigen Teil der Sozialgeschichte des spanischen Mittelalters. Die ursprünglich hohen Abgaben wurden bereits im 10. und 11. Jahrhundert gemässigt, ja in Geldleistungen verwandelt [1]). Vor dem 10. Jahrhundert galt in Kastilien der Satz: „Der Grundherr kann ihm (dem Solariego) das Leben nehmen und alles, was er auf Erden besitzt, und er kann darob bei keinem Gerichte klagen" (Colmeiro I, 224). Seitdem aber gestand man dem Solariego sogar das Recht zu, abzuziehen und sich unter einem andern Herrn anzusiedeln (Leon 1020) [2]). Es geschah dies in erster Linie, um eine Besiedelung des Landes zu ermöglichen. Ursprünglich Ausnahme, verbreitete sich diese Bestimmung nach dem 12. und 13. Jahrhundert. Ja der Solariego erhielt das Recht, seine bewegliche Habe mitzunehmen. während er allerdings Grund und Boden nicht veräussern durfte. auch keine Entschädigung für Melioration verlangen konnte. In Alcala (1348) wurde ihm dies Recht allerdings wieder verkürzt, er wurde aber andrerseits in seinem Besitze geschützt, da seine Vertreibung dem Herrn sehr erschwert wurde [3]).

Trotz aller Schäden war indes die Lage der Solariegos besser als die der isolierten kleinen mittellosen Freien. daher dauernd „Recomendaciones" stattfanden, d. h. sich solche einem Herrn unterwarfen. Da überdies der Adel königliche Vasallen zu gewinnen trachtete, wurde 1430 dem gesteuert, indem der König beim Verlassen der Realengos Abzugsgelder erhob [4]).

Mit Hilfe des Königs, dem die grossen Adligen ein Dorn im Auge waren, hatten somit die Solariegos sich emporgearbeitet, waren im grossen ganzen um 1500 zu einer Art freier Erbpächter geworden. Mit seiner Hilfe waren die Concejos erstarkt, hatten sie sich der Jurisdiktion des Grundadels entzogen. Die feudale Heerverfassung verfiel, die Landesverwaltung mittelst der Lehensverfassung war nicht mehr von-

---

[1]) Cardenas I. 318.
[2]) Cardenas I. 319 ff.
[3]) Cardenas I. 323 ff.
[4]) Cardenas I. 335 ff.

nöten, aus dem Lehen wurde erbliches Eigentum, oft losgelöst von richterlicher Befugnis [1]).

König. Kirche, Adel, städtischen und dörflichen Gemeinden gehörte also Grund und Boden zu eigen, während
dessen Bebauung teils in den Händen von Erbpächtern lag.
teils in den Händen der freien Bauern.

Auf der Besitzverteilung baute sich die Verteilung politischer Macht auf.

2. Die Stände.

Seit Beginn der Entwickelung war die spanische Kirche
aufs engste verknüpft mit dem politischen Leben der Nation.
Schon die Goten, die Arianer geblieben waren, hatten um
ihre Nationalexistenz einen Kampf gegen die orthodoxen Franken
zu führen, der sie an den Rand des Verderbens brachte. So
war ihnen Religion und Nationalität fast gleichbedeutend mit
Selbsterhaltung [2]).

Als dann die Araber die gotische Herrschaft brachen,
als die besiegten Goten einen 800jährigen Krieg begannen,
um aus den Trümmern ein neues Reich zu bauen, da zog die
Geistlichkeit mit den Laien ins Feld. Es war ein Kreuzzug.
war ein heiliger Krieg, wieder ein Krieg um nationale, religiöse
Existenz.

So war diese Geistlichkeit fest verwachsen mit dem Leben
des Volkes. Die reichen Ländereien, die sie in diesem Kampfe
gewannen, gaben eine starke Unterlage für ihre Macht ab.
Zahlreiche wirtschaftliche Existenzen wurden auf diese Weise
in Abhängigkeit gehalten, während diese reichen Mittel andrerseits eine weitgehende Mildthätigkeit gestatteten, durch welche
die Massen gewonnen wurden. Gierig suchten daher die kirchlichen Grossen ihren Besitz zu mehren. Sie wussten noch
lange das Schwert zu führen und nahmen in allen inneren
Zwisten eine einflussreiche Parteistellung ein.

---

[1]) Cardenas II. 112 ff.

[2]) Buckle, Geschichte der Zivilisation in England. Geschichte des
spanischen Geistes (Uebersetzung von A. Ruge). Fernando Garrido, Das
heutige Spanien. Uebersetzung von Ruge. 1867. S. 2.

Der Adel zerfiel in die grossen Herren, die Ricos Hombres, und die Hidalgos [1]). Die grossen Barone, die „Reyezulos", hatten in alten Zeiten den König aus ihrer Mitte gewählt. Noch viel später erachteten sie sich ihm als ebenbürtig. Ihre Zahl war beschränkt, doch hatten sie ein Drittel des Landes im Besitz, das unter ungezählte Vasallen ausgeteilt war. Sie nahmen sich das Recht, gegen den König zu streiten und thaten sich zu Bünden, zu Hermandades zusammen [2]). Konnten sie sich nicht mehr im Felde behaupten, so flohen sie nach Aragon oder zu den Mauren. Auf festen Schlössern sitzend, führten sie miteinander Kriege, die ganze Provinzen in Atem hielten, wie Andalusien der Streit der Ponce de Leon und der Guzman: sie plünderten die königlichen Domänen aus, überfielen die Städte und beraubten den Kaufmann. Wie die Macht der Kirche wuchs die ihrige durch die beharrliche „Amortisation", d. h. Besitzergreifung durch die tote Hand, der königlichen Domänen. Städte, Schlösser. Villen, Brücken, Thore, Aemter. Würden gehörten den Granden [3]).

Den Stolz der Nation aber machten die Hidalgos aus, der kleine Adel, sie galten als Träger des spanischen Staates. Der Krieg hatte die spanische Monarchie gebildet, und die Schlachten waren von den Hidalgos, den Rittern, geschlagen worden. Ein Staat aber, der dem Schwerte seine Existenz verdankt, wird immer die Klasse, die das Schwert zu führen weiss, über alle andern erheben. Ihre Tapferkeit hat ihn gross gemacht, ihre Tapferkeit wird ihn erhalten. Jedermann ist der Meinung, dass diese rücksichtslose kriegerische Kaste unentbehrlich ist für den Fortbestand des nationalen Staatswesens. „Man muss sie begünstigen," sagten Ferdinand und Isabella, „denn mit ihnen machen wir unsre Eroberungen" [4]). Gerne gestehen ihnen die übrigen Stände

---

[1]) Für das Verfassungsgeschichtliche: Colmeiro. Introduccion Bd. 1 zu „Cortes de los antiguos reinos de Leon y Castilla", daneben auch Hallam, Europe during the Middle-Ages.

[2]) Recopilacion Buch VIII. Tit. 14. De las ligas y monipodios.

[3]) Höller, Der Aufstand der kastilianischen Städte gegen Kaiser Karl V. S. 27. — [4]) Ranke 300.

allerlei Vorrechte zu. „Alle waren ein Herz und eine Seele, sehr eifrig in der Verteidigung der Gerechtsamen und Freiheiten der Hidalgos" [1]).

Ihre Standesehre unterschied sich von der der sonstigen Bevölkerung. Sie durften nicht gepfändet werden, ihre Freiheit war beschützt. Der Tortur waren sie nicht unterworfen, und selbst der Henker durfte sie nicht mit dem Stricke töten (Calderon, Der Richter von Zalamea). Vor allem aber waren sie steuerfrei. „Der Unterschied, der zwischen einem Hidalgo und dem Bürger in Kastilien besteht, ist der: die Arbeiter zahlen Steuern und Abgaben, die Hidalgos nicht" [2]). Wohl lag also die finanzielle Last des Staates auf dem dritten Stande, doch trug er sie gern. Galt es ja, die Privilegien des Stolzes der Nation zu schützen. Da musste der dritte Stand für entgegengesetzte Interessen eintreten.

Verdankten doch die Städte ihre Privilegien zum grossen Teile selbst dem Krieg. Ihre Hauptbedeutung lag ursprünglich in ihrer militärischen Organisation. Die Besiedelung der den Mauren abgenommenen Orte führte zur Gründung verschiedener Städte mit eigener Verwaltung und Freibriefen [3]).

Ein eigentlicher Unterschied zwischen Dorf und Stadt bestand ursprünglich nicht, denn des Feindes halber mussten alle Ansiedelungen umwallt sein. Die Bewohner dieser privilegierten Organisationen waren zu Baufronden und zu Kriegsdiensten verpflichtet. Es war daher auch der Charakter der Städte, in deren Mauern zudem der Adel wohnte, ursprünglich ein durchaus kriegerischer. Im Königreiche Kastilien (als Gegensatz zu Leon) dienten sogar die reichsten Pecheros zu Pferde als Caballeros, um die Vorrechte der Hidalgos zu geniessen.

Es standen also die Städte dem Erwerbsleben ursprünglich ziemlich fremd gegenüber. Doch suchten sie mit allen Mitteln eine Bevölkerung anzulocken [4]), worin sie von den Pobladores

[1]) Introduccion I. 51.
[2]) Introduccion I. 98.
[3]) Introduccion I. 13.
[4]) Cardenas I. 320 (Fueros von 1050—1100).

unterstützt wurden. So flüchteten sich in ihre Mauern, wo man Privilegien genoss, leibeigene Handwerker aus den Grundherrschaften — dort ist auch in Spanien der Beginn der Industrie zu suchen — und übten in der neuen Heimat ihre Künste aus [1]. „Der Unruhe der Zeit entsprechend, in Abwesenheit einer kräftigen Zentralgewalt, bildeten sich die Zünfte zum Schutze gegen Gewalt. Da sie aber oft von den benachbarten Feudalherren überfallen wurden, thaten sich die Städte zu Bünden gegen dieselben zusammen." Das sind die Hermandades der Städte.

So standen sich die städtischen und feudalen Interessen festgeschlossen gegenüber. Blutige Kämpfe folgten, die grossen Herren rissen die Domänen des Staates an sich, die Steuerlast der Städte wurde drückender. Daher forderten sie Rückgabe des Raubes an die Krone, der sie sich allmählich näherten.

3. Das Königtum.

Einem Volke, dessen Lebensaufgabe der Krieg zu sein scheint, ist der Zusammenschluss gegen den Feind unter einheitlicher Leitung die angemessene Staatsform. Indes der Krieger, der sich des eigenen Wertes bewusst ist, ordnet sich nur dem unter, der ihm mächtig genug erscheint.

Unter solchen Umständen ist der Anblick einer Nation ein wechselnder: heute folgt sie in demütiger Ergebenheit ihrem Herrscher, während morgen wilder Aufruhr das Land in Parteien zerreisst, zwischen denen die Lage des Fürsten hilflos erscheint. Die Stimmung einer kriegerischen Nation ist derartig, dass sie gerne dem siegreichen Herrscher zujubeln wird. Aber in den Kriegen des Mittelalters, die ohne stehende Heere, durch Hilfe der einzelnen Stände geführt werden, geniessen letztere so viel Rechte und Privilegien, dass gegen schwache Fürsten ihnen die Auflehnung leicht ist.

Das Auflösen jener Privilegien, das Zurückstossen der Grossen und Mächtigen, das Emporheben der Schwachen, die Beschränkungen der Kastenfreiheit und die Befreiung der

---

[1] Colmeiro I. 226. 316 ff.

Fröner und Leibeigenen, die Nivellierung der breiten Gesellschaftsschichten, das ist die Aufgabe der absoluten Monarchie gewesen, deren Lösung ihr denn auch in Spanien geglückt ist. Eine lange Kette von Versuchen des Königtums, sich zur Herrschaft zu bringen, reicht durch die spanische Geschichte [1]). Ursprünglich waren die Könige gewählt worden. Die grossen Herren konnten lange nicht vergessen, dass sie einst Gleichberechtigte gewesen. Gegen diese kämpften die Fürsten zuerst. In den Concejos, den Städten, die sie mit Freibriefen versehen, suchten sie sich einen Rückhalt zu schaffen. Auf diesen lag die finanzielle Last des Staates, soweit sie nicht durch Domänen getragen wurde. Diese Domänen aber raubten die Grossen, vergrösserten so die Bürde der Städte und drängten diese an das Königtum.

Doch nicht nur einen Gegner suchten die Fürsten dem Adel zu erwecken, sondern wollten ihm auch durch Begünstigung der Leibeigenen die Stütze entziehen [2]).

An Stelle der alten Räte, in denen Adel und Geistlichkeit sassen, trat schon frühe (in Leon 1188, in Kastilien 1250) eine Vertretung der drei Stände, die Cortes, die der dritte Stand mit seinen Abgeordneten, den Procuradores, beschickte. Dort durfte er seine Beschwerden einreichen, dort bewilligte er dem Könige die Steuern [3]).

Die Procuradores waren die Abgeordneten der Städte und der Bezirke, die durch eine gemeinsame Munizipalverwaltung verbunden waren.

Die Finanznot der Fürsten, die Unruhe der Zeit, die Uebergriffe der Feudalherren, alles förderte das städtische Interesse. „Der Kampf gegen die Infanten de la Cerda und die Minderjährigkeit Alonsos XI. begünstigten mehr als je die Prätensionen des dritten Standes.“

Indes war die Vertretung in den Cortes ein königliches Privileg, das den Städten besonders gewährt werden musste.

---

[1]) Hierüber Hallam.
[2]) Siehe oben.
[3]) Introduccion I. 12. 13. 18. 19. 52.

Die freigewählten Munizipalverwaltungen hatten die Procuradores zu ernennen. Aber die Concejos gerieten bei den Wahlen in Aufruhr, die Parteien bekämpften sich blutig, die Reichen und Mächtigen setzten nur ihre Standesinteressen durch, die Armen wurden nicht berücksichtigt. Einem Kriegervolke fällt weise Selbstbestimmung doppelt schwer. Wer im Kriege den Raub als Recht des Siegers kennen gelernt, beutet auch leicht das Uebergewicht im Frieden aus. Diese Unruhen benutzten die Könige [1]).

Alonso XI. beschränkte die Zahl der Regidores, die den Procurador wählten, auf 24, die sich durch Kooptation ergänzten. Er sandte den Corregidor in die Städte, den Vertreter der Rechtspflege, der mit seinem Stellvertreter, dem Luogotenente, allmählich in den Vordergrund trat. Dieser wusste sich klug in die Verwaltung einzudrängen und Concejos und Procuradores werden allmählich abhängig vom Könige [2]). Der Corregidor beeinflusst die Wahlen. Selbst ein so schwacher Fürst wie Heinrich IV. machte einen Versuch, die Cortesabgeordneten von Sevilla zu ernennen.

Die Zahl der bedachten Städte war schwankend. Aber da in jener Zeit das Wesen des politischen Rechtes in der Ausschliessung andrer bestand, und überdies die Procuradores Kosten verursachten, waren schliesslich nur 17, nach der Eroberung Granadas 18 Städte vertreten. Diese Beschränkung erleichterte der Regierung gleichfalls ihren Einfluss.

Gegen den Adel aber konnten die Fürsten wenig ausrichten. Während die Steuerprivilegien der Städte oft durchbrochen wurden, vermochte Alonso der Weise nicht, den Adel heranzuziehen, sondern starb „einsam und verlassen in der einzig getreuen Stadt von Sevilla".

Die Könige des 15. Jahrhunderts trieben eine rücksichtslose, gesetzlose Politik. Aber diese war nicht konsequent, nicht von höheren Gesichtspunkten geleitet.

Das ganze Land stand in Waffen. Zwischen König, Adel und Städten tobte blutiger Bürgerkrieg. Anarchie und Raub

[1]) Introduccion I. 31 und 94.
[2]) Ranke 183.

herrschte überall. Da starb Heinrich IV., und Ferdinand von
Aragon und Isabella von Kastilien bestiegen den Thron. Der
Adel neigte nach Portugal, so gingen sie mit den Städten.
In der Hermandad derselben schufen sie eine Polizei und eine
städtische Miliz. Sie steuerten den Rechtsübergriffen der
grossen Herren und entrissen ihnen die Territorialgerichtsbar-
keit. Sie nahmen das Münzregal wieder an sich und forderten
die geraubten Domänen im Werte von 30 Cuentos zurück [1]).
Doch hoben sie 1495 die militärische Organisation der
Hermandad auf. Da die Kosten wegfielen, war das Volk
zufrieden. Es ist aber nicht unmöglich, dass sie auf diese
Weise eine gefährliche Institution beseitigen wollten. Auch
sonst scheinen sie durchaus nicht geneigt gewesen zu sein,
dem dritten Stand allzuviel Macht einzuräumen. Ferdinand
wollte 1505 Geheimhaltung der Cortesberatungen, und wohl
schon Isabella schrieb den Städten die Vollmachten vor, die
sie ihren Abgeordneten zu geben hätten [2]). Ferdinands Staats-
sekretär hatte 1505 bei allen Verhandlungen das Uebergewicht,
und 1512 erhielten bereits die Procuradores „Gratifikationen".
Eine konstitutionelle Monarchie haben die Könige wohl kaum
gewollt. Ihr Ziel war eine starke Staatsgewalt.

Zu diesem Zwecke hatte Ferdinand die Grossmeisterstelle
der Orden angenommen, da er hierdurch über zahlreiche ver-
lockende Pfründen gebot. So hatte er dem Papste die Er-
nennung der Bischöfe abgerungen. Diesem Zwecke diente
auch teilweise die Inquisition, die ein staatlicher Gerichtshof
war, vor dem in erster Linie die Reichen und Mächtigen zit-
terten, denn diesen drohte fortwährend die Konfiskation [3]).

Ein stehendes Heer war gebildet worden, die Justiz war
zentralisiert, man hatte Einfluss auf die Steuern erhalten. Der
Anfang des absoluten Staates war da. Als Isabella starb,
brachen neue Unruhen aus. Der Adel war für Philipp den
Schönen, die Städte für Ferdinand. Der Adel siegte. Aber
Philipp starb und Ferdinand gewann die Grossen dadurch,

---

[1]) Clemencin, Prescott.
[2]) Ranke 184. Häbler 93.
[3]) Ranke 191. 195.

dass er sie mit Domänen bestach [1]). Nach seinem Tode ward
Jimenes Regent, der die Domänen dem Adel abforderte und
die Städte neu organisieren wollte. Diese aber weigerten sich [2]).
Die Krone ging an Karl V. Die nationalgesinnten Spa-
nier empfingen den Flamänder nicht mit besonderer Freude.
Die erste Zeit seiner Regierung stand er ganz unter dem
Einflusse seiner flämischen Berater, vor allem de Chièvres.
Diese trieben eine schamlose Ausbeutungspolitik, betrachteten
Spanien als ihr „Indien", als Goldgrube, um ihre Taschen zu
füllen. Die besten Stellen des Landes besetzten sie und ver-
letzten die Spanier in jeder möglichen Weise. Karl wurde in
den Strudel der europäischen Politik hereingezogen. Er brauchte
Geld und liess es sich durch äussere Einwirkungen auf die
Cortesmitglieder verschiedentlich bewilligen. Ueberdies beab-
sichtigte er, Spanien zu verlassen. Als er diesen Vorsatz
gegenüber allen Bitten doch ausführte, gelangte die Gärung
zum offenen Ausbruche.

Die Städte, Toledo an der Spitze, empörten sich. Die
Fiktion der Legalität suchte man aufrecht zu erhalten. Nicht
gegen den König, gegen seine flämischen Ratgeber erhob man
sich. Die Granden. durch die Flamänder gleichfalls zurück-
gesetzt, hielten sich abseits. Der Städteadel und die Kaufleute, die mächtigen Patrizier, waren die Seele der Bewegung.
Aber allmählich kamen die Handwerker an die Spitze, da die
reichen Kaufleute zu viel zu verlieren hatten und auch wohl
fürchteten, die entfesselten Leidenschaften würden leicht mehr
als die ihnen genehmen Ziele begehren [3]). Die Bewegung wurde
radikal und wendete sich gegen die Granden und die sonstigen
Mächtigen [4]). Folgendes war in kurzen Zügen ihr Programm [5]):

1. Der König soll in Kastilien residieren. (Gegen Karls
Reise.)

2. Nur Eingeborne sollen Aemter bekleiden. (Gegen die
Flamänder.)

---

[1]) Ranke 178.
[2]) Ferrer del Rio 9—10.
[3]) Ferrer del Rio 106 ff.
[4]) Ranke 179. Höller 76. 78. 85. 105. Baumgarten I. 348.
[5]) Townsend I. 317.

5. Die Procuradores sollen von ihren Auftraggebern bezahlt werden. (Der König hatte begonnen, die Cortesbeamten, die nicht gezahlt wurden, zu beschenken, d. i. bestechen.)

7. Die Cortes sollen alle drei Jahre versammelt werden. (Hierdurch wollte man die Geldbewilligung nur alle drei Jahre ermöglichen und die Kosten der Tagung verringern.)

8. Die Soldaten sollen nur sechs Tage und auf dem Marsche freies Quartier haben.

10. Die Alcabala soll auf den Betrag herabgesetzt werden, den sie zu Isabellas Zeit ausmachte. (Siehe weiter unten Steuern.)

11. Die Domänen sollen rückgefordert werden, neue Aemter sollen abgeschafft werden. (Man wollte hierdurch die Steuerlast der Städte erleichtern und dem Könige die Möglichkeit nehmen. sich durch Aemterschaffung und Aemterverkauf Geldmittel zu sichern.)

14. Die schädlichen Adelsprivilegien sollen beseitigt werden.

15. Die Stadtverwaltung soll dem Adel verschlossen werden, auch soll er nicht die Gouverneure besolden. (Siehe Kap. IV.)

17. Die Ländereien des Adels sollen besteuert werden.

18. Kein Geld soll exportiert werden. (Siehe Kap. VIII.)

20. Die Stadtbeamten sollen nur ein Jahr fungieren. (Kap. IV.) Der Staatsschatz soll sie besolden, die Bezahlung durch Konfiskations- und Strafgelder ist zu beseitigen.

22. Erst nach der Verurteilung soll die Konfiskation zulässig sein.

25. Der Ablasskauf soll nicht erzwungen werden.

Durch diese Forderungen wurden die Granden auf die Seite des Königs gedrängt. Das Verlangen nach Herausgabe der geraubten Ländereien reizte mehr als alles andre ihren Unmut. Gleichzeitig traten Stadtadel und Kaufleute mehr zurück. An verschiedenen Punkten Spaniens, so in Valencia[1]), wo der Aufstand der „Germanie" tobte, in Zaragoza hatte eine

---

1) Adolf Ebert, Quellenforschungen aus der Geschichte Spaniens. Kassel 1849.

Handwerkerbewegung stattgefunden [1]). Im Aufstande der Communidades tritt eine solche zum Schluss in undeutlichen Zügen zu Tage [2]).

Die Granden vereinigten sich mit der Partei des Königs und siegten für sich und Karl bei Villalar. Mit grosser Härte verfuhr Karl bei seiner Heimkunft mit den aufständigen Communeros. 300 der reichsten wurden gestraft, 2000000 Gulden konfisziert [3]).

Dann ging er daran, das Werk seiner Ahnen fortzusetzen, die Macht der Städte zu schwächen. Wenn man auch den dritten Stand dem Adel gegenüber begünstigt hatte, so war dies nicht um des dritten Standes willen geschehen. Man wollte den Adel durch das Bürgertum, das Bürgertum durch den Adel ruinieren.

Der Präsident des Staatsrates sollte von nun an den Verhandlungen der Cortes beiwohnen. Ferner sandte Karl den Städten ausgefüllte Vollmachten, die dieselben ihren Vertretern bei den Cortes mitzugeben hatten, wodurch aber der Wirkungskreis derselben sehr beengt wurde [4]). Es sollten zudem von nun an die Beschwerden erst nach der Geldbewilligung erledigt werden, so dass also dieselbe bedingungslos von statten ging. Ueberdies suchte er die Abgeordneten durch Geschenke zu bestechen [5]).

So wurde die Macht des Bürgerstandes gebrochen, dessen Vertretung, die Cortes, man allerdings nicht beseitigen konnte, da man sie zur Geldbewilligung brauchte.

Der Adel wehrte sich gegen diese Pflicht. Als Karl 1538 eine Bewilligung verlangte, weigerten die Granden dieselbe. Da berief er sie nicht mehr. Die Kriege im Innern der Halbinsel waren vorüber, an die Spitze eines Heeres stellte sie der König nicht, in Verwaltung und Parlament gelangten sie nicht, sie hatten gleichfalls politisch ausgespielt [6]).

---

[1]) In Zaragoza schon etwas früher. Baumgarten I. 20s.
[2]) In Toledo gibt es drei Stände: Caballeros, Ciudadanos, Oficiales (Ferrer del Rio 276).
[3]) Baumgarten 141.
[4]) Ranke 184.
[5]) Ranke 184 und 185.
[6]) Ranke 182.

Vielleicht allzulange habe ich bei diesen Dingen verweilt, ohne neue Thatsachen gefördert zu haben. Aber es ist wichtig, die längst bekannten scharf zu beleuchten. Es ist richtig, dass der Aufstand der Communeros gegen Karl V. keine eigentlich konservative Bewegung war, dass vielmehr das aufstrebende Bürgertum, hauptsächlich in den tieferen Schichten, Front machte gegen die Privilegien des Adels, gegen gewisse königliche Rechte. Ihre Niederlage bedeutete daher nicht sowohl eine Erhaltung des Bestehenden, als ein Rückdämmen einer aufsteigenden Klasse. Ferdinand und Isabella hatten den „Estado llano" gehoben. Jetzt aber war sein Fortschritt gehemmt. Politisch war er besiegt. Es handelte sich darum, ob der dritte Stand ohne besondere Machtstellung im Staate die in ihm liegenden Keime wirtschaftlicher Gesinnung zur Entwickelung bringen würde. Noch waren ihm Rechte der Selbstverwaltung zu eigen, noch wählten die grossen Städte ihre Regidores, die kleineren ihre Ayuntamientos [1]. Es war die Frage, ob sie ihren Besitzstand wahren konnten, ob sie, die kaum den feudalen Geist abgeschüttelt, sich in weiser Selbstbeschränkung dem Wirtschaftsleben widmen wollten, ob der politisch gebrochene „Estado llano" einer modernen wirtschaftlichen Entwickelung als gesunde Unterlage dienen würde.

Herr Häbler meint an dieser Stelle (S. 96), Karl V. habe keinen festen Plan verfolgt, um die ständischen Freiheiten Kastiliens zu unterdrücken, „dass dies aber nicht das unbeabsichtigte Resultat seiner Politik war", sucht er dann umständlich darzuthun. Wenn Karl V. das wirklich nicht that, so spricht das nicht zu seinen Gunsten. Die Fürsten jener Zeit sind wirklich gross, die eben jene Gerechtsame gebrochen haben und so die moderne Freiheit bereiten halfen. Ständische Freiheit verhält sich zu dieser, wie Privilegium zu freier Konkurrenz. Herr Häbler hat Ranke gegenüber mit geringen Ausnahmen nur festgestellt, was Ranke übrigens zugibt, dass ähnliche Versuche schon vor Karl V. stattfanden. Wenn Ferdinand die Landesvertreter bereits mit Gratifikationen, d. h. doch wohl Bestechungen, bedacht, so genügt das nach Häbler, „um Karl V. von dem Vorwurfe freizumachen, dass er durch Bestechung auf die Landesvertreter einzuwirken gesucht habe". Ich kann daraus bloss schliessen, dass Ferdinand sie gleichfalls bestochen hat.

---

[1] Ranke 183.

Für die wirtschaftliche Geschichte Spaniens (S. 52) bedeutet der Aufstand der Communidades nicht mehr und nicht weniger, als dass Spanien mit der wachsenden Bedeutung seiner Industrie neben den Vorteilen auch die Nachteile eines Industriestaates zu kosten bekam, die vor allem in den Ausschreitungen eines zügellosen Proletariats bestanden. Dieses „zügellose Proletariat" organisierte sich durch ganz Kastilien, an seiner Spitze standen Adlige und Bischöfe. Und wer bildete die Masse dieses Proletariats? Es ist betont worden, dass die Empörung der zünftigen Handwerker gegen das Patriziat im Aufstande der Communidades sicher mitspielte. Aber der Ausdruck Proletariat ist übel angebracht: nicht besser die Bezeichnung Industriestaat. Industriestaaten hat es damals überhaupt nicht gegeben, man kann höchstens von Industriestädten reden. Ob und in welchem Umfange solche in Spanien vorhanden waren, mag sich im folgenden erweisen.

Der einzige Beweis, den Herr Häbler für seine Behauptungen beibringt, geht dahin, dass der Aufstand sich auf die Städte beschränkt hätte, die nachher Sitz der Grossindustrie (?) geworden seien. Es sind dies Toledo, Segovia, Valladolid, während Sevilla und Burgos fehlen. Es erklärt sich wohl von selbst, dass in einem Kampfe der städtischen Interessen nicht Krähwinkel und Posemuckel die Führung übernahmen. In dem vorerwähnten Programme der Aufständigen ist von proletarischen Wünschen nichts zu verspüren. Man hat lange die Geschichte bloss politisch behandelt, heute will man teilweise ins Gegenteil umschlagen und jede Bewegung aus modernen sozialen Gärungsmomenten hervorgehen lassen und leugnet die politischen Machtfragen, selbst wo sie ganz unverhüllt auftreten.

4. Die Volkswirtschaft.

Staat und Volkswirtschaft hatten sich vor der Regierung Ferdinands und Isabellas in völliger Auflösung befunden. Adel, Städte, Kirche waren im Kampfe begriffen. Dadurch herrschte allüberall grosse Unsicherheit des Eigentums und des Erwerbes. „Niemand besass Eigentum ohne Lebensgefahr und Furcht." Der Adel raubte und plünderte, wo er konnte. Er verkaufte sogar Christen an die Mauren. Die Könige hatten Münzverschlechterung getrieben, dann das Regal an die grossen Herren verpfändet, die ein gleiches thaten. In 150 Münzstätten ward geprägt, so dass die Bevölkerung zum Tausche zurückkehrte.

Da gaben Ferdinand und Isabella dem Lande Ruhe und Sicherheit.

In Kastilien brachen sie Tausende von Burgen, Tausende
von Verbrechern entflohen vor ihnen. Als Isabella in Sevilla
Gericht hielt, betrug die Zahl derer, die schlechten Gewissens
entflohen, 4000. Bald standen 5000 Häuser im Lande leer.
Aber man gehorchte. Es gab Ruhe und Frieden [1]).
Dann erfolgte eine ordnende Gesetzgebung.
Einheitliche Münzen, einheitliche Maasse wurden vorgeschrieben. Die mittelalterliche Zerstückelung wich dem Geiste be-
vormundender Zentralisation.

Die Wiederherstellung des königlichen Eigentums im alten
Umfange, wodurch die Zentralgewalt eine feste Stütze unabhängig von Steuerbewilligung erhalten hätte, war in ganzer Ausdehnung indes nicht möglich. Unter der immer wesenloser
werdenden Feudalordnung hatten zu grosse Landübertragungen
stattgefunden. Die feudalen Pflichten hatten keine Bedeutung
mehr, die feudalen Rechte bildeten sich in andre Formen um [2]).
Die Unveräusserlichkeit der alten Lehen hatte sich in Kastilien
nur schwer aufrechterhalten lassen. Die Nation und vor allem
ihre ritterlichen Führer waren ja im Marsche begriffen nach den
sonnigen Niederungen Andalusiens. Hätten die Vorrückenden
gefesselt bleiben sollen an die dürren Berghalden Leons und
Kastiliens? [3])

Aus diesem Grunde gelangte das Prinzip der Veräusser-
barkeit frühe zum Durchbruch und wurde auf das Lehensland
übertragen. Die Macht der Grossen wuchs dadurch bedeutend,
an ein Heimfallsrecht an die Krone war nicht mehr zu denken [4]).

Indes hatten sich bereits im 13. und 14. Jahrhundert
einzelne geschlossene Güter in Form des Majorats ausgebildet,
wozu jedoch die Bewilligung des Königs nötig war. Da bestimmte Heinrich II., der im Leben mit dem Eigentum des
Staates sehr verschwenderisch gewesen war, in seinem Testamente, seine Schenkungen sollten sich nur in Form des Majo-

---

[1]) Ranke. Geschichten der romanischen und germanischen Völker
von 1494—1514. S. 41—47. Prescott, Ferdinand und Isabella.

[2]) Cardenas II. 112.

[3]) Cardenas I. 359.

[4]) Cardenas II. 129 ff.

rats forterben. Stürbe die Linie aus, so solle das Majorat an
die Krone heimfallen (1379). Auf diese Weise wurde für den
Fürsten die Aussicht auf Rückerwerb gesteigert. Eine Zer-
splitterung des vergabten Landes, welche dieselbe gemindert
hätte, war zudem ausgeschlossen. Die edeln Familien, „die
dem Throne Glanz und Stärke verliehen", erhielten dagegen
Schutz gegen erneute Versuche, die gemachten Schenkungen
wieder einzuziehen. Vielfach angefochten, wurde diese Bestimmung von den katholischen Königen neu in Kraft gesetzt, als
sie 1480 eine Untersuchung über den Ursprung der Schenkungen vornahmen. Bis zu ihrer Zeit war die Bildung von
Majoraten nur auf königliche Erlaubnis hin möglich gewesen. Die ganze Halbinsel war jetzt erobert, weitere An-
eignungen waren nicht mehr möglich. Wo jeder seinen Sitz
nun aufgeschlagen hatte, dort musste er bleiben. Die Bahn
altgewohnter kriegerischer Thätigkeit war verschlossen. Die
grossen Herren konnten nicht mehr durch Waffenthaten ihre
alten Namen mit neuem Ruhm bedecken. Sie hatten arg
zurücktreten müssen gegen frühere Zeiten. Um die Granden,
die man gekränkt hatte, zu versöhnen, um es ihnen zu ermöglichen, den „Splendor familiae" in einem friedlicheren Dahin-
leben aufrechtzuerhalten, gestattete man 1505 die Schliessung
des Besitzes, indess nicht bloss ihnen, sondern allen Ständen.

Da auch das Eigentum der Kirche, das grossen Umfang
hatte, dem Verkehr entzogen blieb, so war ein bedeutender
Teil des Landes gebunden. Es wurde dadurch allerdings das
Aufsteigen von Kolonen zu freien Bauern verhindert, aber so
lange nur Grossbesitz, nicht Grossbetrieb herrschte, musste das
Land nach wie vor von Erbpächtern u. s. w. bebaut werden. Die
Aussichten derselben hatten sich verschlechtert, ihre Lage kaum.

Es war indes diesen Erbpächtern ohne Unterschied des
Grundherrn 1480 vollständige Bewegungsfreiheit gegeben und
hierdurch ihr Zusammenhang mit dem Boden zerrissen worden [1]).
Und welches war der Zustand des Landes? „Das Land
ist wenig bevölkert, man findet wenig Städte oder Castelle
darin, und zwischen einem grossen Ort und dem andern trifft
man kaum ein Haus. Es gibt einige schöne Städte wie Barcelona,

---

[1]) Colmeiro, Economia II. 78.

Zaragossa, Valencia, Granada, Sevilla, aber für ein so grosses Reich, ein so ausgedehntes Land ist das doch wenig. Die andern Städte sind im allgemeinen elende Nester mit hässlichen Gebäuden" [1].

„Das Land ist fruchtbar, denn es bringt mehr Getreide hervor als es braucht, ebenso Wein, den man nach Flandern und England ausführt: Oel in grossen Massen, denn es geht davon nach den genannten Ländern und nach Alexandria jedes Jahr für mehr als 60 000 Dukaten. Diese Fruchtbarkeit herrscht am meisten in den Niederungen Andalusiens, und der Ueberfluss würde noch viel grösser sein, wenn das ganze Land kultiviert wäre. Aber es ist nur in der Nachbarschaft der Städte und zwar sehr schlecht angebaut, der Rest nicht. Die Bauern sind faul, da sie sich nur im Notfalle anstrengen wollen; deshalb bebauen sie viel weniger Land, als sie könnten und dieses wenige sehr schlecht. Nicht sowohl wegen der Natur des Landes als wegen der Trägheit der Menschen herrscht grosse Armut." Im Süden des Landes, in Granada, wo die Landwirtschaft von den Mauren betrieben wurde, war Seide das Hauptprodukt.

Im allgemeinen war der Anbau des Bodens gegen die Maurenzeit zurückgegangen. Die kunstreichen Anlagen hatte der Krieg zerstört, der Boden war zertreten, die Wälder niedergebrannt. Auch um bevölkerte Städte, wie bei Toledo, waren die alten Wasserleitungen, ohne die sich nicht gut leben liess, in Verfall. Im übrigen Kastilien findet man mehr als einmal lange Strecken einer Wüste, in der man nichts antraf, als zuweilen eine Venta, gewöhnlich unbewohnt und mehr einer Carawanserei als einem Gasthof ähnlich [2].

Ein Hauptprodukt des Landes war Schafwolle. „Jedes Jahr geht sehr viel Wolle aus dem Lande, man sagt für mehr als 250 000 Dukaten ebenso sehr feine Seide."

Eine dünne Bevölkerung, in stetem Kampfe mit einem behenden Feinde begriffen, hatten die Spanier in frühesten Zeiten die Schafzucht gepflegt [3]. Einem unsteten Kriegsvolke

---

[1] Der grösste Teil der folgenden Beschreibung aus Baumgarten I. 64 ff.

[2] Ranke 300 und Baumgarten 64 ff.

[3] Dass das Schaf als Inbegriff des Reichtums galt, geht vielleicht

sagte dies nomadische Hirtenleben zu, das ihm auch die Möglichkeit gewährte, seine Habe vor feindlichen Angriffen zu retten.
Und diese Betriebsart behielten sie bei. Nie war das Land so
dicht bevölkert, dass eine andre Nutzungsart sich von selbst
empfohlen hätte [1]. In stehende (estantes) und wandernde (trashumantes) teilten
sich die Herden. Während die ersteren einen Anhang des
Ackerbaues bildeten, hatte sich bei den letzteren eine ganz
besondere Organisation geformt.
Als Cabaña Real standen alle Herden unter dem besonderen Schutze des Königs. Die Wanderherden aber, das Eigentum des „Honrado Consejo de la Mesta", hatten sich ganz
hervorragender Privilegien zu erfreuen, trotzdem ihre Zahl
weit geringer war als die der Estantes. Es mag sich dies aus
dem langsamen Vorrücken der Spanier nach dem Süden erklären, wobei den Kriegern Gelegenheit zur Mitführung ihrer
Habe gegeben werden sollte [2]. Die Wanderherden hatten das
Recht, während des Marsches auf fremdem Eigentum, sowohl
auf Kronland, als auf Gemeineigentum (der Concejos), als auf
uneingehegtem Privateigentum zu weiden. Ursprünglich mag
sich ihr Recht auf das Kronland beschränkt haben, das ja von
ziemlich bedeutendem Umfange war (noch 1237). Ortsansässigen stand das Recht kommunistischer Weidenutzung am
Gemeindeland an und für sich zu, den Besitzern der Wanderherden gestattete es der König durch besondere Erlaubnisscheine. Aus dem Obereigentum des Königs und der kommunistischen Weidenutzung scheint sich daher das Wesen der
Mestaberechtigungen erklären zu lassen. Der König lässt zu
der Nutzung des Kollektiveigentums aussenstehende Individuen
zu, die ihre Stellung dann auszubeuten suchen.
Die Veränderung aller wirtschaftlichen Verhältnisse, die
dichtere Besiedelung des Landes, der gesteigerte Bodenwert,
hatten nicht vermocht diesen Privilegien irgendwie Abbruch zu
thun. Vielmehr fand 1511 eine Kodifikation der Berechti-

---

daraus hervor, dass die Hauptmünze des Volkes, das oben erwähnte
Bronzegeld „vellón", d. i. Schafvliess, Schaffell heisst.

[1] Colmeiro I. 277—294.
[2] Cardenas II. 276 ff.

gungen statt, deren Ausarbeitung zum Teil in den Händen des Honrado Consejo lag.

Auf den Hochflächen Kastiliens und Leons weideten die Herden im Sommer, und wenn der Winter die Gegenden unwirtlich machte, zogen sie in die milden Steppen Estremaduras [1]. Sie durften überall die Grashalden abweiden und an den Quellen trinken, jedoch ohne den eingehegten und bebauten Ländereien Schaden zuzufügen. Wenn sie irgendwo in die Felder einbrachen, so wurden die Verluste nur ersetzt, eine Strafe stand indes nicht darauf.

Durch das ganze Land liefen Weidenstreifen 6 Sogas breit, die Soga zu 45 Spannen, auf denen die Herden der Brüderschaft ihre Wanderungen vollzogen. Diese „Cañadas" einzuhegen oder zu bebauen war bei schwerer Strafe verboten. Wer dagegen fehlte, verfiel den Richtern der Mesta.

Waren die Herden der Mesta an einem Orte angelangt, wo ausreichende Winterweiden vorhanden waren und hatten sie eine Zeitlang auf denselben gegrast, so gelangten die Halden, wenn nicht bald Einspruch erhoben wurde, in die Verfügung der Mesta [2]. Sie musste hierfür indes einen Preis zahlen. Um denselben für sie herabzudrücken, waren 1503, 1507, 1515 Gesetze erlassen worden, die eine anderweitige freie Verwendung des Grases erschwerten.

Die Umwandlung von Weideland in Ackerland war verboten [3].

Ausser dieser, die Ausdehnung des Pfluglandes hemmenden Bestimmung, war dasselbe noch andern Lasten unterworfen. Es bestand nämlich vielerorts seit alten Zeiten das Recht der Brach- und Stoppelweide. Es war daher die Einhegung der Felder ohne königliche Erlaubnis untersagt. Bei der Besiedelung von Granada haben dies Ferdinand und Isabella neu verordnet [4]. Diese Bestimmung war zu dieser Zeit noch ausdrücklich zu Gunsten der Herden der Dorfgenossen erlassen worden. Da die Tiere nach der Ernte auch in die Weingärten

---

[1] Colmeiro I. 277—294. Cardenas II. 281.
[2] Cardenas II. 301. 303.
[3] Cardenas II. 295.
[4] Cardenas II. 288. 289.

und Olivenhaine durften, war die Beschwerung des Feldbaus
eine äusserst beträchtliche.

So zeigt sich bei Betrachtung der Lage der Landwirtschaft eine verhältnismässig bedeutende Benachteiligung des
Ackerbaus, eine Bevorzugung der Schafzucht.

Die Schafzucht eignet sich aber vorzüglich zum Grossbetrieb. Während beim Ackerbau der Grossgrundbesitzer eine
Einnahme aus den Abgaben unzähliger kleiner Pächterwirt-
schaften zieht, liegt bei der Schafzucht thatsächlich eine Produktion im grossen Stile vor.

Trat die Schafzucht in Verbindung mit der Geschlossenheit der Grossgüter auf, dann konnten sich auch unter den
geschilderten Verhältnissen die Folgen der Gebundenheit des
Grossbesitzes zeigen.

Die erzeugten Rohstoffe führten die Spanier meist aus.
Ausser den bereits erwähnten „aus dem Baskenlande Stahl,
Häute und Alaun".

Zur Industrie hatten sie wenig Neigung. Sie „gelten für
feine und schlaue Köpfe und dennoch taugen sie weder in einer
mechanischen noch in einer liberalen Kunst etwas". Die in
ihrer Heimat erzeugten Stoffe senden sie in die Fremde um
sie dann, „von dieser bearbeitet, wieder zu kaufen". Ihre
Handwerker „arbeiten nur, wenn die Not sie treibt; nachher
faulenzen sie so lange, bis sie den Verdienst verzehrt haben:
deshalb ist die Handarbeit auch sehr teuer. Fast alle Hand-
arbeiter am Hofe des Königs sind Franzosen oder andre Fremde".

Die Spanier haben jedoch um 1512 „hie und da angefangen,
sich darum zu kümmern, und schon werden in einigen Gegenden, wie in Valencia, Sevilla und Toledo, Tücher und kostbare
Kleidungsstoffe gefertigt. im allgemeinen aber ist das Volk
dem feind" [1]).

---

[1]) Um diese ihm unangenehmen Aussagen zu neutralisieren, behauptet Herr Häbler (48), „den Italienern, die nur am Hofe weilten, teilte
sich wohl die Missachtung der Hidalgos gegen die Gewerbe mit: denn
selbst Badoero berichtet aus der Blütezeit der spanischen Industrie:
In vier Städten wird Wolle verarbeitet, aber es gibt wohl kein Land.
das schlechter mit Handwerkern versehen ist". Wenn schon Spanien
durchaus geblüht haben muss, so wäre es doch klüger und logischer, zu

Aus dem Jahre 1525 wissen wir, dass in Toledo, Segovia die Tuchindustrie emporkam, die Seidenverfertigung in Granada und Sevilla. Auch in Valladolid blühte einiges Gewerbe; der Reisende Navagero bleibt gegenüber der spanischen Industrie sehr, sehr kühl [1]). Die Organisation der Industrie kann man wohl als zünftig bezeichnen. Die industriellen Korporationen waren meist durch Gemeindestatuten geregelt. Infolgedessen bestanden zahlreiche verschiedene Bestimmungen. Einheitlich war dagegen der Zweck der Zünfte. Nirgends scheinen in Kastilien die Handwerker am Ruder gewesen zu sein. Ueberall dürften die Patricier das Heft in Händen gehabt haben. Als die Städteautonomie zertrümmert wird, als die königliche Macht das Regiment zu führen beginnt, bleiben dieselben Gesichtspunkte bestehen wie früher. Zwei Zwecke haben alle Ordenanzas gremiales vor Augen: jeder Betrug bei der Produktion, jeder Betrug beim Verkaufe ist zu verhindern. Dem Schutze der Konsumenten hatte die ganze Organisation zu dienen [2]). Die Zunftordnung betont oft, dass die Bildung der Verbände nicht der Produktion, sondern den Käufern zu gute kommen solle, wie es denn häufig in den Statuten hiess „ohne Benachteiligung eines Dritten".

Die innere Organisation betreffend ist folgendes zu bemerken: Die Lehrlingszeit war gesetzlich geregelt. Bei den Boneteros in Toledo betrug sie z. B. vier Jahre, in Sevilla bei den Hutmachern drei Jahre, da sonst nur schlechte Meister erzogen werden. Bei den Boneteros war überdies die Zahl der Gesellen auf zwei festgesetzt. Es musste ein Meisterstück geliefert werden. Bei den Bordadores in Sevilla hatte eine Prüfung bis 1431 nicht bestanden, wurde aber dann eingeführt [3]).

Die fertigen Waren wurden von den Veedores, den Beschauern geprüft, die von den Zünften selbst gewählt wurden. Bei der Seidenweberei in Granada war die Anzahl der Webstühle, die ein Meister halten durfte, gesetzlich auf vier beschränkt.

---

behaupten, die Italiener seien in Bezug auf Gewerbe so verwöhnt gewesen, dass sie die spanische Blüte ungerecht beurteilen mussten.

[1]) Ranke 299.
[2]) Campomanes. Apendice III. XXX ff. Colmeiro II. 238.
[3]) Campomanes III. LXXII. XLIII. XCI. XLIII.

Mit peinlicher Sorge wurde auf Verhinderung der Monopole hingearbeitet [1]). Das Streben der katholischen Könige lief indes, wie schon oft bemerkt, auf eine Vereinheitlichung des Gesamtlebens der Nation hinaus. Während sie daher früher Sondergesetze für einzelne Bezirke erlassen hatten, gab Ferdinand 1511 umfangreiche Bestimmungen, die Organisation des Tuchmachergewerbes betreffend, die für das ganze Land gültig sein sollten [2]). Um eine strenge Aufsicht führen zu können, um eine gute Qualität garantieren zu können, wurde die ganze Tuchindustrie in vier Zweige zerlegt, die nicht ineinander übergreifen durften. Jede zeitlich folgende Abteilung durfte erst nach Stempelung des übermittelten Produktes dessen Weiterverarbeitung in Angriff nehmen. Tintoreros, Texedores, Perayles, Tundidores waren die Namen der einzelnen Zweige [3]). Alle Produkte durften nur von geprüften Arbeitern gefertigt werden. Bei den Tundidores waren daher folgende Vorschriften in Kraft [4]): Mit 14 Jahren erfolgt der Eintritt als Lehrling. Die Dauer der Lehrzeit beträgt zwei Jahre. Nach Ablauf derselben erfolgt eine Prüfung vor den Veedores und dann ist erst der Eintritt als Lohnarbeiter möglich. Die Veedores wurden jährlich gewählt [5]). Nur wer geprüft war, nur wer den Befähigungsnachweis geliefert hatte, durfte in einem der vier Zweige arbeiten [6]). Es wurde den Veedores immer wieder ans Herz gelegt, recht strenge bei der Prüfung vorzugehen [7]). Aehnlich waren die 1502 erlassenen Organisationsbestimmungen betreffend die Gerberei [8]). Es wurden daselbst Veedores vorgeschrieben, die eine Prüfung vorzunehmen hatten. Diese Vorschrift besass sogar rückwirkende Kraft. Längst im Gewerbe Beschäftigte hatten sich der Prüfung zu unterwerfen. Auch hier wurde zur

---

[1]) Rec. Buch VIII. Tit. XIV.
[2]) Rec. Buch VII. Tit. XIII.
[3]) l. 100.
[4]) l. 99.
[5]) l. 109.
[6]) Tit. XV. l. 11.
[7]) Tit. XVII. l. 42 (1552).
[8]) Tit. XIX. l. 1. 2.

besseren Ueberwachung eine Teilung in Zweige vorgenommen. Die Prüfungskosten wurden ausdrücklich sehr niedrig angesetzt. Fast scheint es, als ob sich in diesen verschiedenen Bestimmungen ein Uebergang zur Manufaktur erkennen liesse. Diese Gesetze, die zahlreiche technische Vorschriften enthielten, beseitigen im grossen und ganzen die lokale Differenzierung des Produktes. Eine einheitliche, man möchte sagen nationale Qualität wird gefordert. Hiermit ist eine Vorbedingung für Massenabsatz gegeben. An die Stelle eines individuellen Produktes tritt ein generelles, ein vertretbares. Die strenge Einschnürung indes, die vielen Formalitäten, Lehrlingszwang u. s. w. lassen in diesem Stadium der Entwickelung eine Massenproduktion noch nicht klar erkennen, doch werden wir an andrer Stelle die Ansätze einer solchen verfolgen können.

Von Wichtigkeit ist die Thatsache, dass in diesen Gesetzen nur gelernte Arbeiter zur Produktion zugelassen werden. Ein Fabrikbetrieb im modernen Sinne ist daher auch hier nicht nachweisbar.

Einen richtigen Manufakturbetrieb finden wir indes in den Münzanstalten vor. Es beschäftigte nach gesetzlicher Vorschrift von 1497:

Die Münze von Sevilla   170 Arbeiter
   „   „   „ Granada   100   „
   „   „   „ Burgos   98   „

und 62 Münzer [1]).

Im grossen ganzen herrschte aber der Handwerksbetrieb vor. Selbstverständlich nahm, wie aus einzelnen Gesetzen hervorgeht, der Hausfleiss eine nicht unbeträchtliche Rolle ein.

Das ungefähr war der Zustand der spanischen Produktion. Der Verkehr im Innern war ein ziemlich mangelhafter [2]). Das Land hatte schlechte Wasserstrassen, da seine Flussläufe reissend von den Bergen herabstürzten, dagegen im Sommer austrockneten. Bei der grossen Ausdehnung des Reiches war an einen intensiven Landverkehr kaum zu denken. Die Grundherren,

---

[1]) Buch V. Tit. XX. l. 3.
[2]) Für das 19. Jahrhundert: Garrido 11.

die Korporationen, die Städte und Provinzen genossen Privilegien, die bald den Import hinderten, bald den Export, jedenfalls aber den Handel hemmten [1]).

Den Einfluss der Transportkosten auf die Preise mag man aus einer Berechnung ersehen, die 1581 Antonelli aufstellte. (Sempere I, LXVII). Die Carga Getreide $= 4$ Hanegas kostet 4 Dukaten, der Transport von Sevilla nach Lissabon mindestens 10 Dukaten. Wäre der Wasserweg benutzbar, so könnte eine Barke 75 Cargas transportieren, was höchstens 50 Dukaten kosten würde, der Landtransport kostet aber 750 Dukaten.

Daher hatten Ferdinand und Isabella die provinziale Abgeschiedenheit ihrer Länder nicht vollständig aufgegeben. Nach allen Seiten war Kastilien von einem Netze von Zollstätten gegen die angrenzenden Länder abgeschlossen, die Puertos secos, auch gegen Aragon. Nur hatte man hier das früher bestehende Ausfuhrverbot aufgehoben, dagegen musste weiterhin eine Abgabe entrichtet werden. Noch in später Zeit war Kastilien in Provinzialbezirke geteilt, aus denen die Getreideausfuhr verboten war. Ausgenommen hiervon waren bloss die Küstenbezirke, wo Mangel und Ueberfluss leicht durch die Schiffahrt beglichen wurde. Dort auch wurde eine freie Preisbildung zugelassen, während im Innern des Landes behördliche Taxen die Umsätze der wirtschaftlichen Güter regelten.

Dementsprechend war denn auch der Handel wenig ausgebildet. Das Volk liebte ihn nicht, denn sie sahen ihn für eine Schande an. Zur Unterstützung des Aussenhandels war indes 1494 in Burgos ein Konsulat gegründet worden, dem 1511 ein solches in Bilbao folgte.

Die Steuerlast lag, wie oben erwähnt, auf den Pecheros, den Gemeinen [2]). Dieselben bewilligten in den Cortes ihre Abgaben an den Fürsten.

Das königliche Patrimonium war durch die Ausraubungen des Adels arg verkleinert worden.

Wenn auch Isabella Domänen im Werte von 30 Cuentos zurückerwarb, so gingen später wieder viele Güter trotz aller

[1]) Colmeiro II. 260 ff.

[2]) Ueber die Finanzen: José M. Piernas Hurtado, Tratado de Hacienda Pública. Madrid 1891. Bd. II. Cap. V u. VI.

Versprechungen aus der Hand des Königs, daher im grossen und ganzen die Finanzwirtschaft auf Steuern u. s. w. ruhte[1]). Das Rückgrat der gesamten Steuerverfassung bildete die Alcabala, die von den Cortes bewilligt wurde. Von den römischen Steuern abstammend, doch mit maurischem Namen bezeichnet, soll sie zuerst 1342 zur Hebung gelangt sein[2]). Sie war eine Verkehrsteuer von 10%, die bei jedem Umsatz von der Ware entrichtet wurde. Entsprechend der Natur der damaligen Wirtschaftsorganisation traf sie jedenfalls in erster Linie die Städte. Dort nur fand ein eigentlicher Verkehr statt, nicht aber auf dem Lande, wo Eigenproduktion und Eigenkonsum herrschte[3]). In dieser Zeit, wo eine Ware nicht viel Hände berührte, hat die Alcabala, trotz ihrer Höhe, den Handel kaum beengt. Um aber den Schwierigkeiten und Hemmnissen der Erhebung aus dem Wege zu gehen, erlegten die meisten Städte ein Pauschquantum, das in einem Vertrage, dem Encabezamiento, bestimmt wurde. In ihrer ursprünglichen Form barg die Alcabala die grosse Gefahr, dass bei steigendem Verkehre, bei grösserer Arbeitsteilung die Steuerquote wuchs. Insofern nämlich in der zweiten Hand der Wert der Ware gleich ursprünglicher Wert plus 10% Steuer, also 110% war, ergab eine Steuer von 10% bereits 11%. Ihr Hauptvorzug bestand darin, dass sie als Konsumsteuer auch die Steuerfreien traf.

Eine weitere Einnahme floss aus den Grenzabgaben, sei es den Puertos secos, wo 10% der eingeführten Waren erhoben wurden, sei es der Seezölle, vor allem den Almojarifadgos.

Weitere Hilfsmittel stellten die Beisteuern der Cortes (servicio), der Kirche, Bewilligungen des Papstes u. s. w. zur Verfügung.

Neben das Servicio ordinario der Cortes trat allmählich ein von denselben gleichfalls zu bewilligendes Servicio extraordinario.

Das ist in kurzen Zügen die Steuerverfassung Kastiliens.

---

[1]) Ranke 264 ff.
[2]) Colmeiro I. 472.
[3]) Ueber Naturalwirtschaft siehe im folgenden. Naturalwirtschaft im 19. Jahrhundert: Garrido 14.

Aragon, Katalonien, Valencia, Navarra hatten ihr besonderes System und zahlten, ebenso wie die abhängigen Provinzen, Beiträge an das Reich. Auch der Weg des Kredits war bereits eröffnet: durch Verpfändung von königlichen Grundstücken, und da diese nur spärlich vorhanden waren, gegen Verpfändung von Steuern (juros), erhielt man auf Ausgabe von mindestens 7 1/2 %igen Schuldtiteln Geld geliehen. Kredit ohne Faustpfand war unendlich teurer (20—30 %) [1]). 1504 muss mit diesen Einkünften der Bedarf des Staates zu decken gewesen sein, da Isabella in ihrem Testamente die Erhöhung des Encabezamiento untersagt hat. Aus den Steuern geht hervor, dass in den Städten, wo die Hauptlast fällig war, bereits die Geldwirtschaft eingezogen war. Gewiss waren alle Verkäufe der Alcabala unterworfen, gewiss waren verhältnismässig wenig Exemtionen gewährt worden, aber der naturalwirtschaftliche Verkehr wie Leistung und Abgaben u. s. w. wurde kaum berührt. Erst Philipp II. hat versucht, den selbstverzehrenden Bauern zu treffen.

Es hat sich in dem Verhältnis von Erbpächter zu Granden, in den Zinszahlungen in Getreide, in den Naturallieferungen an den Hof und die Truppen ein starkes Stück Naturalwirtschaft erhalten. Sein Umfang lässt sich schwer bestimmen, aber an andrer Stelle doch etwas schärfer andeuten. Aus den später anzuführenden Geldausfuhrverboten dürfte man schliessen, dass die Geldwirtschaft nicht sehr weit eingedrungen sei. Häbler behauptet auch, das Geld sei zu allen Zeiten ungeheuer selten in Spanien gewesen, während wir aus andern Stellen das Gegenteil entnehmen [2]). Im grossen und ganzen werden wir die Städte als geldwirtschaftliche Enclaven in naturalwirtschaftlichem Gebiete ansehen dürfen. Doch darf man nicht vergessen, dass, da die Form der Ansiedelung immerhin eine relativ zentralisierte war, das geldwirtschaftliche Element vielleicht bedeutender war als anderswo. Eines ist jedenfalls klar. Der Schwerpunkt dieses Staates lag nicht in der Industrie, die allem Anscheine nach recht unbe-

[1]) Ranke 272.
[2]) z. B. Cardenas l. 318.

deutend war. Das Land war mit wenig Ausnahmen ein rein agrarisches Produktionsfeld. Wohl haben seine Fürsten versucht, die Industrie emporzubringen, aber blühend dürfte dieselbe nicht gewesen sein. Wenn Granada 8000, Sevilla 16000 Webstühle besessen haben soll, so ist das sicher eine jener Angaben, deren der menschliche Geist bedarf, um sich eine konkrete Vorstellung zu bilden, die man aber nicht als Statistiker behandeln soll [1]).

Die Ursache solcher Schönfärberei ist klar. Man nahm das Zeitalter der katholischen Könige und mass es am Zeitalter Heinrichs IV. Verglichen mit jener Zeit der Gesetzlosigkeit, wo die Granden Wegelagerer waren und heller Aufruhr überall herrschte, musste es als ein glückliches erscheinen.

Mannigfache Zeichen eines beginnenden wirtschaftlichen Erwachens stellen sich unsrem Auge dar.

Eine erstarkende Zentralgewalt gibt dem Lande endlich Ruhe und Sicherheit, leitet seine wirtschaftliche Vereinheitlichung ein. Der Adel wird zurückgedrängt, die Städte begünstigt. Eine oft weise Bevormundung des Wirtschaftslebens findet statt. Man sucht das Steuersystem ergiebig und wenig drückend zu gestalten. Ueberdies scheint die Bevölkerung im Anwachsen zu sein.

Das Land, das, in sich zerfallen, bis dahin abseits von Europa lag, beginnt in neugeordneter Einigkeit eine führende Rolle zu spielen.

Spanien war eine Grossmacht geworden. Es strebte durch die Verbindungen seiner Fürsten danach, Weltmacht zu sein, und Macht nahm man für wirtschaftliche Blüte.

Doch vermag ich nicht die bunten Bilder versunkener Pracht als wahre Schilderung aufzufassen.

Ein grosser Fortschritt war gewiss gegen früher geschehen, denn die gesamte Entwickelung strebte aufwärts. Der damalige Zustand bedeutet auch gegen den des 17. Jahrhunderts vielleicht den besseren. Doch hat man den dann eingetretenen

---

[1]) Ich habe möglichst wenig Zahlenangaben gemacht, um möglichst wenig falsche Vorstellungen zu erwecken.

Verfall nicht nur an der spanischen Vergangenheit gemessen, sondern an der aufblühenden Entwickelung von Frankreich, Holland und England. Dann erschien die Lage Spaniens jämmerlich. In alter Zeit aber, das wusste man, war sie befriedigend gewesen. Folglich übertrug man die Zustände der fortgeschrittenen Länder des 17. und 18. Jahrhunderts, entstellt durch fromme Wünsche, in die spanische Vergangenheit. Der Begriff wirtschaftlicher Zufriedenheit hatte sich verändert. Um ihm zu genügen, bedurfte es farbenprächtiger Phantasien, da man sich über diese Verschiebung nicht klar wurde. Glaublich aber können diese Schilderungen kaum erscheinen. Der Grad wirtschaftlichen Wohlstandes, den zu erleben einer Nation vergönnt ist, hängt ab von ihrer Stellungnahme zum Wirtschaftsleben. Machte die ökonomische Anschauung der Spanier eine wirtschaftliche Blüte wahrscheinlich?

5. Die wirtschaftlichen Anschauungen.

Wie oben gezeigt, waren die Hidalgos, der kleine Adel, die Lieblinge der gesamten Nation. Ihnen nachzueifern war der Wunsch aller. Sie gewannen sich ihren Lebensunterhalt nicht durch Arbeit, sondern durch den Kampf. Es erschien allen der Kampf als höchstes Ideal.

Nationale Existenz und Sieg der wahren Religion waren die Ziele alles Streites gewesen. Da fühlten sich denn die Spanier als Soldaten des Himmels. Die kriegerische Thätigkeit aber fordert feste Vereinheitlichung, verlangt die Thätigkeit schweigender Unterordnung, die Verleugnung des eigenen Willens.

Aus diesen Bedingungen entwickelten sich die Anschauungen der Spanier.

Die Arbeit war des Ritters unwert. Und jeder Spanier hatte ritterliche Anschauungen. „Sie haben alle die Einbildung eines Edelmannes im Kopfe, sie sind lieber mit geringerem Verdienste Soldaten oder mit tausend Mühen und Elend Diener eines Granden, oder vor der Zeit dieses Königs (Ferdinand) Wegelagerer, als dass sie sich mit Handel und Gewerbe befassen" [1]). Aehnliches hatten ihnen auch die Gegner gezeigt. Wohl arbeitete der gemeine· Maure in emsigstem Fleisse, aber die Ritterschaft trank die Lust des Lebens in vollen Zügen, und nur mit diesen konnte sich der Spanier vergleichen, nur mit ihnen kam er in Berührung. Bei manchem Turniere stritten sie miteinander, und Züge grossmütiger, orientalischer Ritterlichkeit gingen in den Charakter der Spanier über, die noch lange den Romantiker entzückten [2]). Leicht haben sie auch von ihnen die Liebe zu beschaulichem Nichtsthun empfangen, die steife Gravität, wie auch die stolze Melancholie, die das Leben kaum lebenswert erscheinen lässt. Nur die gemeinen Moriskos, die später unterworfen wurden, arbeiteten. Die Verachtung, die diese traf, blieb an ihrer Thätigkeit haften. Wo aber die Arbeit ohne Ehre, da ist die Trägheit keine Schande. Selbst der Bürgerstand, der seinen Schwerpunkt in wirtschaftlicher Thätigkeit suchen sollte, arbeitet oft nur, um seine schmachbeladene Kaste mit einer ehrenvolleren vertauschen zu können.

Im Kriege lernt man sich mit wenigem begnügen. Leicht lassen sich unter der südlichen Sonne die Bedürfnisse befriedigen. Selbst die, die arbeiten müssen, thun dies nur kurze Zeit und ohne Nachdruck. Wer so geringe Bedürfnisse hat, dass die mageren Spenden, die ihm Fremde gewähren, der Deckung derselben genügen können, geniesst dann keine Missachtung. Sein Leben ist nur ein „Otium cum dignitate". Der Hidalgo hungert sich zu Tode, ehe er arbeitet oder teilt mit seinem Diener des Abends den spärlichen Ertrag, den Betteln diesem einbringt [3]).

Der Krieg nimmt auch nicht Rücksicht auf wohlerwogene Berechnung des Menschen. Er gestattet der Gegenwart nicht, für die Zukunft zu sparen. So geniesst man freudig das Heute und sorgt nicht für das Morgen. „Hat der Spanier etwas erworben, so setzt er sich auf sein Maultier, reitet fort von Hause und kehrt erst heim, wenn alles durchgebracht ist.

[1]) Guicciardini bei Baumgarten 64 ff.
[2]) Prescott. Ferdinand und Isabella, Chateaubriand.
[3]) Lazarillo de Tormes.

Armselig vegetiert er in seiner Wohnung, aber in der Oeffent-
lichkeit prasst er und schlemmt er" [1]).

Es fehlt dem Volke die Beharrlichkeit, grosse, langsam
reifende Pläne ins Werk zu setzen. Stürmisch, klagt noch
Ustariz, lässt sich der Spanier auf alles ein, nichts aber führt
er durch. Nach Erfolgen, die durch methodische Arbeit erreichbar
sind, geizt dies Volk nicht. In der Lotterie des Schicksals
hofft jeder ohne eigenes Zuthun auf den Treffer, und der
glückliche Gewinner vergeudet ihn. Bei geringen Bedürfnissen sind sie doch habgierig, beutehungrig, wie der Spieler,
der sich alles am Munde abspart, um es von neuem wagen
zu können. Zwiespältig wie die Natur ihres Staates, wo
moderne Formen den mittelalterlichen Geist schlecht verhüllen,
ist auch ihr Charakter [2]).

Ein Glaube an den Zufall, eine Art von Fatalismus
durchzieht die Nation. Fast möchte man hier eine Einwirkung
orientalischer Anschauungen vermuten. Im Vertrauen, dass
durch Hilfe des Himmels Verluste unmöglich seien, übernahmen noch 1779 die Katalonier die Versicherung einer fran-
zösischen Flotte, obwohl in Holland und England niemand
den Mut hierzu besass. Die meisten Beteiligten machten
Bankerott [3]).

Ein solches Volk erwartet allen Erfolg von der Vorsehung, ohne dass es selbst etwas thun müsse. „Wenn es
Gott gefallen hätte," meinte der Rat von Kastilien, „dass die
beiden Flüsse (Tajo und Manzanares) schiffbar sein sollten,
so würde er sie dazu gemacht haben; also wäre es gegen die
Vorsehung und sündlich, sie dazu machen zu wollen" [4]).

Wer so denkt, wird sich durch lebhafte Bethätigung
seiner Frömmigkeit die Hilfe des Himmels sichern wollen.
Noch 1724 betrug die Zahl der Feiertage zwischen 100—180.
Auch wird der Einfluss der Priesterschaft sich allüberall fühlbar
machen (Ustariz).

---

[1]) Baumgarten 64 ff.
[2]) Baumgarten.
[3]) Townsend I. 353.
[4]) Beer II. 50.

Dieselbe Ergebenheit bringt man aber auch der irdischen Obrigkeit entgegen. Alles soll fürs Volk geschehen, aber nichts durch das Volk, das ist dessen eigener Wunsch. Es soll alles reglementiert werden, alles von oben geordnet sein. Regieren ist wohlregieren. Wohlregieren heisst Gerechtigkeit üben. „Zu diesem Zwecke,“ sagten die Cortes 1469 und 1518 zu Heinrich IV. und Karl V., „muss Eure Hoheit wachen, wenn ihre Unterthanen schlafen“ [1]). Man überantwortete alles der Regierung und huldigte in orientalischer Weise dem Regenten. Daran ändert gelegentliche Empörung nichts. Bourgoing erzählt, wie ein Spanier seinen Heiligen züchtigt, weil nicht alles nach Wunsch gegangen [2]); mitunter hat dies die Nation gegen ihre Fürsten versucht.

Im allgemeinen aber entsprach die Bevormundung dem Wunsche des Volkes.

Machen diese Anschauungen, macht diese ritterliche, theologische, absolutistische Gesinnung eine nachhaltige wirtschaftliche Glanzperiode wahrscheinlich? Wohl hatte dies Volk edle, menschlich hochstehende Eigenschaften, wohl waren sie glänzend beanlagt zum Eroberer und Vernichter. Aber selbst als Herrscher war der Spanier mit seiner brutalen Gewalt unerträglich. „Wer es verstand, ihm gute Ordnung zu geben, der konnte Grosses mit ihm ausrichten“ [3]). Aber für die Werke des Friedens reichte ein Wille von oben doch nicht aus.

Die Eroberung Granadas hatte jeden Feind von der Halbinsel verdrängt. Die Kriegermassen, die acht Jahrhunderte in Fluss gewesen waren, hätten zum Stillstand kommen können. Die ererbten Anschauungen hätten sich niederschlagen können. Aber die gewaltige Ausbreitungskraft, die in einem Militärstaate steckt, verlockte zu grossen Unternehmungen. Das stehende Heer gab eine neue Form für alte Neigungen, während die ländergierigen Conquistadores ihr Werk in Amerika fort-

---

[1]) Häbler 97.

[2]) Tableau de l'Espagne I. 30.

[3]) Baumgarten, siehe oben.

setzen konnten. Die kriegerischen Gelüste, die der Friede wohl gemindert hätte, fanden neue Bahnen. Von den höher zivilisierten Staaten, wie den Niederlanden und Italien, nahmen die Spanier nichts an. Mühsam hatten sie ihre Nationalität erhalten. Jetzt war sie siegreich geworden. Der höchste Stolz bestand im reinen Blute, das nicht durch Verwandtschaft mit Juden und Mauren verunreinigt war, in der „Limpieza" [1]). Nun wüteten sie gegen Mauren und Juden. Letztere, die sich grosse Reichtümer erworben hatten, wurden 1492 vertrieben. Aber nicht die Eingeborenen, sondern Genuesen, Deutsche, Franzosen traten an deren Stelle, mit gleichem Hasse von den Spaniern beehrt, die nichts von ihnen lernen wollten. Denn Tugenden, die sie nicht besassen, erschienen ihnen als Laster, und Fehler, mit denen sie selbst behaftet waren, priesen sie als Vorzüge.

Dies waren die Anschauungen, die in der spanischen Volkswirtschaft steckten. Die Schätze Indiens strömten in dieselbe ein. Konnten sie diesen Organismus zu gesunder Entwickelung bringen? Wir wollen im folgenden seine Weiterbildung betrachten, einmal nach der politischen, dann nach der wirtschaftlichen Seite hin.

---

[1]) Ranke 198.

Kapitel IV.

Der Staat Philipps II.

1. Absolutismus.

Der alte Feudalstaat war zusammengebrochen. 1538 waren die Granden aus dem aktiven Staatsleben ausgeschieden und lebten jetzt auf ihren Schlössern, unwissend, faul, lasterhaft [1]). Die Städte beschickten, wenn auch politisch gebrochen, nach wie vor die Cortes. Unklugerweise gaben sie ihren Procuradoren gar keine oder zu geringe Gehälter [2]). Da wandten sich diese an den Kaiser, er solle auf Erhöhung hinwirken. Oder sie appellierten an sein Wohlwollen und baten sich Gnaden aus. Gerne gewährte es der Monarch, denn bei den folgenden Verhandlungen machte sich diese Freigebigkeit bezahlt [3]). Die einmal geweckte Begehrlichkeit blieb dabei nicht stehen. Man ersuchte den König, doch die Aemter erblich machen zu wollen [4]). Auch das lag in seinem Interesse, denn hierdurch wurde aus einem gewählten Abgeordneten, der seinen Wählern Rechenschaft ablegen musste, eine Art von erblichem Mitgliede. 1534 findet man sogar einen Cortesdeputierten, der für 14000 Dukaten sein Mandat gekauft hat [5]).

---

[1] Ranke 180. Philippson, Ein Ministerium unter Philipp II. 37.

[2] Colmeiro, Introduccion II. 140. Die folgende Schilderung basiert hauptsächlich auf den dort gemachten Angaben.

[3] Ranke 185.

[4] Introduccion II. 70.

[5] Ranke 185.

Auch waren die Procuradoren andre Männer geworden. Adlige sassen in den Cortes, die, selbst steuerfrei, wenig Interesse an einer Steuerverweigerung hatten [1]. Der königliche Corregidor, der schon in alter Zeit die Wahlen beeinflusst hatte, erhielt immer mehr Bedeutung. Er vermochte leicht, die Wahl der Procuradoren in regierungsfreundlicher Weise zu leiten. Wenn etwa noch irgendwo eine unabhängige Neigung vorhanden war, Philipp II. verstand sie planmässig zu unterdrücken.

Er dehnte die Sitzungen der Cortes ins Masslose aus [2]. Zeit und Geld mangelte den armen Deputierten. Aushalten mussten sie aber. Es blieb ihnen nichts andres übrig, als den König um ein Geschenk zu bitten. Philipp gewährte es bereitwillig. Aber es ist schwer, sich unentgeltlich bestechen zu lassen. Wer Geld nahm, musste den Massnahmen der Regierung zustimmen. Das genügte Philipp indes noch nicht. Als Karl eine beschränkte Vollmacht für die Procuradoren vorschrieb, hatten sich die Städte durch geheime Vereidigung derselben dagegen gewehrt. Diesen Eid untersagte Philipp und setzte sein Gebot [3]) mit Gewalt durch. Die Mitglieder der widerstrebenden Stadträte wurden 1559 von dem Corregidor ins Gefängnis geworfen, bis sie mürbe wurden. Da war es denn leicht erklärlich, dass 1573 die Cortes klagten, nur Hofleute, Justizbeamte und andre Besoldete seiner Majestät würden gewählt [4]). Stetig nimmt die Krone an Macht zu. Erst hatte sie vermittelst der Städte den Adel zurückgedrängt und die Herrschaft über die Kirche erworben, dann mit Hilfe des Adels die Städte besiegt. Jetzt hatte sie die Diätenlosigkeit der Abgeordneten benützt, um sie abhängig zu machen, sie hatte den Adel zum Vertreter der Städte werden lassen, hatte eine zielbewusste Wahlbeeinflussung getrieben. Schliesslich sassen abhängige Regierungsbeamte in der Volksvertretung.

---

[1]) Siehe das Folgende.
[2]) Philippson 54.
[3]) Häbler 102.
[4] Ranke 185.

Die spanische Nation musste ungeheure Geldopfer bringen, ohne dass sie einen Einfluss auf Gang und Wahl ihres Geschickes gehabt hätte. Allerdings, Philipp willfahrte oft ihren Wünschen, wenn sie ihm nur in Steuerfragen entgegen kamen. Denn seine Weltmachtspläne erforderten grosse Opfer. 4 bis 6 Mill. Dukaten kostete jährlich der Türkenkrieg, 110 Mill. Dukaten soll die Bekämpfung der Niederlande verschlungen haben. Karl hatte seine Staaten als gleichberechtigt betrachtet. Ihm war Kastilien ein Glied des Ganzen, das fügsamste vielleicht, aber nicht das ergiebigste. In seinem Staatsrate sassen die Vertreter seiner Länder gleichgeordnet [1]). Philipp aber fühlte sich als Spanier. Sein Staatsrat ward kastilisch, seine übrigen Länder erschienen ihm nur als Provinzen und wurden von Madrid aus „mit Unkenntnis und Willkür" geleitet [2]). Das Herz der Welt sollte Spanien sein, das Herz Spaniens Kastilien. Seit 1559 hat Philipp die pyrenäische Halbinsel nicht verlassen. Aber auch den Kastiliern erschien er selten. Ferdinand und Isabella hatten unmittelbare Fühlung mit der Nation gehabt. Da er Nichtspanier war und durch häufige Abwesenheit behindert wurde, waren Karls Beziehungen sehr zu seinem Schaden lockere gewesen. Philipp jedoch war Spanier und blieb in Spanien [3]). Aber er entfernte sich von der Nation. Er führte die Staatsgeschäfte in der Abgeschiedenheit seines Arbeitszimmers. Unsichtbar lenkte er die Geschicke der Nation. Und das Unerkennbare, das Wirken, das aus dem Dunkeln geschieht, macht auf den Menschen den tiefsten Eindruck. Unzugänglichkeit der Macht verleiht ihrem Träger etwas wie Gottähnlichkeit. Und Philipp erstrebte und erreichte das. Ueber die Nation hob er das Königtum. über die Menschen sich selbst heraus. In seinem abgeschiedenen Kabinette liefen die Fäden des europäischen Schicksals zusammen. Dort plante er in verschlossenem Misstrauen. Einfluss auf ihn durch die Minister war möglich, aber unberechen-

---

[1]) Ranke 124 ff.

[2]) Philippson 45.

[3]) Ranke 97—109. Philippson 45—55. Prescott, History of Philipp II. Auch Buckle, Geschichte der Zivilisation. Bd. II. 22 ff.

bar. Alle Arbeit musste ihm selbst unterbreitet werden. Schwer aber fasste er seine Entschlüsse. In seinen Zielen kannte er keinen Wechsel, nur in seinen Mitteln. Da fielen dann plötzlich Minister, die in Gunst gestanden, da schaffte die Inquisition im geheimen Missliebige aus dem Wege.

Aber die Last der Arbeit wuchs an, die Geschäfte stauten sich und wurden verschleppt. Alle Papiere wurden von ihm durchgesehen und mit Anmerkungen zurückgesandt, doch es graute ihm, eine Entscheidung abzugeben. Ein Mann, der alle Fragen am Schreibtische löste, musste unzugänglich sein den Lehren des Lebens.

Die Nation aber hatte diesem Fürsten alles überlassen[1]). Wo ein Schaden war, baten sie um Gesetze, ihn zu beseitigen. Und Philipp sprach, es solle dem Folge geleistet werden. Nach wenigen Jahren wurde das neue Gesetz drückend. Die Cortes baten um Abschaffung. Und wieder stimmte Philipp zu. Was lag ihm an solchen Kleinigkeiten? Er hatte die Kirche gegen die Osmanen zu verteidigen, er wollte in Holland den Protestantismus schlagen und verlor diese Provinz, er strebte nach Frankreichs Königskrone und Guise starb ihm; er wollte England vernichten und die Armada versank. Unbedenklich wagte er die kostbarsten Stücke seiner Krone und liess den Blick nicht von seinem Ziele, eine spanisch-katholische Weltmonarchie zu gründen. Für die Kosten hatte Kastilien zu sorgen[2]). Ohne Rücksicht auf Tragfähigkeit lud er Steuer auf Steuer. Trotzdem er eigenhändig Budgets verfasste, reichte er nicht mit den verfügbaren Beträgen aus. Das Defizit verschwand nicht vor seinem königlichen Auge[3]). Jedes Mittel war ihm recht in der Finanznot. Er scheute nicht zurück vor einem höchst unklugen Staatsbankerott (1575). Wenn er sich eins fühlte mit dem Himmel, als dessen Stellvertreter er sich ansah, drückte ihn keine Verantwortung.

Alles Handeln in Spanien übernahm er unbedenklich. Ob er solches durchführen konnte, selbst wenn er guten Willen

---

[1]) Philippson 54. Auch Buckle.
[2]) Ranke 104.
[3]) Philippson 48.

hatte, das musste abhängen von den Organen, die seine Be-
fehle vollstreckten, von dem Beamtentum, das der Absolutismus
grossgezogen hatte.

2. Beamtentum.

Als Ferdinand und Isabella den Thron bestiegen, herrschte
auch in der Verwaltung vollständige Willkür. Die Regidores
beuteten ihre Gemeinden aus, verkauften deren Ländereien,
die Justizverwaltung war bestechlich und käuflich. Sie aber
suchten durch ihre Rechtspflege Ordnung zu schaffen. Gegen
die Aussaugung der Gemeinden erliessen sie 1494 ein Gesetz,
das den Verkauf der Ländereien verbot [1]).

Wenn die Krone für die ganze Nation erwog und plante,
musste sich der Wille der Fürsten durch ihre Organe zur That
umsetzen. Sie brauchten einen verlässlichen Beamtenstand. In
den Gemeinden, den Ayuntamientos u. s. f. fand sich ein Stück
Selbstverwaltung. Die Regidores und Alkalden führten das
Regiment der Städte [2]). Ueber ihnen, als Vertreter des Königs,
stand der Corregidor. Es gab daneben Gerichtshöfe, besondere
Finanzbeamte und an den Grenzen besondere Zollbeamte. Alles
lief zusammen im Rate von Kastilien.

Ueberdies unterstand das gesamte Wirtschaftsleben, die
Beaufsichtigung des Produktionsprozesses, des Verkaufes, Festsetzung der Preise und Art der Auslage obrigkeitlicher Beaufsichtigung [3]).

Sollte dieser einflussreiche Beamtenapparat aber günstige
Wirkung haben, dann musste die Verwaltung eine ehrliche sein.
Viererlei war hierzu nötig:

1. Die Zentralgewalt musste eine strenge Aufsicht über
   ihre Beamten führen.
2. Das Gehaben der Zentralverwaltung musste selbst ein
   ehrliches sein.
3. Die Besoldungen mussten ausreichend sein, um nicht

---

[1]) Cardenas II. 184.
[2]) Siehe oben.
[3]) Colmeiro II. 275 ff.

die Begehrlichkeit erwachsen zu lassen, und die Form derselben durfte den Beamten nicht an der Vornahme oder Unterlassung gewisser Amtshandlungen interessieren.

4. Der Beamtenstand musste kenntnisreich und uneigennützig sein.

1. Ferdinand und Isabella übten eine strenge Kontrolle. Nach Isabellas Tode erlitt Spanien wieder einen kulturellen Rückfall. Als Karl den Thron bestieg, kümmerte er sich in erster Linie um die äussere Politik. Die Communidaden verlangten eine Besserung der verwaltungspolitischen Schäden [1]). Aber die Aufrechterhaltung der vielen von ihnen angegriffenen Gepflogenheiten war für den König von Vorteil. Es lag in seinem Interesse, das Moment der freien Wahl mehr und mehr zurücktreten zu lassen. In Leon, Estremadura und Andalusien wurden die Regidores erblich und damit ziemlich frei von Verantwortung [2]).

Philipp II. war ein Bureaukrat im wahrsten Sinne des Wortes. Er war die Spitze der Verwaltung und fühlte sich als solche. Wem die unteren Organe weh gethan hatten, der konnte zum Könige gehen, sein Ohr stand jedem seiner Unterthanen offen [3]). Wer aber hatte Zeit und Mittel, um an den Hof zu reisen, wer hatte mächtige Verbindungen, die ihn einführten, wer von den armen Gedrückten mochte den Mut haben, hinzutreten vor diesen König, der in abgebrochenen Worten sprach, den die Grössten der Grossen nur knieend anreden durften? Der König, der nie unter das Volk ging, war gerecht, aber er war weit — sehr weit.

Und seine Beamten wussten das. Sie wussten aber auch, dass der König selbst die Rechte fremden Eigentums nicht immer wahrte.

2. Wohl hatten Ferdinand und Isabella 1494 den Regidoren den Verkauf von Gemeindeeigentum untersagt, wohl hatte Karl 1521 dies bekräftigt, wohl hatte Philipp ein gleiches Gesetz

---

[1]) Siehe oben ihr Programm.
[2]) Introduccion II. 220.
[3]) Ranke 195.

erlassen [1]) , aber der Kaiser verschenkte eigenhändig diese
Ländereien [2]) und Philipp vergab Gemeindeland, Dörfer und
Städte [3]).
Seit Isabellas Tode waren die Fürsten immer in Geldnöten. Schon 1506 hatte man daher Aemter geschaffen, um
sie an Geldesstatt austhun zu können, gegen den lebhaftesten
Protest der Cortes [4]). Dann vermehrte Karl 1544 [5]) die Ge-
meinderatsstellen und schuf sich dadurch flüssige Mittel. 1558
wurde bereits ein schwunghafter Handel mit Aemtern getrieben,
trotzdem (1557) die Cortes auf Abschaffung des Unfuges
drangen [6]). 1563 sollten Philipps neugeschaffene Aemter eingehen. Aber dieser verkaufte freie Dörfer, Commenden, Adels-
rechte, freie Stellen [7]). Er nahm das Geld der Reisenden und
der Kaufleute [8]). Solches Vorgehen des Höchsten im Staate
konnte nur das Rechtlichkeitsgefühl der Beamten erschüttern.
Eigentlich gab dieser König die Parole aus: „Enrichissez-
vous!" Wenn er ein Amt verkaufte, so war das ja eine
Aufforderung, den Kaufpreis mit Gewinn herauszuschlagen.
Und dass dieser Gewinn kein juristisch begrenzter war, ist
jedenfalls klar. Der König nahm das Geld, wo und wie er
es bekommen konnte. Non olet. Hätten die Beamten em-
pfindlicher sein sollen? Manche von ihnen, so z. B. die Beamten der Inquisition, mussten für den König stehlen, das
Einkommen der Reichen grundlos konfiszieren [9]). Wenn man
einmal das Stehlen erlernt hat, übt man es gerne auf eigene
Rechnung aus.
Unter Philipp III. war alles käuflich, die Gerichtsstellen
seit 1613 [10]). Wer sich mit Genuss darüber unterrichten lassen
will, lese die Abenteuer des Gil Blas von Santillana.

---

[1]) Buch VII. Tit. V. Ley 3.
[2]) Introduccion II. 182.
[3]) Ranke 281.
[4]) Introduccion 65.
[5]) Introduccion 204.
[6]) Daselbst 266.
[7]) Ranke 281.
[8]) Ranke 232.
[9]) Ranke 196.
[10]) Ranke 310.

3. Die Gehälter der Beamten waren teils fest bestimmte, teils an die Vornahme der Amtshandlungen gebundene. Hierdurch weckte man allerdings das Interesse derselben, z. B. der Richter an der Fällung des Urteiles. Aber da sie sich aus den Geldstrafen u. s. w. bezahlt machten, hatten sie bald eine grosse Vorliebe für Verurteilung. Daher wollten die Communidaden [1]) diese Form beseitigt wissen. Die Zollwächter hatten teilweise ein Interesse an der Erhebung der Zölle. Wenn sie aber — ein ordentliches Tarifwesen bestand nicht — Waren billiger hereinliessen, also zu einem geringeren Werte annahmen, zog sich die Einfuhr in ihr Bereich, wuchs bedeutend an und ebenso ihr Einkommen [2]). Aehnlich lagen die Dinge in der Finanzverwaltung. Dass die Geldlöhne jedenfalls durch die Preissteigerung empfindlich berührt wurden, ist schon oben erzählt worden. 1520 wird bereits geklagt, die Gemeindebeamten seien zu schlecht gezahlt und hielten es aus diesem Grunde mit dem Adel [3]).

Je höher die Preise stiegen, desto drückender musste all dieses werden. Es kam hinzu, dass die oberen Schichten der städtischen Bevölkerung allmählich eine höhere Lebenshaltung zu führen begannen. Das amerikanische Silber hatte einen Umschwung herbeigeführt. Wohl waren die Städte unansehnlich und schmutzig, die Häuser schlecht und roh gebaut, die Nahrung geringwertig und nur der grossen Nüchternheit des Volkes erträglich, aber in Kleidung, Putz, der inneren Ausstattung der Häuser herrschte grosser Luxus [1]). Alles lief dem Gelde nach. „Sie jagen nach falschem Reichtume,“ klagt Osorio, „nach Gold, das man nicht verzehren kann, das niemandes Hunger stillt.“ Das Anwachsen des Reichtumes in Kaufmannskreisen, die sie früher sich untergeordnet betrachteten, musste die Beamten kränken. Man hatte zwar mitunter ihre Gehälter erhöht, aber man zahlte dieselben in der Finanznot oft gar nicht aus. Philipp schuldete 1500 seinen Beamten den Gehalt von zwei Jahren im Betrage von $2^1{}_2$ Mill. Dukaten [5]).

---

[1]) Siehe oben.
[2]) Schilderungen aus späterer Zeit bei Ustariz.
[3]) Introduccion II. 111.
[1]) Philippson 36.   [5]) Häbler 131.

Das musste eine harte Probe für die Ehrlichkeit sein, eine Probe, die kaum zu bestehen war.

4. Von entscheidender Bedeutung für den Geist der Beamtenschaft ist es endlich, zu betrachten, welchen Kreisen sie entstammten, zu wissen, welche Standesanschauungen sie ins Amt brachten.

Spanien war zur Zeit Heinrichs eigentlich in eine Menge von Territorialstaaten zerfallen. Auf weiten Gütern herrschten mit unbegrenzter Machtbefugnis selbständige Granden, in den Städten mit eigener Verwaltung die oberen Schichten des Bürgerstandes. Tausende von kleinen Adligen sassen in ihren Mauern, wie die Lilien auf dem Felde, die nicht säten und nicht ernteten [1]). Solange die Maurenkriege dauerten, solange die Grossen sich gegenseitig mit Fehden überzogen oder gegen die Bünde der Städte kämpften, war Raum für ihre Thätigkeit. Sie fochten im ritterlichen Raubkriege wohl in beiden Heeren. Nun aber wurden die Kriege im Auslande geführt, wurde in Reih und Glied gestritten. Nicht in der Beute des einzelnen, im Raube des Soldaten, sondern im Länderraube lag der Zweck der Kriegsführung.

Politisch machtlos sassen die Granden auf ihren Gütern und boten den Vasallen nur Gelegenheit zur Schlemmerei [2]). Aber für die Masse der Hidalgos reichte das nicht. Gewiss hatten diese auch eigenen Besitz. Aber da sie ihn nicht nutzten, verarmten sie zusehends. Die Landgüter, die sie besassen, verkauften sie Stück für Stück [3]). Denn sie mochten sich nicht entschliessen, aus Grundherren selbstwirtschaftende Gutsherren zu werden. Wer nicht ins Heer trat oder der Kirche seine Dienste widmete oder auswanderte, was sollte der beginnen?

Von der Arbeit seiner Hände konnte der Hidalgo nicht leben. Ausser den Standesanschauungen verboten das die Gesetze. Wer arbeitete, verlor sein Adelsprivileg. Und hätten sie sich auch darüber hinweggesetzt, hätten sie auch arbeiten wollen, es wäre ihnen kaum möglich gewesen. Eine Klasse,

---

[1]) Höfler 46.
[2]) Ranke 182.
[3]) Don Quijote.

die die Arbeit verachtet, setzt ihren Stolz darein, arbeits-
unfähig zu werden. Vererbung und Erziehung machen die
Kriegerkaste untauglich zu den Werken des Friedens.
Die Klasse der Hidalgos stand vor einer sozialen Frage.
Was sollte unter solchen Umständen aus ihnen, den Lieblingen
der Nation werden? Wirtschaftlich schwankte der Boden
unter ihren Füssen. Doppelt traurig musste ihnen ihre Lage
dadurch erscheinen, dass die Politik der katholischen Könige
den Bürgerstand gehoben. Jetzt sahen sie den dritten Stand,
„die Labradores", zu einer gewissen Wohlhabenheit, zu einer
sicheren Existenz gelangen. Gemessen an einer aufstrebenden
Schichte musste ihnen, den Untergehenden, der Grad des
Niederganges doppelt stark erscheinen. Der verarmte Edelmann beginnt eine typische Erscheinung zu werden. In Men-
dozas Lazarillo tritt er bereits auf, wir finden ihn in Calderons
Richter von Zalamea als Nebenperson, im Don Quijote endlich hat er sich ein Weltbürgerrecht erworben. Die Dichter
verhöhnen ihn, aber sie lieben ihn doch.

Nicht umsonst hatten Ferdinand und Isabella gesagt, „man
muss die Hidalgos begünstigen, denn mit ihnen machen wir
unsre Eroberungen". Die Hidalgos' wussten, dass sie die
Stützen des Staates gewesen. Sie waren ins Wanken gekommen durch die Ungunst der Zeiten. Jetzt war es die
Aufgabe des Staates, sie zu erhalten, damit sie im Falle der
Not ihn erretten könnten.

Mit der ganzen brutalen Natur einer kriegsgewohnten
Kaste, die fest glaubt, dass ihre Interessen die der Allgemeinheit sind, gingen sie an die Arbeit. Das Ziel, das ihnen vor-
schwebte, war, in der Verwaltung versorgt zu sein, aus dem
Soldatenadel ein Beamtenadel zu werden [1]).

Ohne Schwierigkeit gelangten sie in die Staatsverwaltung
und wurden wohl seit älterer Zeit als Corregidores in die
Städte gesandt [2]). Erfüllt von dem Kasten- und Klassengeiste,
hielten sie es dort mit ihren Standesgenossen, vertraten deren
Interessen, nahmen Bezahlung von denselben.

---

[1]) Häbler 100.
[2]) Ranke 183.

Da klagen denn 1505 schon die Cortes, dass die königlichen Beamten es nur mit den Mächtigen hielten. Das Gleiche hören wir 1520. Und 1532 vernehmen wir bittere Klagen, dass der Corregidor sein Amt vernachlässige, nicht an Ort und Stelle lebe, sondern sich mit den grossen Herrn vergnüge [1]). Auch waren die Corregidores nicht unzugänglich für Geld und Bestechung. Sie waren ja ins Amt getreten, nicht um das Gemeinwesen zu verwalten zu seinem Nutz und Frommen, nicht um für den Staat zu leben, sondern um von dem Staate erhalten zu werden. Sie hatten den feudalen Geist mitgebracht, sahen im Amte nur die materielle Basis eines gewaltthätigen Daseins.

Dem Könige aber waren diese Beamten erwünscht. Sie hatten ein lebhaftes Interesse daran, ebenso gefügig und schmiegsam nach oben zu sein, wie sie gewaltthätig und roh nach unten waren. Darum sah man milde ihrem Treiben zu. Den Petitionen der Bedrückten versprach man dann Abänderung und alles blieb beim alten.

Diese Leute hatten allmählich immer mehr Macht von der Regierung erhalten. Sie wurden benutzt, um gute Wahlen zu machen. Sie selbst hatten ein Interesse daran. Denn wenn die Vertreter des eigentlichen dritten Standes in die Cortes gelangten, dann durften sie sich auf heftige Anklagen gefasst machen. Gern arbeiteten sie daher für die Regierung. Nützten sie doch der eigenen Sache.

Zu der Gemeindeverwaltung war der Adel indes teilweise nicht zugelassen [2]). Allerdings in einzelnen Gemeinden hatten die Herren seit alter Zeit Einfluss gewonnen [3]). Vielerorts dagegen waren sie ausdrücklich ausgeschlossen von jeder Anteilnahme an städtischen Angelegenheiten. Das Regiment der Städte lag wohl zum grössten Teile in den Händen der Mercaderes und ähnlicher Klassen (in Barcelona „Ehrenbürger") [4]). Die Zünfte waren wohl ausgeschlossen und errangen sich einen gewissen Einfluss höchstens durch schwere Kämpfe.

---

[1]) Introduccion II. 178.
[2]) Häbler 100.
[3]) Introduccion II. 67.
[4]) Ebert, Zur Verfassungsgeschichte der Stadt Barcelona.

Dieser dritte Stand musste seiner ganzen Entwickelung nach den Adel glühend hassen. Man fürchtete ihn und schloss ihn aus. Nach der Regierung Isabellas aber war wenig Grund zur Furcht vorhanden. Mit dem Adel ging es bergab, die Städte wurden mächtiger und reich. In dem Hasse der Bürger gegen die Bevorrechteten aber stak ein gutes Teil Neid. Die Eigenschaften, die sie besassen, waren ja doch das Ideal der Nation. Tapfer sein im Kriege und faul im Frieden schwebte jedermann als höchstes Ziel der Lebensführung vor. Die Privilegien, die sie genossen, vor allem die Steuerfreiheit, bekämpfte man, nicht vom Standpunkte idealer Prinzipien aus, nicht weil man sie für ungerecht hielt, sondern weil man sie als unbequem empfand. Die Steuern, die der Hidalgo nicht bezahlte, musste der Bürger auf seinen Teil nehmen. Man wünschte nicht, dass andre steuerfrei waren, man wäre es aber selbst gerne gewesen.

Allmählich zeigte sich die Möglichkeit, dahin zu gelangen. Die Fürsten waren in steten Geldnöten und gerne bereit, einen Adelsbrief (carta de hidalguia) teuer zu verkaufen. 1518 [1]) und 1520 [2]) klagen die Cortes darüber, dass die Pecheros Hidalgos würden und keine Steuern zahlten, wodurch die Last der ihrigen anschwelle. Unterstützt wurde die Sucht, adlig zu werden oder zu scheinen, durch die Gesetze betreffend die Bildung von Majoraten. Es war nämlich möglich, auch eine sehr kleine Rente als Majorat zu gründen [3]). Der Eigentümer fühlte sich als Majoratsherr, die Verwandten als jüngere Mitglieder eines adligen Geschlechtes. Aber der Erwerb des Adelstitels wäre in vielen Gemeinden, wo das Verbot der Verwaltung durch Adlige bestand, ein Verlust der Macht gewesen [4]). Die obere Schichte des Bürgertums empfand das naturgemäss als plötzliche Ungerechtigkeit. Zählte man sich

---

[1]) Pet. 60.
[2]) Pet. 28.
[3]) Siehe Kap. V.
[4]) Es ist dies nicht ausdrücklich ausgesprochen, ergibt sich aber von selbst aus der Bestimmung, dass kein Adliger in die Verwaltung eintreten darf. Konnte indes der geadelte Bürger in der Verwaltung bleiben, so war das Privileg an und für sich gebrochen.

doch im Inneren nicht mehr zu den rohen Handwerkern [1]). Die billige Sentimentalität sozialen Strebertums erwachte in ihnen. Da geht ein Hidalgo umher, der Spross eines edlen Hauses, das schon unter König Pelayo gegen die Ungläubigen stritt. Stolz und edel wie zuvor, wandelt er nun unter plumpen Bauern und Bürgern. Noch dünkt er sich besser als die gesamte übrige Menschheit, noch sind seine Bewegungen von unnachahmlicher Anmut, wie solche bloss die allerhöchste Reinheit des Blutes verleihen kann. Aber verrostet sind seine Waffen, zum Kampfe gegen die Ungläubigen kann er sie nicht tragen und auch verpfänden darf er sie nicht. Arm und hungrig ist er, aber immer noch hochmütig.

Der reichgewordene Bürger aber sagt sich mit Stolz: „Wie weit hast du es doch gebracht!" Daneben aber sieht er den Hidalgo, die gefallene Grösse, und ein wehmütiges: „Sic transit gloria mundi" stimmt ihn weich [2]).

Auf dieses Streben nach der Adelswürde, gehemmt durch die Unmöglichkeit, in Macht zu bleiben, auf dieses weichliche Mitleid stiess der Adel bei der massgebenden Schicht des dritten Standes. Zudem wird ihm die Unterstützung des Corregidors zu teil.

Da finden wir dann plötzlich 1505 in den Cortes als Vertreter des Bürgertumes adlige Procuradoren, und die gleiche Erscheinung zeigt sich im Jahre 1511 [3]). Dort, in den Cortes, beginnt nun der Kampf, den Adligen in allen Gemeinden die einträglichen Verwaltungsstellen zugänglich zu machen. Und reissend schnell geht dieser Zersetzungsprozess des dritten Standes vor sich, dessen oberste Schichte von den Hidalgos vollkommen aufgesogen worden ist. Der Besitz der Gewalt

---

[1]) Höfler 83.

[2]) Wie sich derartige Anschauungen unter der spanischen Herrschaft in Neapel verbreiten, darüber Burckhardt, Kultur der Renaissance, II. 91. Das Städtchen La Cava war sprichwörtlich reich, „so lange dort Maurer und Tuchweber lebten; jetzt, da man statt Maurerzeug und Webstühlen nur Sporen, Steigbügel und vergoldete Gürtel sehe, da jedermann Doktor der Rechte oder der Medizin, Notar, Offizier und Ritter zu werden trachte, sei die bitterste Armut eingekehrt".

[3]) Introduccion II. 72 u. 85.

macht die Revolutionäre konservativ. Nur Doktrinäre, nur prinzipielle Revolutionsmänner werden durch Erfolge nicht bekehrt. Dafür sind sie meistens so unpraktisch, dass die Erfolge ausbleiben. Die bürgerlichen Procuradoren wandten sich an den König, er solle sie wie Edelleute empfangen [1]). Das Solidaritätsgefühl des dritten Standes ist geschwunden. Es bitten dann 1525 die Cortes, „weil die Hidalgos von besserem Stande sind als die Pecheros", sollen sie in die Gemeinden gewählt werden dürfen [2]). Die Cortes werden mehr und mehr erfüllt von adligen Interessen. Sie bitten, man solle die Hidalgos ja nicht mit Pecheros ins Gefängnis werfen, da man sie doch nicht der Strafe halber einsperre [3]).

Dann 1532 heisst es, die Hidalgos müssten beamtet werden, „da ihnen mehr als andren die Verwaltung und Justizpflege zukommt" [4]). Aehnlich hören wir es. 1537 [5]). Erleichtert wurde der Ansturm dadurch, dass Karl 1544 neue Regidorenstellen schaffte, wobei es immer wieder heisst, die Hidalgos sollten solche bekleiden dürfen.

Bald wurden die adligen Ansprüche bestimmter. 1576 verlangen sie, die Hälfte der Aemter sei den Hidalgos vorzubehalten [6]). Einmal wollen sie, dass eine gewisse Anzahl von Stellen ihnen gesichert werden solle, ein andermal genügt das nicht mehr, sie verlangen den Ausschluss aller Nichtadligen. 1576 verlangen sie z. B. auch, kein Händler oder Handwerker solle Gemeindebeamter werden [7]). Allerdings rächten sich dann die Pecheros vielerorts durch Befeindung und Drangsalierung der edeln Herren, was aber gesetzlich untersagt wurde (1576, Pet. 65).

Die Gemeinden, die diese sich zu erobern wussten, hatten die Wahl der Cortesabgeordneten zu vollziehen. Der Bürger-

---

[1]) Daselbst II. 101.
[2]) Daselbst II. 135.
[3]) Daselbst II. 138.
[4]) Daselbst II. 172.
[5]) Pet. 71.
[6]) Pet. 64.
[7]) Pet. 50.

stand hatte die Wahrung seiner Interessen preisgegeben, hatte
später auf jede Bedeutung im Staatsleben verzichtet, war mora-
lisch bankrott geworden. Es war noch kaum ein Menschenalter
seit dem Aufstande der Communidaden vergangen.
Jetzt sass der Adel in allen Aemtern. Aus dem Soldatenadel war ein Beamtenadel geworden. Die Entscheidungen
über das Wirtschaftsleben der Nation liegen zum Teil in den
Händen von Männern, die nicht im Wirtschaftsleben gestanden,
die die wirtschaftliche Thätigkeit verachteten.
Die Steuern hatten Leute zu bewilligen, die sie nicht
trugen.

Dem Könige gegenüber standen Abgeordnete, die unter
seinen Fahnen gedient, die gewohnt waren, in ihm ihren
obersten Kriegsherrn zu erblicken. Es waren Männer mit
hohen Lebensansprüchen, deren einziger Besitz ihre Aemter
waren. Würden sie diese gefährden wollen, würden diese
loyalen Krieger nur im Interesse ihrer Wähler handeln und
auf die Aussicht verzichten können, sich zu sonnen im Lichte
königlicher Gunst?

Das waren die Männer, die die Nation dem Könige gegenüber vertraten, das die Werkzeuge, die den königlichen Willen
zu vollstrecken hatten.

Wie verwaltete nun dieses Beamtentum?

3. Verwaltung.

1537 bitten die Cortes, die Alkalden sollten nicht die Ge-
fängnisse besuchen dürfen, denn je nachdem ihnen die Ein-
gesperrten befreundet oder verhasst wären, würden sie ihren
Einfluss geltend machen [1]). Auch verlangten die Cortes, die
Alkalden sollten ihre Söhne nicht mit den Töchtern der Recht-
suchenden verheiraten, da sonst das Recht gebeugt würde.
Die Corregidoren blieben nicht am Amtsorte, die Söhne und
Schwiegersöhne der Oydores erhielten fette Stellen. Die
Reichen bestachen die Richter, die Armen wurden verurteilt.

---

[1]) Introduccion II. 177.

Die Regidores, Juradores, Escrivanos der Concejos stahlen,
wo sie stehlen konnten[1]). Sie hatten es teilweise zu erblicher
Macht gebracht, die sie nun rücksichtslos ausbeuteten. Der Kaiser
verkaufte die Ländereien der Gemeinden, ebenso verfuhren
die Mitglieder des Stadtrates trotz aller entgegenstehenden
Gesetze. Die Beamten, die mit der Erhaltung der Waldbe-
stände betraut waren, schlugen das Holz und verkauften es[2]).
In den Städten tyrannisierten die Zunftbeamten, die Veedores.
Im inneren Verkehr untersagte man den Zwischenhandel.
1551 aber stellte sich heraus, dass die Beamten ihre Vollmachten dazu benutzten, sich ein Monopol des Zwischenhandels
zu sichern[3]). Karl V. hat einmal ein Gesetz erlassen, die
Zollbeamten sollten wohlhabende Leute sein, damit man sich an
ihren Vermögen eventuell schadlos halten könne! Zollbeamte
und Steuerbeamte — unter letztere muss man auch die Pächter aufnehmen — hausten am ärgsten[4]). 60—100 000 Finanzbeamte sollen vorhanden gewesen sein. Die Steuerbeamten
des 17. Jahrhunderts nahmen sechsmal die fällige Summe.
100 Dukaten einzubringen kostete 100; 1000 kostete die Erhebung von 10 Mill. Dukaten 4 Mill., ja einmal betrug der
Aufwand für $3\frac{1}{2}$ Mill. $6\frac{1}{2}$. Manchmal langte die Steuer
nicht zur Besoldung der Beamten aus, dieser „Unmenge ver-
lumpter Gesellen, deren Beruf es war, von fremdem Schweisse
zu leben". Alles nahmen sie weg, pfändeten die Häuser der
Bauern und wenn sie sie nicht verkaufen konnten, verschleu-
derten sie dieselben auf Abbruch[5]). Dabei erhielt die Krone
oft nur $\frac{1}{10}$ des fälligen Betrages.

Die Mitglieder des Finanzrates stahlen in gleicher Weise
wie die untersten Beamten. „Der König wird von ihnen bis
auf die Knochen abgenagt und übel bedient". schrieb Gran-
vella[6]).

In der Handelspolitik waren die verschiedensten strengen

---

[1]) Daselbst II. 136.
[2]) Colmeiro, Economia II. 123.
[3]) Introduccion II. 241.
[4]) Colmeiro, Economia II. 554 ff.
[5]) Campomanes, Apendice I. 228. 231. 320. 345. 347.
[6]) Philippson 214.

Gesetze gegeben worden. Aber der König erteilte seinen Günstlingen Ausfuhrerlaubnis [1]). Der Schmuggel blühte, allein die Beamten drückten ein Auge zu. Bei der Zollerhebung herrschte die ärgste Aussaugung. Wo 15 % erhoben wurden, half man sich dadurch, dass man den Wert der Ware aufs Doppelte anschlug, also 30 % erhob. Oder längst verfallene Zölle wurden weiter eingetrieben [2]). Dabei gelangte nichts an die Krone, alles in die Taschen der Beamten. Es war alles käuflich, alles bestechlich. Die Spanier, dieses Volk, dem die Ehre am höchsten stand, waren feil um jeden Preis.

Einem Kriegervolke waren grosse Schätze zugefallen. Sich vor dem Gelde zu demütigen ist keine Schande, denn der Begriff Ehre liegt ihnen in Tapferkeit und würdevollem Auftreten. Aus dem beutelustigen Soldatenvolke wurde eine habgierige Beamtennation, aus dem habsüchtigen Mandarinentum ein feiles, käufliches Volk von Bedienten.

Diese Entwickelung hat sich vor allem abgespielt in der Kriegerkaste, in dem Stande der Hidalgos. Man hatte sie erhalten, weil man glaubte, sie wäre die Stütze des Staates — und nun?

Zu Vertretern des Volkes berufen, vergassen sie seine Interessen und gaben aus Loyalität alles preis, als Vollstrecker des königlichen Willens versagten sie ihrem absoluten Herrn.

Steuerlast und Beamtenwillkür lagen schwer auf dem Wirtschaftsleben.

Und das ist es, was uns den Absolutismus Philipps II. verständlich macht:

Der dritte Stand gab sich selber auf. Er liess sich benutzen, einer sinkenden Klasse als Fallschirm zu dienen. Er trat ein für Interessen, die nicht die seinen waren. Die er aber geschützt, die vergalten es ihm nicht mit gleicher Münze. Sie setzten sich nicht für ihn ein, sondern gaben seine Sache preis.

So hatte sich Philipp eine gefügige ständige Vertretung

---

[1]) Economia II. 353.
[2]) Beispiele bei Ustariz.

verschafft, die ihm die Mittel für seine Zwecke gewährte. Die Ziele aber hatte er sich selbst gesteckt. Niemandem war er verantwortlich ausser sich selbst. Vor seinem Gewissen aber verschwand das zeitliche Wohl seines Volkes gegenüber dem ewigen Wohl seiner Seele. Das Land zahlte ruhig die Steuern. Wenn seine Vertreter Widerstand leisteten, so war es nicht in Prinzipienfragen. Nur die Grösse der Mittel, nur die Art der Verteilung beschäftigte die Cortes. Nicht die Ziele der Politik unterstanden ihrer Kritik, es waren reine Quantitätsfragen, um die es sich handelte.

Und so folgte Bewilligung auf Bewilligung, bis Philipps II. grossgedachte Politik den kümmerlichen Wohlstand Kastiliens zerstört hatte.

Kapitel V.

Wirtschaftliche Umgestaltung.

Aus der ökonomischen Zerrissenheit vergangener Jahrhunderte war Spanien zu einem, in gewissem Sinne einheitlichen Wirtschaftsgebiete zusammengeschweisst worden. Gleichzeitig wurde die neue Welt entdeckt und dem Reiche wirtschaftspolitisch angegliedert. Für Kastilien und Leon erobert waren die Kolonien dem Fremden in jeder Beziehung unzugänglich gemacht worden. Der spanischen, zuerst sogar nur der kastilischen Versorgung, dem spanischen Absatze sollten sie dienen.

1. Bevölkerung.

Schon ziemlich früh hatte man in Amerika eine wirklich wirtschaftliche Kolonisation versucht, indem man kastilianische Bauern dort anzusetzen dachte. Man hatte überdies den Anbau von Getreide und von verschiedenen Baumsorten gesetzlich angeordnet. Beide Massnahmen blieben ohne grossen Erfolg [1].

Die spanische Auswanderung nach Amerika stammt teilweise aus andern Bevölkerungsschichten. Der Dienst des Königs und der Kirche, der Eintritt in die Verwaltung und das Heer hatten zwar zahlreichen Hidalgos Unterschlupf geboten [2], aber die Zeit, da die fahrenden Ritter das Land

---

[1] Häbler 30. 31. Baumgarten II. 175.
[2] Ranke 182.

durchstreiften und den armen Unterdrückten hilfreich zur
Seite standen, waren schon vor den Tagen des edlen Junkers
Don Quijote von der Mancha vorüber. Die Stärke des Heeres
lag jetzt im Fussvolke. Nicht ungezügelte, individuelle Tapferkeit entschied mehr die Schlachten, durch Disziplin und Kriegskunst wurden die Siege errungen.

Manchem mochte die harte Ordnung nicht behagen, mochte
das willenlose Sicheinfügen in eine stumpfe Masse zuwider
sein. Wenn Cid Campeador wiedergekehrt wäre, leicht wäre
ihm die Lust am Waffenhandwerke in nichts zerflossen.
Anders aber war es in dem neuen Goldlande. Dort war
Raum für zügellose Freiheit, Raum für Bethätigung der eigenen
Kraft; Heldenthaten konnte man vollbringen, sagenhafte Reichtümer gewinnen. Nach Eisen und Gold sehnt sich des Kriegers
Herz.

Die Conquistadores strömten dem fernen Westen zu, spanische
Sitte und spanische Bedürfnisse mit sich bringend. Im wahren
Sinne des Wortes soll dort ein Neuspanien entstanden sein.
Die Krone hatte den Auswanderern ein Stück Land und eine
Anzahl Indier zur Nutzung überwiesen (Repartimiento und En-
comienda [1]). Die Ansiedler hätten diese Lehensübertragungen
gerne in erbliche umgewandelt, aber die Krone liess dies nicht
zu, da sie eine Vernichtung der Indier befürchtete. Sie hat
sich der Versklavung der Indier energisch widersetzt. Der
Vizekönig von Neuspanien hat einmal 130000 solcher Sklaven,
die in den Bergwerken fronen mussten, befreit [2]. Nach dem
Gesetze musste die Arbeit der Indier in den Bergwerken
gelohnt werden; aber die Spanier wussten sich über die Bestimmungen hinwegzusetzen [3]. Denn vielfach waren Männer
unter ihnen, die wie Kolumbus bereits geschrieben hatte, „noch
nicht einmal wert waren, Wasser von Gott oder von einem
Menschen zu bekommen" [4]. Und überdies hatte der königliche Wille auch manchmal zage Gewissen beschwichtigt. „Sucht
Gold," hatte Ferdinand gesagt, „wenn möglich ohne Grausam-

[1]) Ranke 275 u. 342. Colmeiro, Economia II. 283.
[2]) Ranke 343.
[3]) Del Mar, A History of the precious Metals. S. 112.
[4]) Del Mar 64.

keit, aber jedenfalls sucht Gold zu bekommen. Hier habt ihr Vollmacht".

Infolgedessen wurden die Indier trotz aller Vorschriften, trotz aller Beamten furchtbar behandelt. „Wie herrenlose Tiere starben sie weg. Die, die aus den Bergwerken entkamen, fanden die Heimat nie wieder" [1]). Um sie zu schützen wurden auf des Las Casas Betreiben Negersklaven in die Kolonien eingeführt, deren hinreichende Beschaffung später zu einer Hauptsorge der Regierung wurde (vermittelst der Assientos de negros).

Infolge dieser Produktionsweise stellten sich die Produktionskosten der Edelmetalle für die Minenbesitzer sehr gering. Da aber der Preis der Edelmetalle nicht von den Kosten abhängig ist, sondern sich nach dem Bedarfe an solchen richtet, resp. nach dem Bedarfe der Metallbesitzer nach andern Waren, entstand eine grosse Spannung zwischen Kosten und Preis, die für die Minenbesitzer grosse Kaufkraft bedeutete.

Fremde, rasch vernutzte Arbeitskräfte schufen den spanischen Kolonisten grosse Einkünfte. Wer in Spanien arm gewesen war, sammelte in Amerika grosse Schätze. Durch fremde Arbeit reich geworden, immer im stande, fremde Arbeit wieder auszupressen, hielten die Kolonisten nicht ängstlich mit ihren Schätzen zurück. Sie begannen ein schwelgerisches Prunkleben zu führen [2]). Eine dünne Schichte zweifelhafter Zivilisation brachten sie mit sich: raffinierte, unersättliche Genusssucht, die, die Einwohner des Landes ergreifend, dasselbe zu entvölkern begann. Es fehlte nicht Schnaps noch Peitsche, noch die üblichen Krankheiten einer feineren Kultur.

Die Zeit der Entbehrung war vorüber, die Zeit des Geniessens war gekommen.

Das musste natürlich auf die Heimat zurückwirken. Es machte sich eine lebhafte Tendenz zur Auswanderung geltend. „Wäre nicht schriftliche Auswanderungserlaubnis nötig," meinte Mocenigo 1548 [3]), „so wäre schon der grösste Teil der Spanier

---

[1]) Daselbst 112.
[2]) Häbler 30. 31. Colmeiro, Economia II. 391.
[3]) Bei Ranke 355.

ausgewandert. Es scheint sich sogar ein Wucherkredit für Auswanderer ausgebildet zu haben[1]. Indes kehrten viele nach einigem Aufenthalte wieder in die Heimat zurück[2]. Eine Schätzung der Auswanderung im 16. Jahrhundert dürfte kaum möglich sein. Für die spanische Produktion kam indes nicht nur die Zahl der Kolonisten, sondern auch Stärke und Ausdehnung ihrer Bedürfnisse in Betracht. Als nicht arbeitende Konsumenten hatten sie grossenteils auch im heimatlichen Wirtschaftskreise gestanden. Die Auswanderung hat nicht ihre Zahl vermehrt, sondern nur einem Teil erhöhte Einkünfte verschafft, eine ausgiebigere Bedürfnisdeckung ermöglicht.

Da die eigene Produktion der Kolonien gering war, da gewisse Produkte (Wein, Hanf, Lein) dem Mutterlande vorbehalten waren[3]), musste der Bedarf im grossen und ganzen aus Spanien bezogen werden.

Es war also in den Kolonien ein Absatzmarkt für spanische Waren entstanden auf Grundlage einer veränderten Vermögensverteilung.

Aehnlich hatten sich in Spanien an den Höfen der Granden, die ihre ungeheuren Einkünfte mit ihren Vasallen durchbrachten, in den Städten, wo die reichen Kaufherren residierten, Absatzzentren entwickelt[4]).

Indes darf man den Blick nicht nur auf die Bevölkerungsabschiebungen und Bevölkerungsansammlungen richten. Es wäre wichtig, zu erkennen, ob eine Volksvermehrung oder Volksverminderung stattgefunden hatte.

Colmeiro nimmt 1482 (nach Häbler[5]) müsste es 1492 heissen) die Bevölkerung Kastiliens zu 1500000 Vecinos an, auf Grund der Schätzung, die Alonso Quintanilla zwecks Bildung eines stehenden Heeres vornahm. Mit 5 multipliziert — die Feuerstelle zu fünf Köpfen gerechnet — würde das eine Bewohnerzahl von 7500000 ergeben.

---

[1]) Mercado 364.

[2]) Ranke 355.

[3]) Economia II. 393.

[4]) Ranke 181.

[5]) Exkurs I. Colmeiro, Economia I. 238.

Nach dem Vecindario, das Philipp II. 1594 anfertigen liess, betrug die kastilische Bevölkerung 1 340 320 Vecinos oder 6 701 600 Köpfe. Es hätte demnach eine Abnahme von 798 400 Menschen stattgefunden. Aus den Angaben von Gonzalez und Lafuente hat dagegen Häbler die Ergebnisse zweier Zählungstermine eingeschoben. Danach betrug 1530 die Bevölkerung Kastiliens — die Zahlen für Granada und Murcia fehlen:

Vecinos	Köpfe [2])
686 641	3 433 205; dagegen 1541
828 880	4 144 400

(Granada und Murcia abgerechnet).

Zieht man diese Zahlen zu, so hätte sich allerdings von 1482 auf 1530 eine ganz verblüffende Bevölkerungsabnahme ergeben. Colmeiro hat die Zwischenzahlen ausgelassen. Häbler dagegen betrachtet die Angaben des Quintanilla als übertrieben. Er bringt für die Zeit um 1480 andre Materialien bei und findet auf diesem Wege, dass die Bevölkerung Kastiliens damals wenig mehr als 3 Millionen betragen habe.

Eine Nachprüfung des gesamten Materials zu geben, liegt nicht innerhalb des Rahmens dieser Arbeit. Indes darf man sich doch die gefundenen Resultate mit kritischem Blicke anschauen. Es hätte sich nach Häbler von 1480—1530 die Bevölkerung um rund 500 000 vermehrt, was ungefähr 10 000 pro Jahr ergeben würde. Es wäre das, auf 3 Millionen berechnet, eine jährliche Zunahme um $\frac{1}{3}$ $^0/_0$, ein durchaus annehmbares Resultat. Die Bevölkerungszunahme von 1530 auf 1541 (Granada und Murcia beidemal abgerechnet), betrug rund 711 000. Auf jedes dieser elf dazwischen liegenden Jahre entfiele also ein Zuwachs von 64 600 Köpfen. In Prozenten berechnet wäre das eine Zunahme um 1,9 $^0/_0$. Mit Ausschluss von Granada und Murcia betrug die Volkszahl

	Vecinos	Köpfe
1594:	1 239 946	6 199 730; rechnet man davon ab
1541:	828 880	4 144 400,

---

[1]) Colmeiro II. 9.
[2]) Häbler 159.

so ergibt sich ein Zuwachs von 2 055 430 in 53 Jahren, pro Jahr von 38 781 Köpfen. Häbler meint aber, und wie mir scheint mit ziemlichem Rechte, dass 1594 bereits seit längerer Zeit ein Rückgang der Bevölkerung stattgefunden habe, dass dieselbe vielmehr um 1560 ihren Höhepunkt erreicht habe. Dieser Kulminationspunkt ist uns leider unbekannt. Nehmen wir aber 1560 nur den Stand von 1594 an, so erhalten wir einen jährlichen Zuwachs von 108 200 oder. in Prozenten, fast 2,6. Die Bevölkerung vermehrt sich also:

$$1480 - 1530 \text{ um } {}^1\!/_3 \text{ }^0\!/_0,$$
$$1530 - 1541 \text{ um } 1,9 \text{ }^0\!/_0,$$
$$1541 - 1561 \text{ um } 2,6 \text{ }^0\!/_0.$$

Wenn man bedenkt, dass die jährliche Bevölkerungszunahme des Deutschen Reiches bis 1886 selten 1 $^0\!/_0$ betrug. in England selten mehr als $1^1\!/_2$ $^0\!/_0$, dann muss man diese Ergebnisse von 1530 als sehr verdächtig betrachten[1]. Vor allem erscheint das plötzliche Anwachsen des Zuwachsprozentes von $^1\!/_3$ auf 1,9 sehr bedenklich.

Spanien hatte in jenen Epochen steigende Preise, die, statt zu einer Zunahme der Produktion zu führen, schwer auf das wirtschaftliche Leben der Nation drückten. Es fand eine nicht unbeträchtliche Auswanderung statt. Die kräftigsten Männer verbluteten auf fremden Schlachtfeldern. Grosse Länderstrecken wurden vinkuliert, zahlreiche Bevölkerungsgruppen lebten im Cölibate, nirgends war die geschlechtliche Unsittlichkeit grösser[2]. Die Ehen wurden ziemlich spät geschlossen. Auch scheint schon damals die Lust zum Heiraten gering gewesen zu sein. Die jungen Damen fahndeten eifrig auf einen Lebensgefährten und benützten häufig die Unerfahrenheit ihrer männlichen Altersgenossen, um durch ein übereiltes Verlöbnis einen Bund für diese Welt zu schliessen. Es ist mir eine Petition erinnerlich, in der die Cortes über die üblen Folgen klagen. Auch durchaus tugendhafte Damen würden solches thun. Man müsse einschreiten. — Und dabei solche Resultate! Es liegt kein Grund vor, 1530 eine schwächere Zählungs-

[1] Handwörterbuch II. 423.
[2] Philippson 39.

methode anzunehmen als 1541, 1541 als 1594, um so weniger, als Quintanilla schon 1482 ein überraschend grosses Resultat fand.

Eine Entscheidung dieser Kontroverse zu geben, liegt mir ferne, wenngleich ich die Häblerschen Ausführungen für fast unmöglich halten möchte. Legt man die Daten Colmeiros zu Grunde, dann kommen wir zu folgender Betrachtung. Krieg, Auswanderung, Krankheit, Vertreibung von Mauren und Juden haben sicher Einfluss auf die Bevölkerungsabnahme gehabt. Gegenüber wachsenden Bedürfnissen findet eine Abnahme der Produktionskräfte statt. „Es fehlt eher an Taglöhnern, denn an Löhnen", sagten denn auch die Cortes [1]).

Nehmen wir die Häblersche Hypothese an, oder vielmehr nur ein mit dem gesunden Menschenverstande in Einklang zu bringendes Anwachsen der Bevölkerung, dann habeu wir allerdings eine Zunahme von Arbeitskräften. Aber jeder dieser Arbeiter hat eigene Bedürfnisse, hat für die Bedürfnisse unreifer Individuen, deren ja bei solch rapider Bewegung eine grosse Menge vorhanden sein musste, zu sorgen. Bei der geringen Arbeitslust der Spanier wuchs die Produktion nicht in gleichem Masse wie der Bedarf, so dass auch hier das Wort der Cortes anwendbar erscheint: „Es fehlt eher an Taglöhnern, denn an Löhnen." Ein Anwachsen der Bedürfnisse steht daher fest, ebenso eine Schwächung der Produktionskräfte.

2. Bedarf und Versorgung.

Eine veränderte Reichtumsverteilung führt selbstverständlich nicht zu einer doppelt starken Befriedigung alter Bedürfnisse, sondern zur Erweckung neuer. Wie bei den indischen Kolonisten, so zeigte sich dies in Spanien, vor allem bei den Sevillaner Kaufleuten, die infolge des Monopols grosse Gewinne machten. Der Wert ihres Exportes betrug 8, 10, 15 Millionen Pesos. Dafür importierten sie Werte von 20,

---

[1]) Economia II. 93.

30, 40 Millionen Pesos [1]). In 9—12 Monaten gewann man 100 bis 500 %. 1555 klagen die Cortes über das Aufkommen einer gesteigerten Lebenshaltung [2]); über die Verschwendung an Kleidern, über Kutschen und Sänften, über Spiel und Lakaien. Die Mode begann fremde Waren vorzuziehen. Man kauft holländische Leinwand, Florentiner Brokat, englische Röcke, lombardische Kappen. Selbst die Handwerker trugen sich so, dass der Preis ihrer Waren unerschwinglich schien. Luxusgesetze und Kleiderordnungen suchten dem vergeblich abzuhelfen.

Die Spanier, die mit Philipp II. auf seiner Brautfahrt in England waren, entsetzten sich über den dort herrschenden Schmutz [3]). Die Engländer, meinten sie, ässen wie die Fürsten und lebten wie die Schweine. Es scheint fast, dass in Spanien das Umgekehrte der Fall war [4]).

Mannigfach war der Bedarf der Kolonien [5]). Wein, Getreide, Oel wurden dorthin ausgeführt, vor allem aber Industrieprodukte. Dieser grosse Export, meinte Mercado [6]), wäre ein grosser Schaden für Spanien. Man begnüge sich nicht, fremde Waren als Zwischenhändler den Kolonien zu übermitteln, sondern führe auch eigene Ware aus. Die Produkte Sevillas genügen schon lange nicht. Auch 20 Sevillas könnten den Bedarf nicht decken. Burgos, Segovia, Toledo, Flandern, Frankreich senden ihre Erzeugnisse.

Schon 1543 hatte Karl mit Beruhigung erkannt [7]). dass der indische Handel in dauerndem Wachsen sei und weiter zunehmen werde. Der Waren allerlei Art führe man dorthin, ebenso viele Lebensmittel. 1545 soll die indische Nachfrage so gross gewesen sein, dass die ganze Nation zu ihrer Be-

---

[1]) Economia II. 404.
[2]) Ranke 189. 307.
[3]) Rogers, Economical interpretation of history. 230. Französische Ausgabe.
[4]) Philippson 36.
[5]) Häbler 33 etc. passim. Ranke 302. Arias y Miranda, Examen critico historico del inflújo que tuvo en el comercio, industria y poblacion de España su dominacion en America. 62. Colmeiro II. 390.
[6]) 178. 272.
[7]) Ranke 302.

friedigung 10 Jahre hätte arbeiten müssen. Auf 6 Jahre waren Vorbestellungen eingelaufen [1]. Doch sagte noch unter Philipp Gianfigliazzi: In Kastilien werde viel Wolle produziert, ebenso viel Tuch. Es reiche für ganz Spanien aus. Ja man versorge Indien zum grössten Teile und versende selbst nach Italien [2]. Wie ein trockener Schwamm Feuchtigkeit, so saugte Indien die spanische Produktion auf. Der Sammet in Granada kostete 28—29 Realen, aber die indische Nachfrage trieb den Preis in 14 Tagen auf 35—36 Realen. Und ähnlich war es in Sevilla [3]. Indessen muss man sich doch vor allzu übertriebenen Anschauungen hüten. Die Ausfuhr nach Amerika war nicht absolut bedeutend, also auch noch für unsre heutigen Begriffe, sondern bloss relativ. Wir haben einen Komplex exportierender Stadtwirtschaften vor uns, deren Preisgleichgewicht durch den Abgang einer Flotte sofort empfindlich gestört wird (siehe oben), deren Produktion wenig elastisch ist. Man kann sich aus der Grösse der Transportfahrzeuge eine Vorstellung von dem Umfang des Exportes machen. 1591 fuhr eine Flotte, 52 Segel stark, nach Neuspanien. Ein Schiff hatte 1000 Tonnen Gehalt, vier bis fünf je 900, mehrere 500, die kleinsten 200 Tonnen. Damals hatten die Spanier bereits grosse Schiffe gebaut, während die Fahrzeuge der Entdecker noch sehr geringen Laderaum hatten. Trotz dieses Fortschrittes kann indes die Menge der beförderten Waren nicht gar zu gross gewesen sein. Derartige Flotten verkehrten nur in langen Zeitabständen. Sie führten ausser Waren auch Auswanderer mit und mussten in Erwartung einer langen Fahrt auch hinreichend Proviant mitnehmen [4].

Dem Geiste der Zeit entsprechend war der Handel bureaukratisch organisiert. Nur auf begrenztem Gebiete war eine Aufsicht möglich. Das dürfte allem Anscheine nach der Hauptgrund gewesen sein, der zur Monopolisierung des Handels durch Sevilla führte.

[1] Campomanes, Educacion 406.
[2] Bei Ranke 302.
[3] Mercado 178.
[4] Götz, Verkehrswege im Dienste des Welthandels, 694.

Dort bestand seit 1493 die Casa de contratación nebst
ndelsgericht, dem die Kaufleute und Seeleute unterstanden,
s auch die richtige Ausführung der Schiffahrtsverordnungen
überwachen hatte [1]. Ursprünglich waren einzelne Schiffe
f eigenes Risiko nach Amerika gefahren [2]. Da aber Spanien
t der halben Welt in offenem oder versteckten Kriege lag,
irte die grosse Gefahr, von Piraten ausgeplündert zu werden,
r Bildung umfangreicher Geschwader. Alle 1—1$\frac{1}{2}$ Jahre
zelte eine Flotte von 50—60 Schiffen unter dem Schutze
ier Kriegsflotte in die neue Welt [3]. Ebenso war die einstige
eiheit des Exports bereits unter Karl geschwunden. Unter
iilipp wurden 5 % Exportzölle, 10 % Importzölle in Europa
d Amerika erhoben, zusammen also 15 %. Es kam hinzu
: Alcabala in Spanien gleich 10 %, in Amerika seit 1558
$\frac{1}{2}$ % [4]).

In Veracruz und Portobello angelangt, begann der Ver-
uf. Die Kaufleute von beiden Seiten verhandelten über
n Preis [5]. Innerhalb 30—40 Tagen fand die Losschlagung
Bausch und Bogen statt.

Die Menge der Ware, die vorhandenen Vorräte, die Aus-
ht auf baldige anderweitige Versorgung regelte deren Preis.
:ld ist immer ausreichend vorhanden, wenn auch nach Ab-
hr der Flotte der Metallreichtum Indiens erschöpft scheint [6].

Den Indiern teilte der Corregidor ohne Rücksicht auf den
:darf europäische Waren zu. So wurden beträchtliche Preise
zielt. Nach Bodin kosteten alte Stiefel 300 Dukaten, ein
anischer Mantel 1000, ein Pferd 4000—5000 Dukaten, ein
:cher Wein 200 Dukaten.

Gross waren daher die Gewinne der Kaufleute von Sevilla.
nzelne zogen das Gold und Silber der ganzen zurückkehren-
n Flotte an sich [7].

---

1) Economia II. 401.
2) Economia II. 401.
3) Ranke 355.
4) Häbler 119. Ustariz.
5) Colmeiro II. 404. Mercado 184.
6) Mercado 177. 184.
7) Economia II. 402.

3. Produktion.

Der indische Handel musste zu einer Erweiterung der Kreditgeschäfte führen.

Wenigstens 9—12 Monate währte es, bis die Flotte zurückkehrte, so lange musste man auf die Rimessen warten, so lange dauerte der Umsatz des Kapitales zum mindesten. Die industrielle Produktion erhielt dadurch einen jähen, stossweisen Gang. Ein Jahr lang wurden Waren aufgehäuft, dann von der Flotte aufgenommen und erst nach 12 Monaten hatte man ihren Gegenwert in Händen. Vom lokalen, abgeschlossenen Markte, wo Monopol und Herkommen herrschten, trat man ein in das Bereich der Konjunktur.

In Indien gab es keine Taxpreise, die den Produzenten ein festes Einkommen sicherten, dort entschied einzig und allein das Verhältnis von Angebot und Nachfrage. Dann war der Zeitpunkt, da die Flotten zurückkehrten, ein Moment von höchster Bedeutung, gleichfalls ein Faktor, der sich durch keine Voraussicht regeln liess. Es fragte sich ferner, ob die indische Gold- und Silberproduktion ergiebig gewesen war, ob hinreichende Geldmengen dem Verkehre zu Gebote stehen würden.

Da Sevillas Waren nicht genügten, sondern solche von Burgos, Toledo, Segovia, Barcelona, Valencia, Lissabon, ja aus Flandern, Frankreich, Italien miteingeführt wurden, entspannen sich interlokale und internationale Kreditverbindungen. Das Wechselgeschäft bildete sich aus. Korrespondenten Sevillas wurden in alle spanischen und ausländischen Handelsstädte gesandt. Ein relativ dichtes Kreditnetz überzog das Land[1]).

Nach Ankunft der Flotte wurden die Verbindlichkeiten erfüllt, vor allem auf den Mai- und Oktobermessen zu Medina del Campo. Ihre Bedeutung bestand nicht im Kaufe oder Verkaufe, sondern in der Liquidation. Das Geld, die „Mercatura universale“, löst alle Verpflichtungen[2]). Die Kaufleute der ganzen Welt strömten dort zusammen.

Wenn die Flotte zu lange zögerte und die Zahlungstermine

---

[1]) Mercado 273. 274. Colmeiro 499.
[2]) Mercado 282.

heranrückten, nahm man, um Zeit zu gewinnen, 5—6°oige
Kredite auf[1]). War die ankommende Edelmetallmenge gering,
dann konnte es wohl geschehen, dass des Realen Wert von
34 Mrs. auf 40 Mrs. stieg[2]). Auch versuchten die Wechsler,
die sich vor dem Eintreffen der Flotte zu einem Ring zu-
sammenthaten, den Preis des Geldes zu heben.
Bankiers und Wechsler waren mächtige Leute geworden.
Sie liehen dem indischen Handel ihre Vermittelung. Man
kaufte Waren auf Kredit, um sie nach Indien exportieren zu
können, man machte den Produzenten beträchtliche Vorschüsse,
man nahm Darlehen auf, um die Ausfuhr zu steigern[3]). Fremde
Kaufleute, Genuesen und Deutsche, legten ihre Kapitalien in
Spanien im indischen Handel an, von den Fürsten, deren
Gläubiger sie waren, begünstigt.
Auf der Basis des Kredites suchte man die Produktion
auszudehnen. Um so leichter konnte dies geschehen, als gleichzeitig der Zinsfuss um 50 % gefallen sein soll[4]).
Die Bedürfnisbildung des indischen Marktes, bedingt durch
seine Zahlungsfähigkeit, begann auf die spanische Produktion
früh einzuwirken.
Wein und Oel wurde für den Export angebaut[5]). Eine
weit intensivere Kultur als Getreide, gab der Wein seinen
Bebauern einen viel grösseren Ertrag. In der Umgebung
Sevillas wurden Oelgärten und Weinberge durch die Sevillaner
Kaufleute angelegt. Der Einzelne verdient allerdings an
solcher Produktion beträchtlich, aber, wie die Cortes klagten,
der Wein nahm dem Brote den Boden weg[6]). „Der Weinbau,
der dem einzelnen nutzt, schadet dem Lande in dem Masse,
wie Nahrungsmittel, Brot und Fleisch, nützlicher sind als
Wein." Man suchte daher zu verhindern, dass das Getreideland
durch Wein eingeschränkt würde.

---

[1]) Derselbe 275.
[2]) Derselbe 328.
[3]) Derselbe 176.
[4]) Garcilasso de Vega bei Hume 62. Montesquieu, De l'Esprit des
Lois XXII, VI.
[5]) Häbler 34. 35. Actas de las Cortes IV. Pet. 76.
[6]) Cortes VI. S. 426. 427. 447; 1576. Pet. 74.

Andrerseits suchte man die überhaupt für Kultur brauchbare Anbaufläche zu vergrössern. Trotz entgegenstehender Verbote [1]) begann man Weideländereien aufzubrechen [2]). Die Gemeinden hatten ihre Weiden sogar teilweise an Private verkauft, die dieselben dem Kornbau zuführten [3]). Es sei altes Ackerland, behauptete man 1532, das, unrechtmässig in Weide verwandelt, jetzt seiner ursprünglichen Bestimmung zurückgegeben würde. Diese Anschauung fand in der Gesetzgebung 1532 Anerkennung. Dadurch aber wurden die Interessen der Viehzucht verletzt. Die Fleischpreise gingen in die Höhe. Schon 1528 [4]) meinten die Cortes, durch die Einhegungen werde alles teurer. Dagegen suchten sie durch Ausdehnung der Weiden anzukämpfen. Ihre Anstrengungen blieben nicht fruchtlos. Alle seit 10 Jahren eingehegten Ackerländereien müssen 1551 [5]) zur Weide gemacht werden. 1552 muss alles Land, das vor 8 Jahren Schafweide oder vor 12 Jahren Rinderweide war, wieder seiner ursprünglichen Bestimmung zurückgegeben sein [6]). 1573—1575 werden die alten Bestimmungen wieder angezogen, 1580 wird gar angeordnet, alles Land, das 20 Jahre lang Weide gewesen sei, dürfe nie mehr eingehegt werden [7]).

Identisch mit den Interessen der fleischverzehrenden Bevölkerung waren aber in dieser Frage die Interessen der mächtigen Brüderschaft der Mesta. Auch ihr erschien jede Verringerung des Weidelandes als grösstes Uebel, auch sie suchte die Einhegung der Gemeindeländereien möglichst zu verhindern. Auch die Wollpreise waren gestiegen, eine Ausdehnung der Schafzucht war den Brüdern der Mesta von grösstem Nutzen. Jede Rückverwandlung von Ackerland, die die Cortes durchsetzten, gab ihnen weiteren Spielraum, während die Getreideproduktion räumlich mehr und mehr eingeengt

---

[1]) Siehe oben.
[2]) Cardenas II. 295.
[3]) Häbler 33. Rec. Buch III. Tit. XIV. Kap. 28.
[4]) Pet. 61.
[5]) Buch VII. Tit. VII. 1. 6.
[6]) Daselbst 1. 22.
[7]) Daselbst 1. 23.

wurde. Es kam hinzu, dass auch eine Steigerung der Acker-
erträge durch intensiveren Betrieb unmöglich war, da das
Weideservitut, das Verbot dauernder Einhegung, solches unmöglich machte. Karl V. erneute die Weidegerechtsame 1532
mit der ausdrücklichen Bestimmung, dass das Nutzungsrecht
nicht nur den Eingesessenen, sondern auch den Brüdern der
Mesta zustehen solle [1].

Aber die Mesta begnügte sich nicht mit günstigen Gesetzen: Sie übertrat die ihr unbequemen Verordnungen, ohne
dass man gegen sie einschritt. Ihre Herden brechen zur Zeit
der Einhegung in die Pflanzungen ein, ihre Richter erkennen
fremde Ländereien [2] als Eigentum der Mesta und erlauben
sich allerhand Uebergriffe [3]. Gegen Ende des Jahrhunderts
nimmt ihre Macht und ihr Uebermut dauernd zu. 1633 wird
gar ein Gesetz erlassen, das ihnen noch grössere Begünstigung
erteilt [4]. Wie in England entwickelt sich hier — teilweise
wohl auch unter dem Einfluss hoher Wollpreise, während der
Getreidepreis durch die Taxe gebunden ist — der Kampf
zwischen Kornbau und Schafzucht, zwischen intensiver und
extensiver Wirtschaft, zwischen Gross- und Kleinbetrieb. Im
Verein mit den städtischen Interessen, denen eine Fleisch-
verbilligung erwünscht ist, vermag die feste Organisation der
Mesta vorzudringen. So ereignet es sich auch in Spanien, dass
„die Schafe den Bauern fressen" [5].

Es kam aber noch eins hinzu, was den Grossbetrieb be-
günstigte, den Kleinbetrieb verringern half und die Produktion
verminderte. Das waren die Vinculacionen. 1505 war zu
Toro die Bildung von Majoraten gesetzlich erleichtert worden [6].
Aber die Fürsten hatten nicht die Absicht, auf diese Weise
dem grossen Adel eine neue Stütze der Macht zu geben. Deshalb wurde die Errichtung der Majorate nicht an eine bestimmte Grösse des Besitzes gebunden. Im Gegensatz zum

[1] Cardenas II. 289.
[2] 1576. Pet. 18.
[3] 1573. Pet. 102.
[4] Cardenas II. 281 ff.
[5] Thomas Morus.
[6] Siehe oben S. 67.

kastilischen Erbrecht konnte jedermann ein Drittel und ein
Fünftel seines Besitzes in der Form des Majorates vererben [1].
Durch dieses Gesetz, das äusserst demokratisch aussah, fühlte
sich der Stand der Pecheros gehoben. „Man müsste es in
goldenen Lettern aufschreiben," meinte 1553 Castillo, „denn
ihm verdankt man, dass nicht nur die Vornehmen, sondern
auch gewöhnliche Städter und Plebejer ein Drittel und Fünftel
ihrer Habe als Majorat zu errichten vermögen" [2]. Die Krone
hat durch diese Bestimmung der Agglomerationstendenz der
grossen Güter Einhalt thun wollen. Sie entzog die kleinen
Güter dem Verkehr, damit sie nicht den grossen zuwachsen
sollten. Für die Majorate der Granden hatte Karl 1534 bestimmt, dass, wenn durch Heirat zwei Majorate zusammen-
gebracht würden, deren eines 2 Mill. Mrs. Rente brächte, der
älteste Sohn nur in einem Nachfolger werden sollte [3]. Trotzdem war die Besitzverteilung eine äusserst ungünstige. 105
weltlichen und geistlichen Herren gehörte der grösste Teil
des Landes [4]. Die Herzöge von Infantado und Medina de
Rioseco, von Escalona, von Ossuna besassen je 100000 Dukaten,
der Herzog von Medina-Sidonia 130 000 Dukaten Jahresrente.
Mancher hatte 30000 Familien Unterthanen [5]. Im 17. Jahrhundert gehörte ganz Andalusien fünf Herzögen [6]. Ihre eigentlichen Absichten dürften die Fürsten daher kaum erreicht
haben. Es wurden auch viele Bestimmungen sehr lax durchgeführt. Verkauf und Verschuldung fand ohne grosse Schwierigkeit statt [7].

Aber die Folgen der Gesetze waren auf der andern Seite
wohl andre, als man erwartet hatte. Nachdem man dem wenig
Begüterten, nachdem man auch dem dritten Stande adlige Erb-
rechtsformen zugänglich gemacht hatte, beeilten sie sich, von
demselben den ausgedehntesten Gebrauch zu machen.

---

[1] Cardenas II. 137 ff.
[2] Daselbst 135.
[3] Daselbst 139.
[4] Philippson 36.
[5] Ranke 181.
[6] Artikel Latifundien von Conrad, Handwörterbuch IV.
[7] Cardenas II. 140.

Der Hidalgo hungerte sein Leben lang, um auf dem Toten-
bette ein Fideikommiss zu gründen. Hinterliess er nicht die
nötigen Mittel, so verpflichtete er seine Erben, ihr Dasein dem
gleichen Zwecke zu weihen [1]). Der sparsame Manufaktur-
besitzer, der reich gewordene Kaufmann, selbst der Handwerker, der Glück gehabt, strebten dem gleichen Ziele zu.
Damals hat thatsächlich der Hof im Mittelpunkt des ökonomischen Denkens gestanden, während der Mensch einen
Appendix bildete [2]).
Aber welche wirtschaftlichen Folgen hat dieser „gesunde
germanische Rechtsgedanke gehabt" [3])?
Wer irgend ein bisschen Geld hatte, gründete ein Fidei-
kommiss. Nicht nur der Majoratsherr, sondern auch seine
Brüder wollten jetzt in den niederen Gewerben, denen ihr
Vermögen entstammte, keine Arbeit mehr verrichten. Der
Majoratsherr verzehrte den grössten Teil des Einkommens,
die Brüder fühlten sich als Verwandte eines Majoratsherrn,
hockten daheim und wollten nichts andres als faulenzen. Das
bisschen Neigung zum Gewerbe schwand [4]).
Nicht egoistische Gesinnung hat hier „das ideale Bild des
Familiengutes" zerstört [5]).
So schlief die landwirtschaftliche wie auch die industrielle Thätigkeit ein. Aber die Fideikommisse hinderten auch
die Vermehrung des Volkes. Dem ältesten Bruder fällt aller
Besitz zu. Die andern Geschwister sind mittellos und können
nicht heiraten. Sie gehen ins Kloster oder in den Krieg.
Das ist eine ungesunde Besitzverteilung. „Wenn alle Bürger
ein gleiches Mass von Gütern zum Lebensunterhalte hätten,
es würde besser um die Staaten stehen" [6]).
Die kleinen Majoratsbesitzer kümmerten sich natürlich
nicht um die Landwirtschaft. Reichte ihre Rente, so lebten
sie gut, reichte sie nicht, so lebten sie schlecht. Die Erb-

[1]) Cardenas II. 138.
[2]) Brentano in den Verhandlungen d. Vereins f. Sozialpolitik. 1894.
[3]) Gierke, Handwörterbuch IV. 422.
[4]) Navarrete bei Sempere II. 336. Ranke 303. Cardenas II. 141.
[5]) Gierke 422.
[6]) Saavedra bei Sempere III. 86.

pacht war nicht zulässig, man vergab die Nutzung nur auf Zeit. Dass da der Pächter sich nicht anstrengte, war klar [1]. Es war vielleicht noch am besten, wenn solche Güter beweidet wurden. Auf den grossen Gütern waren die Zustände nicht viel besser. Von Selbstbewirtschaftung war keine Rede, es wurde alles verpachtet. Bei dem geringen Fleisse [2]), mit dem die landwirtschaftliche Thätigkeit geübt wurde, musste sich die Schafzucht bald als lohnend erweisen. Die Interessen der Mesta fanden daher vielerorts wenig Widerstand.

Es gab zwar noch freie Bauern, aber ihre Lage verschlechterte sich zusehends [3]). Wein und Oelbäume auf der einen Seite, Weidewirtschaft auf der andern, nahmen ihnen und den Pächtern den Existenzraum. Dabei verkauften die Könige ihre Freiheit, nahmen ihnen die Gemeindeländereien weg; ein gleiches that Stadt-. und Landadel, ein gleiches die Kirche [4]). Die Cortes beschweren sich 1566 [5]), die Kavaliere hegten das Gemeindeeigentum ein und nähmen ihnen die Jagd weg. Dazu kam wachsende Steuerlast, Auswucherung der Bauern [6]) und der kleinen Hirten durch die grossen Herren, Aushebung für die Heere [7]), Fronden für den Hof, drückende Einquartierungslasten durch eine wilde Soldateska. Der Kleinbesitz mochte sich schwer halten und begann dem Grossbesitz zu weichen. Im 17. Jahrhundert sind überall nur Weiden, wo früher kleine Bauern lebten [8]).

Die Schafzucht allerdings gedieh. Die Ausfuhr, die 1512 50000 Ztr. betragen haben soll, erreichte nach Badoero 1557 die Höhe von 120—150000 Ztr., 1610 gar 180000 Ztr. [9]). Dabei hatte sich die heimische Industrie gleichfalls entwickelt.

---

[1]) Cardenas II. 146.
[2]) Economia II. 93.
[3]) Die Existenz derselben wird z. B. durch Sancho Pansa dargethan.
[4]) Siehe oben.
[5]) Pet. 31.
[6]) Mercado 460. 463. 482.
[7]) Osorio 425 bei Campomanes Ap. I.
[8]) Navarrete 281. Osorio 329.
[9]) Häbler 25.

Die Tuchherstellung war seit 1511 zünftig-zentralistisch organisiert worden. Aber die Bestimmungen dieses Jahres hatten sich bald als zu enge erwiesen, so dass 1528, 1529, 1549, 1552 Ergänzungen und Neuordnungen erlassen werden mussten[1]. Mit wenigen Ausnahmen sollte ursprünglich nur der geprüfte Arbeiter als Lohnarbeiter eingestellt werden[2]. Aber ein Gesetz vor 1529 bestimmt bereits, dass mit jedem solchen geprüften Arbeiter ein ungeprüfter beschäftigt würde[3], da man nicht so viele gleichzeitig examinieren könne. Trotz entgegenstehender Vorschrift finden wir 1549 die Klage, dass ungelernte Arbeiter in der Tuchindustrie beschäftigt werden. Die Tücher würden, sehr zum Nachteile der Qualität, von Lehrlingen angefertigt[4].

Damit ist ein weiterer Schritt zur Manufaktur, zum Grossbetrieb geschehen. Durch die Gesetze, die einheitliche Muster vorschrieben, ist man zur Herstellung von Massenartikeln gelangt, jetzt ist die Einstellung ungelernter Arbeiter gefolgt.

Herbeigeführt wurde aber der Grossbetrieb hauptsächlich durch die Absatzverhältnisse. Der kleine Zunftmeister war kaum im stande, nach Amerika Waren zu liefern. Er vermochte das Risiko nicht zu tragen. Es war ihm nicht möglich, ein Jahr lang auf Kredit zu arbeiten, er konnte keinen Faktor nach Amerika senden, um dort den Vertrieb zu leiten.

Der Absatz der Industrie erfolgte durch die Grosskaufleute. Diese übernahmen die Ware, liessen den Verkauf in Indien besorgen, gaben den Meistern Vorschüsse, um den Betrieb auszudehnen[5]. Allmählich wurden sie aus zeitweiligen Vermittlern berufsmässige Unternehmer, die sich gleichzeitig der Form des Verlagssystems und der Manufaktur bedienten.

Für Segovia besitzen wir eine Beschreibung der industriellen Organisation im Tuchmachergewerbe um 1550. Bei der Schilderung eines Festzuges, der zu Ehren des Einzugs

---

[1] Rec. Buch VII. Tit. XIV ff.
[2] Tit. XIII. Ley 100.
[3] Tit. XV. Ley 10.
[4] Tit. XVI. Ley 10.
[5] Siehe oben.

einer fürstlichen Persönlichkeit stattfand, erzählt Colmenares[1]) folgendermassen: „An zweiter Stelle kamen die Wollindustriellen und die Tuchfabrikanten, die das Volk mit Unrecht Kaufleute nennt. Sie sind thatsächlich wie Väter einer Familie, die in ihren Häusern und ausserhalb derselben eine grosse Anzahl Volkes beschäftigen, viele bis 200, viele bis 300 Personen. Durch fremde Hände lassen sie eine Unmenge des feinsten Tuches herstellen. Der Landwirtschaft vergleichbar ist ihr Gewerbe, von grösstem Nutzen für Stadt und Reich." Mit grosser Schärfe hat Colmenares in diesen wenigen Worten die Organisation der Tuchindustrie dargestellt. Der Ursprung dieser Form ist ihm, der 1637 schrieb, wie seine Kritik des Wortes Kaufleute beweist, allerdings nicht klar geworden. Es geht aus dieser Stelle auch hervor, dass Produktion und Vertrieb nicht mehr zusammenhingen, dass vielmehr diese Verleger und Fabrikbesitzer aufgehört hatten, Kaufleute zu sein. Ein besonderer Stand von Exporteuren, die indischen Kaufleute, hatte sich vielmehr entwickelt.

Nicht nur in Segovia, auch in Toledo, Granada, Cuenca, Sevilla hatte eine Ausbreitung der Industrie stattgefunden. „Vor der Erhöhung der Alcabala," sagten 1576 die Cortes[2]), „blühte das Seiden- und Wollgewerbe." „In diesen Orten (Toledo u. s. w.) gab es nicht Mann noch Weib, so alt und unverwendbar sie auch waren, nicht Knaben noch Mädchen vom zartesten Alter an, die nicht Mittel und Wege gefunden hätten, ihren Unterhalt zu verdienen und einander zu unterstützen. Es lohnte sich wohl, durch die Gebirge um Segovia und Cuenca zu wandern, die rastlose Thätigkeit, die überall herrschte, in Augenschein zu nehmen. Niemand, nicht jung noch alt, nicht Mann noch Weib ging müssig. Alle waren mit der Verarbeitung der Wolle beschäftigt, die einen in diesem Hause, die andern in jenem. Toledo vermochte die Webstühle nicht mehr zu fassen. Die umliegenden Orte füllten sich mit ihnen. Dicht bewohnt waren Stadt und Land von fleissigen, tüchtigen, wohlhabenden und zufriedenem Volke."

---

[1]) Historia de la insigne ciudad de Segovia 547.
[2]) Actas VI. 1576. S. 361 ff. Auch Häbler 66.

Als diese Beschreibung gegeben wurde, war die Glanz-
zeit der geschilderten Industrie bereits vorbei. Leicht mag
daher das Lob der vergangenen Zeit einige Uebertreibung
enthalten.

Die vorliegende Organisation ist wohl als hausindustrielle
zu bezeichnen. In eigenen Wohnungen arbeitete die gesamte
Familie.

Als die Cortes über den Niedergang Toledos klagen, betonen sie, die Arbeiter hätten ihre Häuser infolge der schlechten
Zeiten verloren.

Nachdem die verfügbaren Arbeiter und Behausungen in
der Stadt nicht mehr ausreichen, beginnt die Beschäftigung
dörflicher Arbeitskräfte [1]).

Selbstverständlich haben sich die andern Betriebsformen
im weitesten Umfange erhalten. So findet sich bei Colmenares
eine längere Aufzählung verschiedener zünftiger Organisationen.

Auch in der Tuchindustrie selbst lassen sich andre Betriebsformen erkennen. Hier, wo die Herstellung eines Massen-
produktes, wo die Zulassung ungelernter Arbeiter ein Mittel-
ding zwischen Handwerk und Manufaktur bedeutet, hier
bestanden auch noch ursprünglichere Formen.

Ausdrücklich wird hier das Lohnwerk gestattet. 1529
und 1563 darf jeder aus eigener Wolle gewöhnliche Kleider
durch ungeprüfte Arbeiter anfertigen lassen. Die Cortes
meinen (Pet. 89), die Tuchpragmaticas wären bloss für die
Städte bestimmt, sollten aber die kleineren Leute nicht
schädigen [2]).

Beim Münzwesen sahen wir bereits oben die Entwickelung eines fabriksmässigen Grossbetriebes. Die Steigerung der

---

[1]) Da in Spanien die Zünfte keine autonomen Produktionsverbände
waren, ist der Zug aufs Land kaum als Flucht vor den Zunftstatuten zu
betrachten. Die Begeisterung für Frauen- und Kinderarbeit findet sich
oft in der Zeit aufkommenden Grossbetriebes, z. B. in Defoës Reise durch
Yorkshire. Die dörflichen Arbeitskräfte gehörten wohl freien Pächtern
oder Bauern an. Grundherrliche Betriebe haben vielleicht in Galicien
bestanden (Campomanes, Industria popular 58).

[2]) Auch Rec. Buch VII. Tit. XVII. Ley 48.

Edelmetallerträge liess aber eine Beschleunigung der Arbeit
nützlich erscheinen. Zu diesem Zwecke bediente man sich
der Wasserkraft und schuf eine Maschinenanlage zu Segovia,
ein „Ingenio" [1]). In Madrid hatte man nicht genügend Trieb-
kraft gefunden. Philipp II. liess sich sechs deutsche Münz-
meister und Gehilfen, die mit solchen Dingen vertraut waren,
kommen. Dies „Ingenio" muss ein wahres Wunderwerk in
den Augen der Zeitgenossen gewesen sein, denn stolz berichtet
Colmenares, dass Philipp II. und Philipp III. hinreisten, um es
zu besichtigen. Seine Thätigkeit ist ein Abbild der spanischen
Wirtschaftsentwickelung gewesen: erst hat es viel Gold und
Silber verarbeitet, zum Schlusse aber nur Kupfer [2]).

Es scheint nicht, dass man an andern Orten natürliche
Triebkräfte in den Dienst der Produktion stellte. Die neuen
Absatzverhältnisse, der wachsende Bedarf konnten daher nur
befriedigt werden durch eine veränderte Organisation des
Betriebes und durch Anziehung neuer Arbeitskräfte. Die
eigentliche Technik hatte sich nicht geändert. Starr und fest
waren die Vorschriften, die Qualität der Ware betreffend, geblieben.

Da indes in den Räumen der Unternehmer die Beamten
in der Ausführung ihrer Pflichten oft behindert wurden, hatte
man in Toledo, Cuenca, Segovia, Cordoba eigene Gebäude für
die Stempelung errichtet [3]). Man wollte von dem Grundsatze,
dem Käufer die Güte der Ware zu garantieren, nicht abweichen.
Wenn aber sein Einkommen nicht in gleichem Verhältnisse wie
die Preise gestiegen war, nahm man ihm jede Kaufgelegenheit,
während er eine schlechtere Qualität hätte erwerben können.
Ebenso wurde die erzwungene, willkürliche Arbeitsteilung in
keiner Weise beseitigt.

Die Bevölkerung des Landes war in keinem Falle als
dichte zu bezeichnen, ebensowenig war ihre Arbeitsintensität

---

[1]) Colmenares 578.
[2]) Während bei der Wollindustrie der gesteigerte Bedarf zu grösserer
Produktion und zur Umwandlung der Produktionsformen führen, ist beim
Münzwesen die Menge des metallischen Rohstoffes die treibende Kraft,
da Geld eine stets absatzfähige Ware ist.
[3]) Introduccion II. 242. Häbler 60.

eine bedeutende. 1581 meinte ein venetianischer Gesandter,
was an jedem andern Orte in einem Monate gethan würde,
brächten die Spanier nicht in vieren fertig ¹).

Dem gegenüber versucht die Gesetzgebung durch Regelung der Arbeitszeit einen günstigen Einfluss auf die Produktion zu gewinnen. 1554 wird folgendes Gesetz, das schon 1407
gegeben wurde, neu erlassen ²):
„Wir befehlen, dass alle Zimmerleute und Maurer, Arbeiter
und Taglöhner, sonstige Personen männlichen und weiblichen
Geschlechtes und Handwerker, die sich gewerbsmässig verdingen und vermieten, sich täglich beim Anbruche der Morgendämmerung mit ihren Werkzeugen auf dem Platze ihres
Wohnortes versammeln, wo der Arbeitsmarkt sich befindet.
Bei Sonnenaufgang sollen sie dann ihren Wohnort verlassen
und sich an die Arbeit begeben, die sie vertragsmässig verrichten müssen. Den ganzen Tag sollen sie dort arbeiten in
der Weise, dass sie ihre Beschäftigung erst dann verlassen,
wenn in dem Dorf oder Marktflecken, wo sie sich verdingten,
die Sonne zur Rüste geht. Wer aber am Orte oder im
Marktflecken, wo er sich vermietet hat, arbeitet, soll zur bezeichneten Zeit des Sonnenaufganges die Arbeit beginnen.
Wer sich gegen diese Bestimmungen vergeht, soll ein Viertel
des fälligen Lohnes verlieren.“

Diese Bestimmung erstreckt sich anscheinend nur auf die
in Dörfern wohnenden Arbeiter, nicht ausschliesslich jedoch
auf landwirtschaftliche. Indessen für die städtische Industrie
bestanden ähnliche Vorschriften. Eine Petition der Cortes von
1579 ³) mag zur Erläuterung dienen. „Festlichkeiten und Vergnügungen,“ meinen die Cortes, „sind dem Handwerker an
Wochentagen untersagt. Ein gleiches soll auch für die Taglöhner bestimmt werden. Ihre Zahl wird wachsen, sie werden
fleissiger werden.“

Man hatte Mangel an Arbeitern (siehe oben) und suchte
das durch Ausdehnung der Arbeitszeit auszugleichen. Aber
ohne grossen Erfolg.

---

¹) Philippson 35.
²) Buch VII. Tit. XI. Ley 2.
³) Pet. 86.

Dabei nahm aber die Zahl der Bettler und Vagabunden seit 1518 dauernd zu. Die Freigebigkeit, vor allem die der Kirche, sorgte ursprünglich hinreichend für die Arbeitsunlustigen. Als indes diese Erscheinung immer weiter um sich griff, suchte die Gesetzgebung ihr zu steuern [1]). Man schuf besondere Armenpfleger, man wollte die Spitäler zentralisieren. Nur am Heimatsort und sechs Leguas im Umkreis, nur mit einer Lizenz durfte gebettelt werden. Man trennte Kranke, Arbeitsunfähige (verdaderos pobres) von den Arbeitsscheuen. Die letzteren sollen strenge bestraft werden. Almosensuchende Kinder sollen zu einem Meister in die Lehre kommen [2]). Wenn sie fortlaufen, sollen sie bestraft werden. Die Bettler, die eine Lizenz haben wollen, müssen gebeichtet und das Abendmahl genommen haben. Die Lizenz soll nur ein Jahr dauern. Man versucht, die Bettelei überhaupt zu verhindern, indem man die Bedürftigen aus Renten von Spitälern, Klöstern u. s. w. zu versorgen trachtet.

Die Stadt Zamora erlässt ein besonders gut ausgearbeitetes Armenstatut, das in Salamanca und Valladolid Annahme findet. Vagabunden, die arbeiten können, sollen kein Almosen erhalten, sie sollen zur Arbeit gezwungen werden und sich so ihren Lebensunterhalt erwerben. Auf Bitten der Cortes werden 1555 (Pet. 122) Armenpfleger ernannt, die den Faulenzern Arbeit zuweisen sollten, damit sich diese nicht entschuldigen könnten, sie fänden keine Beschäftigung.

Aber das alles half nichts [3]).

1540 sagt der Kaiser, dass es Bettler gäbe, die Vermögen und Landgüter zu Hause hätten, aber sie laufen herum, ohne zu beichten, ohne etwas zu lernen, nicht einmal in der Religion sind sie unterwiesen worden. Viele sind mit ekelhaften Krankheiten behaftet. Man kann sie nicht heilen, denn ihr liederliches Leben lässt das nicht zu. Sie drängen sich in die

---

[1]) Rec. Buch I. Tit. XII. Ley 6 Gesetze erlassen: 1523, 1525, 1528, 1534, 1540, 1555, 1558, 1565. Economia II. 17 ff. Sempere I. 61 ff.
[2]) Cortes 1534. Pet. 117. Bei Sempere I. 64.
[3]) Sempere I. 75. 76. 77.

Hauptstädte und schleppen dort Ansteckung ein. Sie stören die Ordnung und behelligen die guten Christen. Und Herera erzählt (1595). wie die Bettler einander ihre Lizenzen aushändigen und allen möglichen Schwindel treiben [1]. Viele betteln in den Häusern, um die Gelegenheit zu einem Raub auszufinden. Dann treiben sie sich mit Weibsbildern umher, saufen, fressen und spielen. Sie verlassen ihre Heimat, lassen ihr Land im Stich. So entvölkert sich das Reich, geht die Landwirtschaft zu Grunde. Väter verstümmeln ihre Söhne, blenden sie, um Mitleid zu erwecken und Geld zusammenzubetteln [2]. Sie mieten oder stehlen kleine Kinder, um durch die Menge derselben den Anschein grösseren Elends hervorzurufen und daher mehr Almosen zu erhalten. Die Kirchen wimmeln von „verschämten Armen". Eingehüllt in grobe, alte Schleier stehen dort oder auf den öffentlichen Plätzen Weiber, die niedergeschlagenen Auges zu Boden sehen. Aber wenn man die Sache untersucht, findet man, dass sie daheim in eitel Pracht und Herrlichkeit leben. Alle diese Schmarotzer könnten ehrliche Arbeit finden. Denn an Arbeitskräften ist Mangel. In Zamora, Valladolid und Salamanca hat man sie wirklich in industrielle Betriebe gesteckt [3]. Aus Frankreich kommen alle Jahre Tausende von Arbeitern und bringen [4], eine Art von Sachsengängern, die Ernte ein. Gleichzeitig setzen sich viele Fremde dauernd als Handwerker u. s. w. fest, um später mit dem erzielten Gewinne Spanien wieder zu verlassen. Aber die Spanier wollten nicht arbeiten [5].

Ganz scharf tritt diese Erscheinung erst im 17. Jahrhundert hervor. Da verödete das Land vollständig. Aber deutlich erkennbar ist dieser Prozess bereits in Philipp II. Tagen.

Mit schlechtem Beispiele gehen die Majoratsbesitzer voraus. Man ahmte sie allgemein nach. Nur die Brüderschaft der Mesta ist thätig. Sie benutzt die geringe Freude an der Ar-

---

[1] Sempere 81.
[2] Daselbst 91. 92.
[3] Häbler 59.
[4] Bodin.
[5] Economia II. 14—42.

beit, sie benutzt die Geschlossenheit der Güter. So lässt sie
Dörfer und Flecken niederreissen, so geht auf der andern Seite
der Vinculierungsprozess der grossen Herren (kirchliche und
weltliche) vor sich. Da liess der Bauer die Arbeit und floh
vom Lande. Die grossen Städte nahmen zu. Es gab [1])

	1530	1594
in Burgos .	1500 Vecinos	2665 Vecinos
„ Toledo .	5898 „	10933 „
„ Segovia . .	2850 „	5548 „
„ Sevilla . . .	6634 „	18000 „
zusammen	16882 Vecinos	37146 Vecinos,

so dass also eine Zunahme von 20264 Vecinos stattgefunden hat.
Es ist dies sicher, vor allem bei Sevilla, teilweise auf Rechnung
der Einwanderung zu setzen, umsomehr, da die übrigen Städte
nicht in gleichem Masse zunahmen. Da aber für das ganze
Reich in diesem Zeitraum sich mit ziemlicher Bestimmtheit
eine Bevölkerungsabnahme feststellen lässt, dürfen wir eine
Abschiebung vom Lande, auch unter Berücksichtigung einer
ausländischen Einwanderungsziffer, annehmen.

So wurden zahlreiche Hände frei für die Industrie. Aber
die spanischen Bauern hatten zu allen Zeiten, auch für eigene
Rechnung, nur das Notwendigste gearbeitet. Sollten sie für
Fremde ihren Schweiss auspressen lassen?

Besser war es, sich von der Kirche u. s. w. erhalten zu
lassen. Nahm ja auch der Hidalgo solche Unterstützung an [2]).
Oder sie flohen in die Wälder und führten dort ein elendes,
aber arbeitsloses Leben [3]). Es ist eine umgekehrte Erscheinung wie in der Gegenwart. Heute haben wir in den Städten
Arbeiterüberfluss und Arbeitsmangel auf dem Lande. Aber
niemand will die dortige Arbeitsgelegenheit benützen. In
Spanien waren viele Hände auf dem Lande frei geworden,
aber die harte Fron der Lohnarbeiter mochte der Bauer nicht
übernehmen.

---

[1]) Economia II. 15.
[2]) Colmenares 590. 592.
[3]) Osorio 329.

So stand einer erhöhten, zahlungsfähigen Nachfrage eine wenig ausdehnungsfähige Produktion gegenüber. Technische Fortschritte waren unmöglich. Am Althergebrachten hielt man fest. Nur in der Organisation der Arbeit findet eine Verbesserung statt, sonst darf nur nach Vorschrift produziert werden. Die notwendigen Arbeiter fanden sich nicht, es war nicht möglich, die Arbeit intensiv zu gestalten. Ein Teil der verfügbaren Produktionskräfte ist in den Dienst feinerer Bedürfnisse gestellt. Der Spielraum bei der Deckung der Bedürfnisse des Volkes wird verengert. Kleine Einkommen werden, selbst wenn sie in gewissem Masse erhöht worden sind, ausser Verbindung mit möglicher Bedürfnisdeckung gerissen, da deren Produktion eingeschränkt worden ist. „Zu schlechterem Fleische muss das Volk greifen," klagten die Cortes. Aber wo die Qualität festbestimmt war, war ein Uebergang zu verschlechterter Qualität unmöglich. Knappheit an Produktion, Knappheit an Arbeitskräften lag vor. Die Preise waren gestiegen.

Nicht willenlos liess man diese Katastrophe über sich ergehen, sondern leistete einen heftigen Widerstand. Diesen Kampf, die Preispolitik der spanischen Cortes, wollen wir im folgenden betrachten.

Kapitel VI.

Die Preispolitik.

Die Beeinflussung der Preise durch gesetzgeberische Eingriffe in das Wirtschaftsleben ist stets eine Hauptsorge der ökonomischen Politik gewesen. Eine jede Klasse möchte den Preis für sich ausbeuten, eine jede sucht die staatliche Gewalt in ihrem Interesse zu benutzen. Wie heute tobte zu allen Zeiten ein heftiger Klassenkampf, ein Kampf um die bewusste Gestaltung des Preises.

I. Gesetzgeber.

In den Städten des Mittelalters hat sich zuerst eine Art systematischer Politik herausgebildet. Die Teuerungspolitik, wie wir sie gemeiniglich nennen, die „Versorgungspolitik", wie sie in Spanien bezeichnet wird [1]). In ihren wichtigsten Lebensbedürfnissen sind diese kleinen Gemeinwesen abhängig vom flachen Lande. Es ist von grösster Bedeutung für sie, dass hinreichende Lebensmittel in ihre Mauern gebracht werden, dass der Produzent möglichst den städtischen Markt aufsucht, möglichste Bewegungsfreiheit nach dorten geniesst. Ein günstiges Verhältnis von Angebot und Nachfrage suchen sie für die letztere herzustellen, das seinen Ausdruck in einem billigen Preise finden soll. Im städtischen Interesse werden Preistaxen und Qualitätsbestimmungen erlassen. Ein Angebot, das dem freien Wettbewerbe unterstünde, ist infolge der Verkehrsverhältnisse nicht vorhanden. Wenn sich der Preiskampf

---

[1]) Politica de los abastos.

nur zwischen Konsumenten und einzeln Produzenten abspielt, ist das Monopol kaum vermeidbar. Aber die Konsumenten, die Städter, haben die wirtschaftliche Macht in Händen, sie lassen die Staatsgewalt einschreiten. In Spanien war frühzeitig die Städteautonomie gebrochen worden. Aber Königtum und Städte benötigten einander. Die städtische Wirtschaftspolitik wurde fortgesetzt, nur dass die Könige sie ausüben liessen. Nach wie vor kehrt diese Wirtschaftspolitik ihre Spitze gegen das flache Land, gegen die Grundherren und Bauern. In den Cortes waren die Interessen der Städte organisiert, ihre Beschwerden galten als Uebelstände, die das Leben der ganzen Nation schädigten.

Die Könige des 16. Jahrhunderts waren im allgemeinen geneigt, den wirtschaftspolitischen Wünschen dieser Interessengruppen Folge zu leisten, da man sie zu grossen finanzpolitischen Opfern heranziehen musste. Es erscheint hier, wie so oft vordem und nachdem, die Thatsache, dass die Regierungen für ein Stück Finanzpolitik den Volksvertretern ein Stück Wirtschaftspolitik überlassen. Die Regierungen haben Vorteil von der Finanzpolitik, das Volk trägt die Kosten.

Die Regierung verzichtet auf ein eigenes Urteil in wirtschaftspolitischen Dingen. Sie berechnet sich, was habe ich von dieser Interessentengruppe zu erwarten und gibt dann für die erlangten Opfer ihren Preis [1]). Sie will es mit gewissen Gruppen nicht verderben, sei es, dass sie dieselben zu finanzpolitischen Zwecken benötigt, sei es, dass sie auf andere Ziele hinstrebt. Sie treibt in kurzen Worten die Wirtschaftspolitik der Klassen, auf die sich ihre Finanzpolitik stützt. Sie macht sich zum Träger kurzsichtigen Eigennutzes. Derartige einseitige Begünstigung ruft dann unter Umständen heftigen Widerspruch wach. Die Regierung, die es jedermann nach Wunsch machen wollte, steht zwischen den Parteien. Die Geldbewilligung derselben muss sie sich fortwährend durch Gesetze erkaufen, die einander widersprechen. Vom Stand-

---

[1]) Es liegt gar kein Grund vor, sich (wie Häbler) über das „Markten" und Feilschen der Volksvertretung einseitig zu entrüsten. Das Verhalten der Krone ist nicht schöner (Häbler 106).

punkte eines Mannes, der im politischen Leben milde Formen
liebt, dem Politik ein harmonisches Vermitteln von Gegen-
sätzen ist, erscheint eine solche Regierung in höchst ver-
klärtem Lichte. Ohne einseitig vorgefasste Meinung geht sie
an wirtschaftliche Probleme heran, stets geneigt, wohlberech-
tigte Interessen — wenn sie gutwillig Steuern zahlen — thun-
lichst zu berücksichtigen [1]). Ein gereifter, fast philosophisch
zu nennender Eklekticismus spricht aus ihren Handlungen.
Und diese philosophische Betrachtungsweise fällt ihr nicht
schwer. Denn eigentlich liegt ihr nicht viel an Wirtschaftspolitik. Höchstens will sie die Steuerkraft ungeschwächt erhalten. Wenn sie aber, und das pflegt nicht selten der Fall
zu sein [2]), etwas kurzsichtig veranlagt ist, schlachtet sie die
Henne, die goldene Eier legt. Im Punkte der Geldbewilligung
unbeeinflussbar, vor nichts zurückschreckend [3]), ist sie auf dem
Gebiete der Wirtschaftspolitik entgegenkommend.

Die Nation gibt in Finanzfragen nach und nimmt die
Verantwortung einer, sehr oft in ihren Erfolgen zweifelhaften
Wirtschaftspolitik auf sich. Sie hat erhöhte Lasten, ausser-
dem aber die Freude, selbständig wirtschaftspolitische Irrtümer
begehen zu dürfen. Aehnlich haben die Dinge in Spanien
gelegen. Eine Wirtschaftspolitik, die von einem verschiedenartig
zusammengesetzten Vertretungskörper in einem Uebergangszeit-
alter gemacht wird, erhält durch den Kampf der widerstrebenden Interessen leicht eine sehr schwankende Richtung. Allerdings ist die Inkonsequenz eines Monarchen weit auffälliger
und unerträglicher, da der Einfluss der streitenden Interessengruppen hinter der Bühne ausgeübt wird, und als letzte Ursache des Umschwunges mangelnde Charakterfestigkeit und
Klarheit erscheint.

Aber wenn auch ein Umschlag, der aus der wechselnden
Machtverteilung feindlicher Parteigruppen folgt, weit begreif-
licher ist, um so erklärlicher, wenn die äusseren Umstände
die Bildung eines sicheren Urteiles nicht gestatten, so treten

---

[1]) Ranke 186—190.
[2]) Siehe Kap. VII.
[3]) Kap. IV.

doch einer ausreichenden Darstellung grosse Hindernisse entgegen.

Bei einer Beurteilung der Wirtschaftspolitik ist endlich auf den Unterschied zwischen Gesetzgebung und Verwaltung zu achten. Nur wenige wirtschaftspolitische Gesetze werden strenge durchgeführt. Das beweist schon ihre häufige Wiederholung. Manches Unmögliche wird durch milde Auslegung und Nichtanwendung erträglich, vieles Nützliche aber auch nutzlos. Unter Betonung dieser Momente mag eine Darstellung der spanischen Wirtschaftspolitik klarer erscheinen.

II. Gesetzgebung.

Indes, es genügt nicht, die Absichten des Gesetzgebers, die Handhabung der Verwaltung zu berücksichtigen, die Natur der Produkte, mit denen sich die Wirtschaftspolitik befasst, muss flüchtig betrachtet werden.

1. Objekte.

Viererlei Gruppen sind im Hinblicke auf die folgenden Ausführungen auseinander zu halten:

a) Die Nahrungsmittel, vor allem Getreide. Man ist von den Einflüssen der Natur im höchsten Grade abhängig. Die Bedürfnisdeckung lässt sich nicht verschieben, die Versorgung von auswärts und die Versendung dorthin ist nur an Flussläuften oder der Meeresküste in einigem Umfange möglich. Jede unterdurchschnittliche Ernte führt daher zu Mangel, jede überdurchschnittliche zu tiefem Preissturz, da eine Ausfuhr nur beschränkt Platz haben kann.

b) Die Rohstoffe, z. B. Wolle. Unter den vorliegenden Produktionsbedingungen — weite Flächen — ist eine sehr grosse Erzeugung möglich, bei der dünnen Bevölkerung mehr, als für den nationalen Bedarf nötig ist. Der Transport vollzieht sich verhältnismässig ohne Schwierigkeiten, man kann für die Ausfuhr produzieren.

c) Fabrikate. Der Umfang der Herstellung derselben hängt von der Menge der Rohstoffe ab, von den verfügbaren

Arbeitskräften, extensiv und intensiv, von dem Stande der Technik. Sind hinreichend Rohstoffe da, und grösstenteils lassen sich solche verschaffen, wenn nur der Spielraum der Produktion weit genug ist, dann ist in normalen Zeiten ein Mangel nicht zu erwarten.

d) Eine besondere Stellung nimmt das Geld ein. In einem Lande ohne Minen ist es nicht direkt vermehrbar, indirekt nur durch Raub oder erhöhte Anspannung der Produktionskräfte, die im internationalen Handel zum Geldaustausch führen.

2. Alte Handelspolitik [1]).

In der älteren spanischen Handelspolitik finden wir die angezogenen Unterscheidungen in sehr geringem Masse.

Es wird 1385 [2]) der Export von Pferden verboten, 1455 [3]) die Ausfuhr von Getreide und Herden u. a. m. Vieh, Brot, Metalle, Holz, Waffen, Wachs, Salz, Seide waren bereits 1307, 1312, 1351, 1371, 1377, 1390 von der Ausfuhr ausgeschlossen worden [4]).

Neben diesen Gesetzen laufen Geldausfuhrverbote aus ältester Zeit (Johann I. und Heinrich III.) parallel, die mindestens aus dem Jahre 1317 stammen. Diese Ausfuhrverbote waren nationale [5]).

Im Innern des Landes finden wir bereits 1342, dann 1353, 1407, 1408, 1455, 1462 Bestimmungen, es dürfe ein unbehinderter Verkehr mit Getreide stattfinden [6]). Diese Anordnung ist ein Ausfluss städtischer Interessenpolitik gegenüber dem flachen Lande. Die Grundherren, Prälaten und Ritter hielten durch Bannrechte das Getreide auf ihren Gütern zu-

---

[1]) Economia I. Kap. XXXVII. XXXIX. XL. XLI. Rec. Buch VI. Tit. XVIII.

[2]) Ley 12.

[3]) Ley 27.

[4]) Economia I. 383.

[5]) Daselbst 447.

[6]) Ley 28.

rück, teils um hinreichend versorgt zu sein, teils um Monopol-
preise zu erlangen. Dem gegenüber suchten die Städte, die
den Vertretungskörper beherrschten, ihre Interessen gesetzlich
zu schützen.

Schon die Wiederholung dieser Gesetze lässt eine beschränkte
Wirksamkeit derselben erwarten. — War im Innern Kastiliens
nur eine gewisse Bewegungsfreiheit gestattet, so waren andrerseits auch nicht alle Produkte von der Ausfuhr aus dem
nationalen Wirtschaftsgebiete ausgeschlossen. Aus einem Gesetze von 1462 darf man auf eine nicht unbedeutende Wollausfuhr schliessen [1]).
Das ist der eine Teil der Politik. Man sucht die notwendigen Produkte im Bereiche des bedürftigen Konsumenten
festzuhalten.

Leicht aber könnten die Produzenten ihre Monopolstellung
ausbeuten, und um dies zu verhindern, werden die Preise obrig-
keitlich festgestellt. Ursprünglich waren die Taxen lokale
gewesen, aber als 1252 eine Teuerung ausbrach, gab Alonso
der Weise eine Taxe für das ganze Reich. Ebenso 1256 [2]).
Im letzteren Falle bildete die Taxe gleichzeitig einen Appendix
zur Geldverschlechterung, da man auf diese Weise den Ausdruck derselben in den Preisen verhindern wollte. Aber was
man früher zu einem allerdings hohen Preise kaufen konnte,
konnte man jetzt zu keinem Preise erhalten [3]).

Als Alonso nochmals das Gleiche unternahm, ward dieser
Versuch eine der Ursachen, die dem Aufstand seines Sohnes
zu Erfolg verhalfen. Alonso der Weise starb, von allen verlassen, in der einzig getreuen Stadt von Sevilla.

Aber die Taxen kehrten immer wieder, so z. B. 1369,
wenngleich sie jetzt weit mehr differenziert wurden. Sie gehörten eben zum System dieser repressiven Wirtschaftspolitik,
deren ganzes Dichten und Trachten darauf ausging, jede
Ausfuhr zu unterdrücken und jede Ausbeutung des Monopol-
marktes zu verhindern.

---

[1]) Ley 46.
[2]) Economia I. 361.
[3]) Daselbst 361. 363. 364.

3. Entwickelung.

Ferdinand und Isabella hatten eine politische Zentralisation begonnen; auch eine wirtschaftliche versuchten sie. Soweit sie sich mit der Fürsorge für Lebensmittel beschäftigt, war ihre Politik im wesentlichen die althergebrachte. Aus politischen Gründen führten sie allerdings eine engere Verbindung zwischen Aragon und Kastilien ein, indem sie an Stelle der früheren Uebergangsverbote zwischen Kastilien und Aragon 1480 einen Verkehr in Herden und Getreide gegen Abgabe von 10 % gestatteten [1]). Die Verbote der Geldausfuhr blieben indes auch Aragon gegenüber bestehen. Es war für den Getreidebau Kastiliens, insbesondere für die Provinz Murcia ein Absatzgebiet gewonnen worden, denn Aragon war auf Korneinfuhr angewiesen. Aber die Schafzucht hatte darunter gelitten, so dass man ihr durch Privilegien zu Hilfe kommen musste [2]). In England hatte der steigende Wollverbrauch zum Sinken des Getreidebaues geführt, hier trat der umgekehrte Fall ein. Auch fand sich kein spanischer Stafford, der die Gewinnung der Absatzmärkte als bestes Mittel zur Steigerung der Produktion, als sichersten Schutz gegen Mangel erkannt hätte. Es dürften rein politische Erwägungen gewesen sein, die zur Beseitigung der Grenzsperre führten. Denn mit dieser Ausnahme blieben die alten Bestimmungen in Kraft. Wie 1455 wurde 1502 die Ausfuhr von Herden und Vieh überhaupt verboten [3]). Man hätte denken können, dass die Erfahrungen in Murcia zu einer der englischen ähnlichen Politik geführt hätten. Nicht nur die Anschauungen des Volkes, nicht nur vielleicht mangelhafte Einsicht der Fürsten, sondern vor allem die geographischen Verhältnisse verhinderten das.

England ist auf allen Seiten vom Meere eingeschlossen. Seine Küste ist gezackt und Einschnitte gehen tief in das Land.

---

[1]) Ley 30. Häbler 27. Clemencin 244.
[2]) Häbler 28.
[3]) Ley 27.

Kastilien war im grossen Ganzen ein Binnenland mit weiten Hochebenen, umschlossen von schroffen Gebirgszügen. Seine Flüsse hatten sich ihr Bett tief in die Erde eingewühlt, waren reissend zur Regenzeit, vertrocknet im Sommer, zur Schiffahrt wenig tauglich. Die Entfernungen waren im Vergleiche zu England ungleich bedeutendere, die Durchquerung des Landes durch die zahlreichen Oeden, die überall bestanden, erschwert. Nur an der Seeseite war eine Ausfuhr möglich und nur im Süden grenzte Kastilien an das Meer. An der Küste gestattete man denn auch Ausfuhr und Einfuhr[1]). Dort war eine Ueberschussproduktion möglich, dort in Notfällen auch eine Hilfeleistung.

Im Innern des Landes fehlte der Faktor ausgleichenden Verkehres vollkommen, obgleich Ferdinand und Isabella vor allem seit 1493 eifrig an einer Verbesserung der Verkehrswege gearbeitet hatten. Aus diesem Grunde war eine moderne Getreidehandelspolitik sehr schwierig.

Im städtischen Interesse erliessen die Könige, um den Konsumenten vor der Ausbeutung monopolistischer Produzenten zu schützen, Getreidetaxen. Diese Taxen galten für die Küstenstriche und die nördlichen Provinzen nicht. Um den Produzenten eine ungesetzliche Einwirkung auf die Bestimmung der Taxen unmöglich zu machen, werden strenge Vorschriften erlassen, die das Vorzeigen sämtlicher Getreidevorräte bei schwerer Strafe gebieten[2]). Ueber Beibehaltung und Abschaffung solcher Reichstaxen — provinziale Taxen bestanden dauernd — haben viele Kämpfe in den Cortes stattgefunden. Inkonsequent war das Verhalten derselben[3]). Aber in ihren schwankenden Anschauungen spricht sich nichts weiter aus als ein Schwanken der vorliegenden Thatsachen. Wenn auf sieben fette Jahre sieben magere folgen, muss der Gesetzgeber wohl oder übel eine den veränderten Zeitumständen angepasste inkonsequente Politik treiben. Wenig

---

1) Es ist daher vollkommen nutzlos, aus der Getreideausfuhr irgend welche Schlüsse auf die Blüte der Landwirtschaft im allgemeinen ziehen zu wollen.
2) Buch V. Tit. XXV.
3) Häbler 32.

oder gar keine Aenderungen der Wirtschaftspolitik haben also auf dem Gebiet der Lebensmittelversorgung stattgefunden. Für einen mittelalterlichen Staat war es fast unmöglich, seine Getreidehandelspolitik aufzugeben. Schlug das Experiment fehl, so war höchste Not die Folge. Eine Politik, die eigentlich in letzter Linie eine Politik des bald mehr, bald minder vorsichtigen Tastens ist, kann nicht, zu Anfang die letzten Konsequenzen ziehen, sondern muss sich begnügen, mit harmloseren Dingen zu beginnen. Selbst ein so begeisterter Anhänger des internationalen Verkehres wie es Jean Bodin für seine Zeit war, hat der Getreideausfuhr eine Ausnahmestellung zugewiesen.

Rohstoffe, die zur industriellen Verarbeitung dienten. führten die Spanier in grosser Menge aus, vor allem Wolle, Leder u. s. w. Die venetianischen Gesandten staunten darüber, denn die Spanier mussten die aus eigenen Rohstoffen gefertigten Fabrikate von den Fremden wieder zurückkaufen [1]). Die Ausdehnung der Wollproduktion macht immer mehr landwirtschaftliche Arbeiter überflüssig, es wird denselben aber keine Gelegenheit zur Verarbeitung der Wolle geboten. Dabei muss der Spanier nicht nur die Produktionskosten der fremden Arbeit zahlen, sondern. da er der benötigende Teil ist, auch die auf Rohprodukt und Fabrikat lastenden Zölle. Die Neigungen und die Fähigkeiten des Volkes reichen zu einer industriellen Thätigkeit nicht aus. Um indes einen gewissen Anreiz zu gewähren, sucht man die Möglichkeit einer Verarbeitung dadurch zu begünstigen, dass die Beschaffung des Rohstoffes erleichtert wird.

Schon 1462 [2]) hatte Heinrich IV. ein Gesetz erlassen, dass beim Export von Wolle auf des einheimischen Produzenten Wunsch demselben ein Drittel preiswürdig zu überlassen sei.

Der Import fremdländischer Waren brachte aber den Konsumenten in eine ungünstige Stellung. Die Regierung war beim Produktionsprozesse nicht zugegen, konnte die Qualität nicht bestimmen, nicht untersuchen, ob irgendwelcher Betrug geschehen war. Eine Regelung der Preise, eine Or-

---

[1]) Kap. III.
[2]) Tit. XVIII. Ley 46.

ganisierung des Verkaufes war schwierig. Das Interesse des Konsumenten selbst stellte sich in den Weg, der lieber billigere, aber schlechtere Ware, als unerschwinglich teuerere, aber gute haben wollte. Ueber die Fremden hatte man keine Zwangsgewalt; behandelte man sie schlecht, so blieben sie vielleicht fort. Billigen Preis, gute Qualität konnte man nur erzielen, wenn sich der Produktionsprozess in der Machtsphäre der Regierung vollzog. Im Anschlusse an bestehende, lokale Industriekeime gingen Ferdinand und Isabella vor [1]).

1478 erliessen sie eine erste Ordonnanz für Haro, 1486 ein Gesetz für Murcia, das die Einfuhr fremder Tücher untersagte und das 1488 verlängert wurde. 1494 wird eine Pragmatica für die Tuchindustrie in Medina del Campo gegeben, gleichzeitig die Einfuhr gewisser Luxustücher verboten [2]). 1494 wird verordnet, dass nur die Tücher von Segovia zu stempeln wären, damit nicht minderwertige Stoffe durch dies Markenzeichen geschützt würden. Auf die Sicherstellung des Käufers zielt eigentlich die ganze Politik ab.

Eine ganze Reihe von Bestimmungen [3]) bezüglich der Technik des Verkaufes läuft parallel. Da heisst es 1494, Brokat sei nur bei guter Beleuchtung zu verkaufen [4]). Oder wir finden im gleichen Jahre genaue Bestimmungen über die Art der Auslage [5]). Fremdes Tuch ist ordentlich aufgebunden und ausgebreitet zum Verkaufe hinzulegen [6]). Es ist ebenso auszustellen, wie das spanische Fabrikat. Auch muss dem Käufer der Ursprungsort mitgeteilt werden [7]). Ein gleicher Gesichtspunkt spricht sich im Einfuhrverbot für rohe Seide aus. Dank der in Granada lebenden maurischen Bevölkerung bestand eine Seidenindustrie in gewissem Umfange. Um hier

---

[1]) Clemencin 243—258.
[2]) Colmeiro II. 316.
[3]) Buch V. Tit. XII.
[4]) Ley 1.
[5]) Ley 2 und 3.
[6]) Ley 5 und 8.
[7]) Ley 6.

jede Verschlechterung zu verhindern, liess man nur ein bestimmt kontrollierbares Rohprodukt zu (aufgehoben 1518 [1]).

Um aber den Konsumentenschutz wirksam durchführen zu
können, bedurfte es einer ausreichenden inneren Produktion.
1502 klagt der König, alle Felle würden aus dem Reiche ausgeführt, deswegen fänden sich nicht genug Rohmaterialien,
um das Land zu versehen, deswegen sei die Qualität schlecht [2]).
Vor allen Dingen berief man ausländische Arbeiter, die
über die notwendige Technik verfügten und sicherte ihnen
10jährige Steuerfreiheit zu [3]). Dann gab Ferdinand endlich
1511 eine Pragmatica, die Tuchindustrie betreffend, die eine
Zentralisation des Tuchmachergewerbes herbeiführen sollte [4]).

Ein fachmännischer Ausschuss hatte eine Pragmatica von
120 Artikeln zusammengestellt mit Bestimmungen, die ins
kleinste technische Detail des Produktionsprozesses gingen.
Allgemeingültige Muster wurden entworfen, strenge Arbeitsteilung vorgeschrieben. Für fremde Tuche verfügte das Gesetz nicht Ausschluss, sondern nur gleiche Qualität wie die
der spanischen Waren. Auf diese Anordnung hin erwiderten
die Procuradoren von Burgos 1512, „wenn diese Bestimmung
Gesetz werde, kämen keine fremden Gewebe ins Land [5]).
Grosser Schaden werde daraus für alle Landesangehörigen
folgen. Man wäre nicht so gut mit Tüchern versorgt wie
jetzt. Die Tuchmacher des Reiches könnten nicht allen Anforderungen genügen. Sie werden die Preise unverschämt
hoch stellen. Man solle nicht auf Grund der Auskünfte, die
selbstsüchtige Interessenten erteilten, eine so wichtige Sache
unternehmen." Die Cortes sehen zuerst auf die Menge der
Ware, die Regierung hauptsächlich auf die Qualität. Vielleicht berücksichtigt sie auch ein wenig die Interessen der
Produzenten, denen diese Bestimmung immerhin einen Vorteil
zu gewähren schien.

Aehnliche Absichten haben auch vielleicht auf die Bil-

[1] Häbler 57.
[2] Buch VII. Tit. XIX. Einleitung.
[3] Häbler 47.
[4] Colmeiro II. 237 ff. Buch VII. Tit. XIII ff.
[5] Colmeiro II. 318.

dung des Zollsystems hingewirkt, indem die Zölle doppelt so
stark auf der Einfuhr wie auf der Ausfuhr lasteten [1]). Indes sind Zölle in jener Zeit häufig bedeutungslos.
Der Schutzzoll wird meistens durch ein Verbot ersetzt.
Im allgemeinen sind die Grenzabgaben Finanzzölle. Bei den
verhältnismässig grossen Transportkosten fielen mässige Auf-
schläge nicht ins Gewicht.
Das Geldausfuhrverbot haben Ferdinand und Isabella in
keiner Weise beseitigt. Ein Gesetz von 1491, das 1498, 1503
und 1534 wiederholt wird, bestimmt, dass die fremden Kaufleute, die zu Wasser und zu Lande nach Spanien kamen, für
ihre importierten Waren binnen Jahresfrist spanische Waren
herauszuführen hätten, nicht aber Gold noch Silber noch ge-
prägtes Geld [2]). Ein andres Gesetz bestimmt, die Provinz
Guipuzcoa solle die Schweine, die sie aus Frankreich bezöge,
nicht mit Geld bezahlen [3]). Die Bücher der Bankiers werden
alle vier Monate durchgesehen, ob man nicht Geld ausführe; die
Reisenden, die Münzen mitnehmen wollen, müssen sich melden [4]).
Klar geht aus diesen Gesetzen hervor, dass den Fürsten
das Geld als wichtigste Ware erschien. Die Ausfuhr andrer
Produkte gestatteten sie, nicht aber die des Geldes, selbst
nicht nach Aragon. Es ist möglich, in dem Gesetze, das die
Einfuhr fremder Waren nur gegen die Ausfuhr spanischer
Produkte gestattet, ein Bestreben zu erkennen, durch Ausfuhr
eine Ausdehnung der heimischen Produktion herbeizuführen,
doch lässt sich nichts Bestimmtes sagen.
Aus dem Gesichtspunkte mittelalterlicher Versorgungspolitik ist dieser Zwang zur Warenausfuhr nur zu verstehen,
wenn man annimmt, — es war das auch thatsächlich der Fall, —
dass den Fürsten Geldmangel bedrohlicher als Warenmangel
erschien.
Uebrigens begünstigten die Könige sogar den ausländischen Verkehr [5]). 1494 hatten sie ein Konsulat in Burgos

---

[1]) Häbler 8.
[2]) Buch VI. Tit. XVIII. Ley 10.
[3]) Ley 11.
[4]) 1515. Pet. 32.
[5]) Buch VII. Tit. X.

gegründet, dem 1511 ein solches in Bilbao folgte. 1498 setzten sie Prämien aus für die Erbauung grosser Schiffe[1]), 1500 und 1523 erhalten die spanischen Schiffe beim Warentransporte den Vorzug vor andern[2]), 1501 wird der Verkauf spanischer Schiffe den Fremden untersagt[3]). Nationale Momente, die Absicht, eine grosse Flotte für Kriegsfälle zu schaffen, der Wunsch, den Volksangehörigen Gewinne zu sichern, haben hier sicher mitgespielt. Es waren die reinen „Navigationsakte", die erlassen wurden. Es geht aus einer solchen Begünstigung des Verkehres immerhin hervor, dass die Furcht vor Ausfuhr und Teuerung doch nicht in alter Stärke vorhanden war. Indes ist zu beachten, dass die Politik der Seebezirke stets von besonderen Gesichtspunkten geleitet war.

Wenn wir diese flüchtig gezeichnete Gesetzgebung mit der rein mittelalterlichen Wirtschaftspolitik vergleichen, so ergeben sich eigentlich nur einige wenige Differenzierungen. Nach Aragon hin hat man einen Verkehr mit Nahrungsmitteln gestattet, hält aber sonst an der Versorgungspolitik fest. Ein Gleiches geschieht bezüglich der Geldausfuhr. Da der Warenimport nicht gehindert werden kann, gestattet man denselben gegen Ausfuhr von Waren, da solche weniger wichtig erscheinen als Geld. Eine Steigerung des Absatzes ist vielleicht beabsichtigt, doch wird kaum ein Unterschied zwischen Rohstoff und Fabrikat gemacht, wenngleich man sich etwas mit der Heranziehung einer Industrie beschäftigt, und 1515 das Gesetz, betreffend die Rückhaltung eines Wolldrittels, erneut. Noch verliert man den Konsumenten nicht aus dem Auge und arbeitet nicht bewusst auf eine Gewinnung von Absatz hin.

Es lässt sich also das vielleicht bedeutsamste Kriterium einer modernen Wirtschaftspolitik, die unter dem Namen Merkantilismus auftritt, nicht klar herausschälen: Steigerung der Produktion durch Ausfuhr, Sicherstellung gegen Teuerung durch Mehrproduktion. Um mit William Stafford zu reden[4]), ist das

---

[1]) Ley 7.
[2]) Ley 3.
[3]) Ley 6.
[4]) Ed. Leser S. 61.

Wesen dieser Politik: Mehr anzubauen, „als zur Versorgung des Reiches in einem fruchtbaren Jahre genügte: und wenn nachher ein teures Jahr eintreten sollte, so würde das Korn aller der Pflüge, die in einem guten Jahre überschüssig sind, in einem unfruchtbaren Jahre wenigstens ausreichen, um das Reich zu versorgen". Das ist nicht repressive, sondern präventive Wirtschaftspolitik. Ausfuhr und Erwerbung von Absatz dienen zu ihrer Entwickelung. Was darauf hinarbeitet, ist moderne Wirtschaftspolitik.

4. Rückbildung.

Durch die Besiedelung Amerikas ergab sich ein Absatzmarkt von selbst. Die Preise begannen gleichzeitig zu steigen, sehr zum Missfallen der Cortes, die, wie schon oben gezeigt, selbst den geringfügigen Neuerungen der Regierung um 1511 nicht gerne entgegenkamen. Sie lebten noch gänzlich in der Politik des Mittelalters.

Vor allen Dingen wünschten sie seit Beginn des Jahrhunderts eine Verschärfung der Ausfuhrverbote für Lebensmittel. Sie erhoben Klagen über Fleischteuerung und meinten, die Ausfuhr wäre die Ursache hiervon. Käme nicht bald Abhilfe, so könne man für keinen Preis mehr Fleisch erhalten [1].

1520 schlugen sie ein Gesetz vor: „Aus diesen Ländern soll nicht Brot noch Fleisch in andere Reiche gehen; weil man's allgemein erlaubt hat, ist das Fleisch hierzulande sehr teuer geworden und ebenso das Brot, vor allem in den Orten, die in der Nähe der Ausfuhrhäfen liegen. Das Volk lebt sehr schlecht und hat grossen Schaden" [2].

1523 wünschten sie, dass Brot nur von einem Orte zum andern gebracht werden darf, wenn der Ausfuhrort versehen ist [3]. Im Innern solle sonst der Verkehr frei sein. Die Grundherrschaften sollten keine Ausfuhrverbote erlassen [4].

---

[1] 1506. Pet. 14; 1512. Pet. 16; 1518. Pet. 81.
[2] Pet. 58.
[3] Pet. 40.
[4] Pet. 70. Buch VI. Tit. XVIII. Ley 28.

Aber die Ausfuhr in fremde Länder sei schuld an der Teuerung. Oft wurden solche Gesetze wiederholt (1548), öfters aber durchbrochen. 1530, 1539, 1548 hatte man den Zwischenhandel in Getreide verboten, aber die ersehnte Billigkeit nicht erlangt. Da erreichten die Cortes 1525 [1]) die Aufhebung des Getreide- und Viehverkehres mit Aragon, doch beseitigte Karl diese Grenzsperre 1537 wohl aus Gründen politischer Zentralisationserwägungen [2]).

Um die steigenden Fleischpreise wirksam zu bekämpfen, wird 1528 [3]) ein Schlachtverbot auf mehrere Jahre für Lämmer erlassen und ein Verbot der Fischerei, nachdem ein Schlachtverbot für Kälber vorausgegangen ist. Ebenso wird der Taubenfang verboten. Dann 1532 (93) erhalten die Hasen und Rebhühner Schonzeit. Die Hennen sind schon 1528 (121) gesetzlich geschützt worden. Aus dem gleichen Grunde findet eine Ausdehnung der Weiden statt. Die Weineinfuhr aus Aragon wird 1532 [4]) untersagt, weil dafür Brot und Geld hinausgingen.

Indessen, ebensowenig wie Verbote gegen den Luxus (1528, Pet. 159 gegen Handschuhtragen), halfen derartige Gesetze. Die Cortes gingen allerdings sehr energisch gegen die Verschwendung in Fabrikaten vor. 1537 [5]) klagten sie, die Vergeudung, die man mit Kleidern triebe, habe den Preis verdoppelt. Im selben Jahre (109) wünschen sie, die liederlichen Weiber sollten nicht Gold noch Perlen noch Seide u. s. w. tragen dürfen, da sonst die anständigen Frauen Mangel litten.

Die Tuchgesetzgebung des Jahres 1511 hatte zu allerlei Missbrauch mit den Markenzeichen Segovias geführt. Das wurde abgeändert, als man 1528 [6]) und 1529 durch eine neue Pragmatica die Tuchindustrie zu heben suchte. Aber wenn

---

[1]) Häbler 32.
[2]) Pet. 145.
[3]) Pet. 102.
[4]) Pet. 98.
[5]) Pet. 13.
[6]) Buch VII. Tit. XIV—XVII.

auch festgesetzt wurde, alle vier Jahre sollten neue Muster ausgeführt werden, so schwand die Teuerung nicht. Da untersagte man 1537 den Gebrauch von Markenzeichen[1]). Die Tuche der bekannten Firma seien an sich nicht besser wie die andrer Leute, es sei das Abzeichen kein Grund, teurer zu verkaufen. Man verschwende nur Geld dabei. Man klagt auch 1537, die Qualität des Tuches habe abgenommen[2]).

Man wird nicht fehl gehen, wenn man in der Verschärfung der Versorgungspolitik bei Lebensmitteln, in dem Aufgeben des Standpunktes gesetzlicher Qualität den Einfluss des amerikanischen Absatzmarktes erkennt. Von der Nützlichkeit des indischen Handels waren die Cortes allerdings noch felsenfest überzeugt. Brachte er ihnen ja doch das Geld ins Land. So erklären sie denn[3]): „Weil sich durch den indischen Handel dieses Reich sehr mehrt und hebt und sich bereichert, bitten wir Eure Majestät, dafür sorgen zu wollen, dass niemandem das Gold, das von Indien kommt und das er im Handel benutzt, abgenommen werde. Dann wird der Handel wachsen und sehr zur Blüte dieses Reiches beitragen."

Spanien hatte einen Absatzmarkt gefunden, ohne eigentlich für einen solchen reif zu sein. Nur schwache Ansätze einer Gesetzgebung, die eine Ausdehnung der Produktion herbeiführen sollte. waren wahrzunehmen. Die plötzliche Wendung der Dinge hatte dazu geführt, dass nicht die Produktion den Markt, sondern der Markt die Produktion beherrschte.

Es war in keiner Weise gelungen, den Anforderungen dieses Marktes zu entsprechen. Man stand vor stetig steigenden Preisen und wollte sie bekämpfen. Womit? Wie auf allen andern Gebieten des politischen Lebens, besteht auch in der Handelspolitik der Fortschritt hauptsächlich im Nachahmen. Wem aber sollte man nachahmen? Man hatte kein Vorbild, aus dem man lernen konnte, wie eine Produktion sich hilft, die auf eine Eroberung kleiner Märkte ausgebildet werden soll, sich aber plötzlich einem Markte, den sie nicht befriedigen kann. gegenüber befindet.

[1]) Pet. 75.
[2]) Economia II. 186.
[3]) 1537. Pet. 103.

Da griff man, wie so oft, wenn der eigene Verstand stille steht, zurück zur Weisheit der Väter.

An die Stelle eines allerdings sehr, sehr schwachen Strebens nach Ausbreitung der Produktion trat ängstliches Sichzurückziehen auf sich selbst.

1548 entsteht folgende Petition[1]) der Cortes: „Ein weiteres sagen wir; obwohl wir seit vielen Tagen mit eigenen Augen eine Preissteigerung der Lebensmittel, Kleider, Seide, Schuhe und andrer Dinge, deren Gebrauch hierzulande allgemein und notwendig ist, gesehen, obwohl wir erfahren, dass das infolge der grossen Ausfuhr jener Waren nach Indien geschieht, war es vernünftig, Indien mit allem zu versehen. Das schien uns gerecht; denn jene Lande waren neu erworben, der Krone und Eurem königlichen Besitze zugewachsen, mit den Landen Kastiliens vereinigt.

„Darum ist bis jetzt nicht hierüber verhandelt worden. Nun aber sind die Dinge soweit gekommen, dass das Volk in diesen Reichen nicht weiter das zu ertragen vermag. So hoch sind die Preise aller Dinge gestiegen. Nach einem Heilmittel spähend, dessen Anwendung wir erbitten wollten, haben wir erfahren, dass die grosse Warenausfuhr. von hier nach Indien nicht nur unser Land, sondern auch vor allem Indien schwer schädigt.

„Da beide Teile mit den Waren ihres Landes auskommen können, so bitten wir Eure Majestät, die Ausfuhr von unseren Landen nach Indien zu verbieten.“

Sie wünschen, dass Tuch, Seide, Leder, Eisen, Stahl nicht nach Indien ausgeführt werde.

Etwas mehr als 50 Jahre waren vergangen, seit die neue Welt für Kastilien und Leon entdeckt worden war. Kastilien und Leon waren dieses Besitzes müde, sie verzichteten auf Markt und Absatz.

Indes die obige Petition wurde in dieser Form nicht erfüllt, wohl aber kam man in vielen Punkten den Wünschen in Betreff der Preispolitik entgegen.

An Stelle des alten Wolldrittels durfte nun 1551 die

---

[1]) Arias y Miranda, Apendice LII.

Hälfte der Wolle im Lande behalten [1]) werden, und Aehnliches
wurde bei Seide verordnet [2]). Die Wollausfuhr wurde nicht
untersagt, aber den inländischen Produzenten der Ankauf immerhin erleichtert (1552, 1558, 1560) [3]); ferner ward 1548, 1550,
1552, 1560 die Lederausfuhr verboten [4]).

Schon 1537 war der Export von Eisenerzen untersagt
worden [5]).

Durch diese Verbote suchte man der spanischen Industrie
Rohstoffe zu erhalten. Aber damit begnügte man sich nicht,
sondern nahm ihr gleichzeitig auch den Absatz.

Nicht nur Rohseide, sondern Seidengewebe jeglicher Art,
nicht nur Leder, sondern auch Lederwaren, nicht nur Wolle,
sondern alle Arten Tuch und Gewebe waren von der Ausfuhr ausgeschlossen [6]).

Dass man gleichzeitig dem Zwischenhandel in Waid,
Krapp u. s. w, entgegentrat, ist leicht verständlich, ebenso dass
Monopole und andre preistreibende Ringe verhindert wurden.

Man ging indessen weiter. Infolge veränderter Vermögensverteilung hatte sich die Industrie zum Teile einer feineren Produktion zugewandt, berechnet für die gesteigerten Ansprüche
der oberen Klassen. Da wurde erklärt: „Wir erhielten (1549)
Kunde, dass die Preise der Tücher sehr hohe seien. Sie sind
so fein gewoben, dass Städter und gemeines Volk sich nicht
mehr kleiden können. Das soll die Folge der Pragmatica
von 1520 sein und des Einfuhrverbotes fremder Stoffe" [7]).

Es soll geändert werden. Man untersagte die Herstellung
solch' feiner Stoffe.

Aber 1552 erklärt das Gesetz bereits, dass dieses Verbot der Produktion feinerer Tuche die Industrie gelähmt habe.
Aus Toledo seien die Arbeiter ausgewandert, jetzt sei erst,
recht Teuerung. So wurde dies denn wieder aufgehoben.

---

[1]) Buch VI. Tit. XVIII. 46.
[2]) Buch V. Tit. XII. 20.
[3]) Buch VI. Tit. XVIII. 45.
[4]) Daselbst Ley 47.
[5]) Daselbst Ley 51.
[6]) Häbler 63. Buch VI. Tit. XVIII. Ley 47 u. 50. Ranke 305.
[7]) Buch VII. Tit. XVI. Einleitung.

Ebenso musste ein 1549 erneutes Verbot der Markenzeichen 1560—1562 wieder beseitigt werden [1].

Da die Regierung von der starren Qualitätsbestimmung spanischer Waren nicht lassen wollte, da die Preise die untersten Volksschichten aufs heftigste bedrücken mussten, weil sie in keiner Weise dem Einkommen entsprachen, gestattete man die Einfuhr fremder Waren ohne Rücksicht auf die Vorschriften, die die spanische Industrie einschränkten. Die Spanier produzierten nach Herkommen, nach Bedürfnissen die Ausländer [2]. Die Cortes erhielten freie Einfuhr von Seidentuch, „damit es mehr davon gäbe“. Ebenso wurde die Einfuhr fremder Tuche ohne jede Kontrolle gestattet [3].

Zurückhalten eigener Produkte, Anlocken fremder, das ist die Versorgungspolitik mittelalterlicher Städte, angewendet in einem grossen Staate. Wenn wir oben zu sehen versuchten, wie sich die mittelalterliche Versorgungspolitik langsam zu differenzieren beginnt, so bietet sich hier ein Bild einer vollkommenen Rückentwickelung.

Eine Gesetzesbestimmung, die man allerdings 1555 als undurchführbar aufheben musste, zeigt uns thatsächlich die Wirtschaftspolitik Ferdinands und Isabellas auf dem Kopfe stehend. Sie hatten 1491 ein Gesetz gegeben, das, noch 1534 wiederholt, den Import fremder Waren nur gegen den Export spanischer Produkte gestattete. Nun wurde jeder, der 12 Sacas Wolle aus dem Lande schaffte, gezwungen, zwei Stück Tuch und ein Fardel Leinwand einzubringen [4].

Ferdinand und Isabella hielten die Einfuhr für unvermeidlich. Als Gegenwert sollte dem Lande nicht Geld, sondern die entbehrlichere Ware entzogen werden. Jetzt konnte man die Ausfuhr von Rohstoffen nicht hindern, man gestattete sie nur gegen die Einfuhr fertiger Waren, entzog so dem Lande Rohstoffe — an diesen war nicht so sehr Mangel, auch wurden sie von mächtigen Interessenten produziert — und nahm ihm die Gelegenheit zur Verarbeitung. Die Heran-

---

[1] Buch VII. Tit. XVI. Ley 15.
[2] Economia II. 248.
[3] Ranke 306.
[4] Ranke 307.

ziehung einer eigenen Industrie, Qualitätsbestimmungen für das Ausland — unter dem Drucke der Not war alles gefallen. Diese Politik war aber auf die Dauer nicht zu halten. „Weil niemand Tuche ausführen darf, ist eine grosse Not ententstanden", meinten die Cortes 1558 (59)[1]. Der Handel gehe zu Grunde, die Betriebe müssten eingestellt werden. Infolgedessen sei Mangel an Tuch und Teuerung eingetreten. Gebe man Raum für die Ausfuhr von Tuch und andren Waren, dann werde ihre Produktion wachsen. Menge und Betrieb werde zunehmen, dann werde man billig kaufen können. Hier haben die Cortes das Moment des Absatzes richtig und klar erkannt, zur selben Zeit ungefähr, als William Stafford darauf seine wirtschaftspolitischen Vorschläge aufbaute. Allerdings die Aufhebung dieser Gesetze war nicht von den segensreichen Folgen begleitet, die der Vollzug von Staffords Programm in England nach sich zog. Das Verbot des Zwischenhandels habe die Fabrikation gesteigert und billige Preise herbeigeführt. Die Aufhebung des Gesetzes im Jahre 1558 habe zur Verschlechterung der Ware bei steigenden Preisen geführt[2]. Ob diese Begründung indes eine richtige ist, muss zweifelhaft bleiben. Ueber die Wirkungen der betreffenden Bestimmungen waren sich die Cortes keinesfalls selber klar. Eine Vermehrung der Produktion scheint nach der oben angeführten Petition kaum eingetreten zu sein. Wenn ein Preisfall erfolgte, so ist wohl auf die stattfindende Einfuhr als Ursache hinzuweisen.

In dem Systeme der Begünstigung der Einfuhr von 1552 stak aber scheinbar ein merkwürdiger Fehler.

Wenn man dabei die Warenausfuhr hemmte und noch Waren anlockte, dann konnte der Import nur mit Geld beglichen werden. Aber 1510, 1515, 1520, 1528, 1532, 1534, 1548 und öfters petitionierten die Cortes um Verbot der Geldausfuhr[3].

Man hat dem Merkantilismus vorgeworfen, er habe immer verkaufen wollen, ohne je zu kaufen; dieses Wirtschaftssystem

---

[1] Colmeiro II. 328.
[2] Häbler 65. 1563. Pet. 76.
[3] Häbler 53.

will, möchte man sagen, thatsächlich ein stetiges Kaufen ohne Verkauf und ohne Zahlung. Und doch ist dieses Vorgehen verständlich. Man hatte Mangel an Waren, die Preise standen hoch, man hatte Mangel an Geld[1]), man konnte sie nicht zahlen. Vier Jahre nach der Petition, die den indischen Handel abschaffen wollte, baten die Cortes, kein Fremder solle nach dorten Handel treiben dürfen, kein Fremder das dortige Geld erwerben[2]). Auf Geld konnte und wollte man nicht verzichten.

1569 meint ein spanischer Schriftsteller[3]): „Eines der für Glück und Wohlfahrt eines Reiches notwendigsten Dinge ist, eine grosse Menge Geldes dauernd bei sich zu haben und Gold und Silber, da in dieser Substanz alle zeitlichen Güter des Lebens bestehen oder alle in ihr sich auflösen müssen. Wer Geld hat, verfügt gewissermassen über alles." Es scheint mir nicht, dass diese Anschauung eine merkantilistische Ueberschätzung des Geldes enthalte, ebensowenig wie die Petitionen der Cortes. Einmal ist diese Ansicht, privatwirtschaftlich betrachtet, richtig. Man sah, dass nur die reichsten Leute bei den aussergewöhnlich hohen Preisen ihre Bedürfnisse ausreichend decken konnten. Daher suchte man Gold und Silber zu sparen, klagte über Verschwendung[4]) u. s. w.

Dass die Cortes, wie Häbler[5]) meint, direkt durch Geldausfuhrverbote die Preise niederhalten wollten, also gewissermassen in einer verkehrten Quantitätstheorie befangen gewesen wären, ist mir unwahrscheinlich.

Es ist zwar nicht zu leugnen, dass der Gegensatz des Geldes zu den übrigen Waren erst sehr spät und schwer voll durchgebrochen ist. Jean Bodin[6]), ein guter Kenner des Geldwesens, betrachtet als Hauptursache der Preissteigerung die Vermehrung der Edelmetalle. Als ein Mittel gegen diese Preissteigerung empfiehlt er, Zölle auf die Ausfuhr solcher Artikel zu erheben, die dem Auslande unentbehrlich wären. Dann

---

[1]) Ueber die Ursachen des Geldmangels siehe Kap. VIII.
[2]) Buch VI. Tit. XVIII. 5.
[3]) Mercado 249. Economia II. 438.
[4]) Buch V. Tit. XXIV. 5.
[5]) Häbler 53.
[6]) Réponse aux Paradoxes u. s. w.

müsste das Ausland den Zoll tragen und es käme sehr viel
Geld zum Lande herein.

Eine Verbilligung würde das nach der Bodinschen Voraussetzung kaum sein können. Ebenso schreibt Townsend den
Edelmetallen die höchst verderbliche Preissteigerung in Spanien
zu und beklagt gleichzeitig, dass so viel Gold in den Kirchen
seiner nützlichen Verwendung entzogen würde.

In neuerer Zeit ist Herbert Spencer einem ähnlichen Trug-
schlusse nicht entgangen [1]. Er meint, man könne die Herstellung des Geldes ruhig den Privaten überlassen. Die Konsumenten würden immer dort ihre Bedürfnisse decken, wo die
Waren relativ am besten wären und so auch bei den besten
Münzprägern. Er hat hier die Gegensätzlichkeit des Geldes
zur Ware verkannt, was auch den Spaniern hätte zustossen
können.

Viel Ware — grosse Billigkeit, viel Geld — grosse Billigkeit
wäre ein entschuldbarer Trugschluss. Indes erklärt sich alles
aus den thatsächlichen Verhältnissen.

Spanien befand sich, wie schon bemerkt, im grossen und
ganzen erst in den Anfängen der Geldwirtschaft. Im Encabeza-
mientovertrage ist z. B. neben den Geldleistungen eine Prästie-
rung von Korn, Orangen und Fischen vorgeschrieben. Ebenso
sprechen die Cortes [2] von selbstwirtschaftenden grossen Herren,
Geistlichen und Rittern, die kein Gewerbe treiben und kein
Brot kaufen, die sich und die ihrigen von dem erhalten, was
ihnen Renten und Ernten ergeben.

Die Geldmengen, die in den Vekehr kamen, reichten zur
Auflösung der Naturalwirtschaft nicht aus.

Es scheint mir die Bitte um Geldausfuhrverbot nichts
andres zu sein als der Notschrei einer naturalwirtschaftlichen
Bevölkerung, die geldwirtschaftliche Verpflichtungen hat.

Es lässt sich dies auch beweisen.

Der oben erwähnte Mercado bestätigt es bereits 1569
vollauf. „Spanien, das reichste Land" [3], meint er, „sei geld-
arm. Gehe das so fort, dass man die Schätze verliere, dann

---

[1] Jevons, Money and the Mechanism of Exchange, Einleitung.

[2] Actas von 1576. S. 443.

[3] Mercado 399.

beginne der Tausch wieder wie zur Zeit der Väter." Die
Furcht, in diesen naturalwirtschaftlichen Zustand zurückzufallen,
hat ihn zu der oben citierten Aeusserung veranlasst, nicht falsche
theoretische Ueberschätzung des Geldes. Denn er selbst schrieb
den Satz, Fleiss sei mehr wert als Geld[1]). Aus diesem Ge-
sichtswinkel erklärt sich das Geldausfuhrverbot neben dem
Warenausfuhrverbot von selbst. Es besteht seit uralter Zeit
in einem Systeme der Versorgungspolitik, es dauert fort während
einer gewissen Differenzierung dieser Politik und nimmt, als
sich dieselbe rückbildet, den alten Platz ein. Es zeigt sich
hier klar, dass das Geldausfuhrverbot (im innersten
Wesen) keine theoretische Erfindung des Merkantilsystems ist, nicht den Anfang einer neuen Zeit bedeutet, sondern den Ausgang einer alten.

Andre Ausfuhrverbote bleiben so lange bestehen, bis sie
überflüssig geworden durch eine gesteigerte Produktion, das
Geldausfuhrverbot dauert, bis die Volkswirtschaft mit Geld
gesättigt, bis die Naturalwirtschaft genügend aufgelöst ist.

Unterschiedsloses Festhalten aller notwendigen Waren kenn-
zeichnet somit diese Politik. Lebensmittel, Rohstoffe, Fabrikate.
Geld, alles soll den Spaniern zur Verfügung stehen, billig. am
liebsten wohl umsonst. Es ist dies vollkommen die mittelalterliche Versorgungspolitik. Sie bildet den schärfsten Ausdruck
der Preissteigerung. Der Kampf gegen dieselbe ist aber damit
nicht zu Ende. Wir finden noch das ganze Jahrhundert hindurch Taxen, Ausfuhrverbote, Verbote des Zwischenhandels
u. s. w. Auch klügere Massregeln wurden befürwortet, wie
Ausfuhrverbote von Rohstoffen u. a. m. [2]). Durch die Einführung des Wollzolles aus fiskalischen Gründen wurde das
teilweise verwirklicht. Aber die Wollproduzenten mussten den
Zoll tragen, da sie auf den auswärtigen Absatz angewiesen
waren [3]).

Indes bedeuten die Gesetze von 1552 einen Abschnitt in
der Geschichte der Preispolitik, weil durch sie fremden Waren
der Eingang verschafft wurde. Thatsächlich, wenn auch nicht

---

[1]) Mercado 117.
[2]) Häbler 70.
[3]) Ranke 280.

rechtlich, trat Spanien einen Teil seines Absatzmarktes dem
Auslande ab. Ueber Sevilla begann ein grosser Warentrans-
port ¹).

Besser gefiel es den Kaufleuten, sich dem Zwischenhandel
zuzuwenden und fremde Waren mit grossem Gewinne zu verkaufen anstatt selbst zu produzieren oder spanische Waren zu
versenden. Auch nach Aufhebung der Gesetze liessen sich die
alten Schranken nicht mit der ursprünglichen Strenge auf-
richten; die Krone hatte überdies grosse, stetig wachsende
Einnahmen aus den Zöllen; es lag kein zwingender Grund vor,
unnachsichtig zu sein.

Das Land hatte durch die fremden Waren, die allerdings
schlechter, aber auch billiger waren, erleichtert aufatmen dürfen.
Dagegen klagten aber die Cortes schon 1560, Seide, Wolle,
Gewebe, Brokate, Tapezereien, Waffen würden importiert.
Doch habe man das Material in Spanien und mache fabelhafte
Preise ²).

Eine Beseitigung des Uebels der hohen Preise haben die
Cortes also nicht erreicht. Sie haben jedoch den amerikanischen Bedarf, dessen Deckung ursprünglich nur durch Spanien
erfolgte, auf die Produktion andrer Länder verwiesen. Spanien
machte hierbei eine Zeitlang den Vermittler. Man hat nicht
versucht, die Produktion im nötigen Umfange zu steigern,
sondern hat ihren Absatz ihrem Umfange anzupassen gesucht.
Fremde gewannen Zutritt auf den Markt. Nicht genug damit,
hat man noch der Industrie die Hauptstütze entzogen ³).

Die Preispolitik hat also Fiasko gemacht. Ein Urteil über
sie abzugeben, wäre an dieser Stelle gewagt, ehe nicht die
Ursachen der Preissteigerung klar zu Tage liegen.

Der geschilderte Uebergang von der alten Teuerungspolitik, die
durch Verordnung und Verteilung (Taxen, Luxusgesetze u. s. w.) einen
billigen Preis herbeizuführen sucht, zur Politik der Produktivitäts-
steigerung scheint mir den Kern des Merkantilsystems zu bilden. Ursprünglich kann man die Vermehrung der Erträge nicht dem Einzelnen
überlassen. Der Geist der Genügsamkeit steckt noch zu sehr in ihm.

¹) Häbler 75. Campomanes, Apendice IV. 299.
²) Ranke 307.
³) Siehe Kap. VII.

Der Handwerker, der sein reichliches Auskommen hat, wird seine Thätigkeit nicht ausdehnen. Die Fürsten haben aber ein Interesse an gesteigerter Produktivität, denn der Steuerbetrag, den sie einziehen können, wächst dann absolut und relativ. Auch nimmt, wenn der Nahrungsspielraum sich dehnt, die Bevölkerung in hinreichendem Masse zu, um Menschen für die blutigen Kriege zu liefern. Wenn überdies Hungersnot und Teuerung sich vermeiden lässt, wird das Volk in Zufriedenheit seine Lasten erdulden. Wenn genügend Geld im Lande ist, wird sich die Uebertragung der Steuern vereinfachen, man hat ein allzeit absatzfähiges Gut in Händen, eine allzeit wirksame Kaufkraft. Das scheint der Standpunkt des Fürsten zu sein. Er will das Einkommen seiner Unterthanen steigern. Dem Streben nach grösstmöglichstem Gewinne entzieht er aber auf der andern Seite den psychischen Reiz: er will keine Steigerung der Lebenshaltung, keine Erhöhung der Bedürfnisse. Die Anschauungen der breiten Masse kommen ihm sehr entgegen. Noch steht das Gespenst der Hungersnot drohend vor der Thüre. Die Befriedigung verfeinerter Bedürfnisse erscheint noch als sündhafte Verschwendung. Und es lässt sich auch nicht leugnen, dass infolge der geringen Ergiebigkeit der Arbeit eine Qualitätsproduktion für die oberen Klassen die Bedürfnisbefriedigung der unteren häufig beeinträchtigt. Infolge dessen finden wir ausser Luxusgesetzen Klagen über den Import fremder Tandwaren u. s. w. Jean Bodin [1]) schuldigt die Italiener an, sie brächten solch wertlose Dinge nach Frankreich, die Spanier jammerten über die Schlechtigkeit der Franzosen [2]), selbst William Stafford stimmt in den Chorus ein [3]). Die Italiener endlich [4]) klagen, man bringe ihnen solches nutzloses Zeug, das noch obendrein in Italien gemacht sei, und hänge es ihnen als fremde Ware auf. — In einzelnen Schichten wird das Streben nach grösstmöglichstem Gewinn wirklich geweckt. Durch Privilegien begünstigt der Staat dieselben. Er verbilligt ihnen, wenn sie nach grösserem Absatz suchen, die Produktionskosten (Rohstoffausfuhrverbote) u. s. w. Indes traut er ihren Fähigkeiten nicht viel zu. Er will nicht, dass sie ihre Konsumenten betrügen, schon weil dadurch der Absatz gemindert wird u. s. w. So macht er denn eine Unmenge von Vorschriften, die den Produktionsprozess behindern, denn das Individuum, dessen Begehrlichkeit geweckt ist, ist bereits klüger als der Staat. Ueberdies stellt der letztere zu grosse finanzielle Ansprüche: er schlachtet die Henne, die ihm goldene Eier legen soll. Während früher die Steigerung der Produktivität durch Export auf den Widerstand kurzsichtiger Interessentenkreise stösst, weil die herrschende Klasse aus Konsumenten besteht, ist jetzt der Egoismus der aufsteigenden Schicht der

---

[1]) Réponse u. s. w.

[2]) Ranke 308.

[3]) Stafford von Leser S. 63.

[4]) Burckhardt, Kultur der Renaissance II. 98.

Produzenten erweckt. Sie können ohne Bevormundung weit besser ihren Interessen nachgehen, eine weit stärkere Steigerung der Produktivität durchsetzen. Der Staat soll nur die Produktion nicht durch zu grosse Steuerlast hemmen, die Konsumtion durch zu viel Abgaben schmälern. So geht das System der Versorgungspolitik, der wirtschaftlichen Autarkie, durch den Merkantilismus über in das System der Absatzpolitik, der internationalen Arbeitsteilung. Aus herkömmlicher Gebundenheit wird revolutionäre Freiheit, aus asketischer Genügsamkeit Streben nach grösstmöglichem ˙Gewinn. Und wenn Hungersnot der Appendix der Versorgungspolitik war, so ist das Korrelat der Absatzpolitik Ueberproduktion. Die Zeit der Differenzierung des ersten Systems, des Ueberganges zum System der Freiheit, ist die Zeit des Merkantilismus. Um den Folgen der Ueberproduktion zu entgehen, sehen wir dann in der Gegenwart neue Bildungen (Kartelle u. s. w.), die der ungemessenen Steigerung der Produktion Einhalt thun wollen.

Kapitel VII.
Belastung und Verfall der Produktion.

Die Thatsachen, die wir im Verlauf der Darstellung betrachtet haben, lassen sich in folgende Sätze zusammenfassen: Die Vermögensverteilung hat sich verändert. Die Bedürfnisse der spanischen Konsumenten als Einheit genommen, hat sich die Zusammensetzung des nationalen Konsumtionsbudgets verschoben, indem eine grössere Nachfragequote für feinere Bedürfnisse vorhanden ist. Die entsprechenden Veränderungen zeigen sich auf Seite der Produktion. Eine absolute Vermehrung derselben ist nicht in bedeutendem Umfange eingetreten. Die Nachfrage als Ganzes genommen, hat jedenfalls im psychologischen Sinne eine absolute Vermehrung stattgefunden. Die Bedürfnisse der untern Schichten konnten — psychologisch betrachtet, nicht sinken, da sie Bedürfnisminima darstellen.

„Abgesehen von wenigen Granden, welche in grossem Luxus leben, soll die Masse in äusserster Kümmerlichkeit existieren" [1]. Wuchsen die Bedürfnisse der übrigen Klassen. so musste ein Plus an Bedürfnissen entstehen. Es findet sich also eine extensiv zunehmende Nachfrage einem ziemlich stabilen Angebot gegenüber.

Infolgedessen kann ein gewisses Bedürfnisquantum nicht mehr befriedigt werden. Nach der Intensität der Bedürfnisse erfolgt eine Verteilung des zu geringen Produktes. Der Fall liegt ähnlich, wie bei der Ueberzeichnung einer Anleihe,

---

[1] Baumgarten 1. 66.

wo das Verhältnis der gezeichneten Beträge den Schlüssel zur Verteilung der vorhandenen bieten kann. Die wirtschaftliche Intensität der Bedürfnisse ist nun von dem Einkommen abhängig. Daher wirken die Einkommen wieder auf die Zusammensetzung des Produktes. Es hängt von der Zahlungsfähigkeit ab, ob für die Bedürfnisse der unteren Schichten noch hinreichend produziert werden wird, ob nicht durch erhöhten Preis, dem nicht erhöhte Einkommen entsprechen, quantitative oder qualitative Veränderungen der Konsumquoten eintreten. Auf der andern Seite sind das Bedingende die Produktionskosten. Wir haben in vorstehendem gesehen, wie die volkswirtschaftliche Organisation, vor allem auf dem Gebiete der Urproduktion, unverhältnismässige Kosten verursachte. Die Weideservitute u. s. w. erhöhten den Getreidepreis bedeutend, da sie bei gleichem Arbeitsaufwand den Ertrag schmälerten.

Die Schliessung der Güter führte infolge ungenügender Verwendung von Arbeit, Kapital und Technik zu geringfügigen Erträgen. Arbeitszeit und Arbeitsintensität waren nicht ausreichend. Die Zahl der Arbeitsbevölkerung war zu gering im Verhältnis zur Einwohnerschaft des Landes. Alles das bedeutete hohe Kosten, die sich nur vermeiden liessen bei Produktionen, die wenig Arbeit verlangten, keiner Technik bedurften wie die Schafzucht, die auch gesetzlich bevorrechtet war, oder bei der Herstellung höchstwertiger Waren wie Wein, Oel u. s. w. Hohe Produktionskosten für Getreide führten daher zu einer unbefriedigenden Bedarfsdeckung, die ungenügende Sättigung verursachte eine dauernde Höhe der Preise. Nur durch Minderung der Produktionskosten war hier eine Aenderung zu erzielen.

Da ist es denn wichtig, den Einfluss der Regierung, abgesehen von schlechter Verwaltung, schlechter Gesetzgebung u. s. w., zu betrachten. Diese Thatsachen sind zwar ebensosehr wie der soziale Zersetzungsprozess, den wir oben andeuteten, von höchstem Einflusse auf die Gesamtlage der Produktion, lassen sich aber nicht zahlenmässig festlegen. Solches ist nur möglich auf dem Gebiete der Finanzen. Wenn auch bei den Einzeleinkommen Ueberwälzungen stattfinden, so lässt sich doch der Gesamtsteuerbetrag eines Landes von dem Gesamteinkommen des Volkes abziehen, da er für den Konsum der Individuen nicht in Betracht kommt.

1. Belastung.

Die Weltmachtspolitik des Hauses Habsburg erforderte gewaltige finanzielle Mittel. Wirklich steigerungsfähig war für die Fürsten aber aus politischen Gründen nur das kastilianische Einkommen [1]). Wir wollen hier nur die Alcabala und einige andre bezeichnende Faktoren herausheben, nicht aber eine Geschichte der Finanzen versuchen [2]). Die Alcabala betrug:

1537—1561	334	Cts. [3])
1562—1576 .	458	„
1575—1584	1395 $^{1}/_{2}$	„
1578—1589	1018 $^{1}/_{2}$	„
1590—1595 .	1033 $^{1}/_{2}$	„ [4])

Es hat somit von 1561—1575 eine Vermehrung um das Vierfache stattgefunden, die allerdings in den folgenden Jahren auf das Dreifache herabgemindert wurde. In dem einzigen Jahre 1575 fand eine Vermehrung um das Dreifache statt. Die Last der Steuer war in diesem Jahre so gross, dass viele Städte den Encabezamientovertrag verschmähten und die Erhebung der Alcabala in natura vorzogen. Nun mag man allerdings aus der Preisstatistik darthun, dass die Kaufkraft des Geldes gegenüber den Waren gesunken sei. Wenn die Ursache einer derartigen Erscheinung selbst in einer Entwertung des Geldes zu suchen ist, so ist eine solche Preisrevolution doch mehr als eine formale Aenderung der Einkommensbezeichnungen. Es ist richtig, dass die Einkommen des Staates, so-

---

[1]) Ranke 269.
[2]) Ueber dieselben Ranke, Häbler VI, ebenso Piernas Hurtado.
[3]) Häbler 111.
[4]) Häbler 128.

weit sie Fixa sind, hierdurch geschmälert werden, aber es ist
noch sehr die Frage, ob seine Zahlungsfähigkeit in gleichem
Masse davon betroffen wird. Wenn der Staat im Ausland zu
zahlen hat, wo das Geld noch die alte Kaufkraft besitzt, liegt
gar kein Grund zu einer Steuererhöhung vor. Ueberdies ist
der Prozess der Geldwertänderung — trotz der Idealbilder,
die z. B. Dr. Arendt von einem solchen entwirft [1], — unter
allen Umständen ein schmerzhafter. Es findet eine Verschiebung in der Einkommensverteilung statt, meist zu Ungunsten
der schwächeren Elemente. Denn die Wertänderung realisiert
sich zuerst in den Kreisen, die die geringsten Schwankungen
des Wirtschaftslebens zu beobachten und zu benutzen verstehen, und sickert langsam durch in die schwer beweglichen
Massen. Eine Steuererhöhung im Verhältnis zur Geldentwertung
dürfte daher, falls sie berechtigt sein soll, nur stattfinden,
wenn gleichzeitig eine neue Steuerverteilung erfolgt. Selbst
dann ist aber noch zu bedenken, dass die Regierung im Prozesse
der Geldentwertung nicht nur als Gläubiger, sondern auch als
Schuldner dasteht, dass also ihre Verpflichtungen gleicherweise
erleichtert werden und sie ihren Gläubigern — ohne zum
Staatsbankrott schreiten zu müssen, einen höchst empfindlichen
Zins- und Kapitalabzug macht. Die Staatsschuld, die Karl V.
seinem Sohne überliess, betrug, abgesehen von lebenslänglichen
Renten, mindestens 20 Mill. Dukaten [2] = 7500 Cuentos Mrs.
Nimmt man — und das ist nicht viel zu hoch — eine jährliche Verzinsung von $10\,^0/_0$ (der Einfachheit wegen) an, so
ergäbe das eine jährliche Zinslast von 750 Cuentos. Es betrug
die Alcabala damals 334 Cuentos. Wenn, wie Häbler annimmt [3],
die Kaufkraft des Geldes auf den dritten Teil sank, also die
Alcabala nur noch 111 Cuentos wert war, so kostete der Schuld-
dienst nur noch 250, so dass also die Regierung 278 Cts. Er-
sparungen einhalten konnte. Unter solchen Umständen bedeutete eine Steuervermehrung mehr als eine einfache Umrechnung
von Geldbeträgen. Auch ist sie nicht als Ausgleichung eines

---

[1] Leitfaden der Währungsfrage.
[2] Häbler 118.
[3] Häbler 117.

altgewohnten Druckes zu betrachten. Wir haben oben gesehen, dass in Spanien fortwährend Geldmangel herrschte. Infolgedessen musste es unendlich schwerer sein, eine verdrei- oder vervierfachte Geldsumme aufzubringen. Ueberdies hat die Steuererhöhung so rapid stattgefunden, während eine Geldentwertung ein langwieriger Prozess ist, der zur gleichen Zeit in verschiedenen Gesellschaftsschichten verschiedene Stadien durchläuft, dass wir die erwähnten Heraufsetzungen der Alcabala nicht als Ausgleichung, sondern als bedeutend verschärfte Belastung der Produktion betrachten müssen. Hatte aber die Geldentwertung ihre Ursache nicht in zu grosser Geldmenge, dann bedeutete eine Steuererhöhung die Beschlagnahme einer grösseren Einkommensquote durch die Regierung.

Indessen bedeutete die Vermehrung der Alcabala nicht die einzige Neubelastung der Produktion.

Es verminderte sich nämlich die Zahl der Steuerträger. Einmal hat die Bevölkerung wohl im allgemeinen abgenommen, dann aber waren auch die Adligen von vielen Lasten befreit. Wie nun oben gezeigt wurde. trat das reich gewordene Bürgertum durch Erwerben von Adelsbriefen aus der Klasse der Pecheros heraus. Damit wurden sie steuerfrei. während die Minderwohlhabenden ihre Steuerquote übernehmen mussten [1]). Die Fideikommisse hatten nichts zu leisten. Ueberdies genossen einzelne Städte wie Granada, Burgos, Toledo Privilegien [2]).

Ausser der Alcabala wurde auch das Servicio erhöht. Dasselbe betrug ursprünglich 150 Cuentos, dann 300 Cuentos.

Karl hat im ganzen aus Kastilien nicht weniger als 5000 cts. Mrs. gezogen [3]). Unter Philipp wuchsen auch diese und andre Steuern in erschreckendem Masse an. 1589 liess er sich 8 Mill. Dukaten, zahlbar in sechs Jahren, bewilligen. Diese Steuer, Millones genannt, lag auf Wein, Oel, Fleisch und ähnlichen Dingen [4]), daher ihr Betrag notwendig in die Produktionskosten eingehen musste. 1596 wurde die Bewil-

[1]) 1518. Pet. 60.
[2]) Economia II. 549.
[3]) Häbler 113.
[4]) Ranke 288, auch bei Ustariz.

ligung verlängert. Die Millones blieben in Zukunft der drückendste Bestandteil eines erdrückenden Finanzsystems. Während Philipp von seinem Vater 20 Mill. Dukaten Schulden übernahm [1]), hinterliess er selbst seinem Nachfolger deren 100 Mill., obwohl er in der Zwischenzeit zweimal bankrott gemacht hatte.

Einzelne Produkte waren, abgesehen von allgemeinen Steuern, besonders schwer belastet. Der Wert der Seide war 27 r, aber der Steuerbetrag, der hinzukam, betrug 17 r, 12 mrs. [2]). Die Rohwolle war mit 25 % beschwert.

Aber noch hinderlicher war die Belastung für Handel und Verkehr.

Wer nach Indien exportierte und nach Spanien Waren zurückführte, musste ausser den Steuern wohl viermal Zölle zahlen, bei der Aus- und Einfuhr in Indien und ebenso in Spanien [3]).

So oft ein Hafen in Spanien berührt wurde, so oft musste man Steuer zahlen. Es war empfehlenswerter, das Schiff an den Felsen zerschellen zu lassen, als einen Zufluchts- oder Schutzort aufzusuchen [4]).

Wenn man dagegen aus England oder Holland in die Kolonien Schmuggel trieb, so sparte man diese vierfache Auflage und konnte um diesen Preis billiger liefern während obendrein noch die innere Steuerlast den Spaniern die Produktionskosten bedeutend verteuerte.

Von unheilvoller Bedeutung waren diese Lasten für das Wirtschaftsleben.

2. Verfall.

Die agrarischen Verhältnisse des Landes waren, wie wir oben zu zeigen versuchten, bereits seit längerer Zeit in Zersetzung begriffen. Die Erscheinungen, die dort auftreten, sind

---

[1]) Häbler 118.
[2]) Economia II. 97.
[3]) Ustariz und Ulloa, passim.
[4]) Economia II. 552.

dem 16. Jahrhundert vielerorts gemeinsam. Die Vinkulierung und vor allem die Verdrängung des Kleinbesitzes bezeichnen in England den Eintritt des kapitalistischen Zeitalters. Ihre Folgen mögen sozial, d. h. vom Standpunkte der Verteilung aus, schädlich sein, und können, rein wirtschaftlich betrachtet, d. h. vom Standpunkte des Produktionsinteresses aus, sehr günstige sein, wenngleich sich im Laufe der Zeit solche Verteilungssünden rächen. In Spanien lagen die Dinge nicht so. Nicht nur gewisse Klassen von Landwirten, sondern die Landwirtschaft selbst ging zu Grunde.

Die Pächter wurden von den Grundherren ausgewuchert [1]), die Einquartierungslasten und die Zügellosigkeit der Soldateska erdrückten den Bauern [2]). Ueberdies wurde er zum Heeresdienst ausgehoben [3]).

Zu alledem kam die Steuerlast [4]). Während ihm durch die Taxe der Preis, also das Einkommen fixiert war, während er oft überhaupt kein Getreide verkaufen durfte, machte die Willkür der Steuerbeamten alle Steuerbestimmungen wirkungslos. Philipp versuchte die Naturalwirtschaft durch Steuern zu fassen, dehnte die Steuerpflicht aus und erhöhte die Leistung dauernd [5]).

Von den Folgen berichten 1594 die Cortes [6]):

„Wie niedrig auch die Pacht stehe," meinten sie, „so könne sich doch kein Pächter halten, er verlasse entweder Haus und Hof und fliehe aus diesem Königreiche oder er nehme seinen steten Aufenthalt im Gefängnis."

Durch die Unfähigkeit der Industrie [7]) unter so hoher Steuerlast Wolle zu verarbeiten, durch die Auflage des Wollzolles ferner, ist selbst die Herdenwirtschaft gemindert worden. „Wo man sonst 30000 Arroben Wolle verarbeitet, verbraucht man jetzt kaum 6000. So liege Ackerbau und Viehzucht, es liege Arbeit und Verkehr danieder; schon sei kein

---

[1]) Mercado 461. Economia II, 80.
[2]) Der Richter von Zalamea.
[3]) Campomanes, Apendice I. 425.
[4]) Daselbst I. 345.
[5]) Häbler 37.
[6]) Ranke 309.
[7]) Siehe unten.

Ort im Königreiche, dem es nicht an Einwohnern mangle; man
sehe viele Häuser verschlossen und unbewohnt; das Reich gehe
zu Grund." Durch Verbot der Pfändungsexekution u. a. haben die
Cortes diesen Prozess aufhalten wollen. Als sich Philipp II.
die Einwilligung hiezu endlich abnötigen liess, war es zu spät.
Das Ende war schon da [1].

Wie schnell dieser Verödungsprozess vor sich ging, lässt
sich durch ein Beispiel darthun, das eigentlich bereits ausserhalb der zeitlich gesteckten Grenzen liegt. Indes können
wirtschaftliche Entwickelungen nicht durch feste, chronologische
Einschränkungen umschrieben werden. Im Bistume Salamanca
gab es im Jahre

1600 8384 Bauern mit 11745 Gespannen,
1617 4135 „ „ 4822 „ [2].

Wo waren diese Menschen hingekommen? Trägheit,
Hunger, Krankheit, Vertreibung, Krieg, Unverstand vermin-
dern die Volkszahl, meint Osorio [3]. Vertreibung, Hunger,
Pest und Krieg meint Martinez de Mata [4].

Es hatte sich überdies 1571 in Granada ein Maurenauf-
stand blutigster Art erhoben, der zur Entvölkerung Granadas
führte. Die besiegten Moriskos wurden durch das ganze Land
hin angesiedelt und machten durch ihre Bedürfnislosigkeit,
durch die niederen Löhne, die sie beanspruchten, die Spanier
absolut konkurrenzunfähig [5].

Unter Philipp III. wurden dann die letzten Moriskos aus
Spanien ausgetrieben, und nun war kein Ketzer mehr von den
Pyrenäen bis zum Meere. — Die Verödung des flachen Landes
seit dem 16. Jahrhundert ist häufig die Folge einer ungesunden
Agrarverfassung [6]. Es ist nicht nötig, ein übrigens wohl-

---

[1]) Häbler 37.
[2]) Ranke 312.
[3]) Apendice I. 42.
[4]) Daselbst IV. 60. Wir haben es hier mit einer Entvölkerung des
platten Landes nicht durch Aufsaugung durch die Städte, sondern durch
Abstossen vom Lande zu thun.
[5]) Actas VI. 364.
[6]) England. Siehe Marx, Das Kapital I. S. 683 ff.

verdientes Mass voll Entrüstung auf schlechte Regierung aus-
zuschütten, um diesen Prozess zu begreifen. Aus dem
wirtschaftlichen Machtverhältnisse lässt er sich zur Genüge
erklären. Anders lagen indes die Dinge in der Industrie. Wir
haben gesehen, wie unter dem Einflusse günstiger Absatzverhältnisse sich höhere Betriebsformen entwickelten, die indes
den Bedarf nicht zu decken vermochten.
Man öffnete die Grenze, es trat eine Erleichterung ein.
Man nahm die schlechten, aber billigen ausländischen Gewebe.
Als man die Grenze wieder schloss, hatten die Kaufleute von
Sevilla erkannt, wie viel günstiger der Zwischenhandel war.
Da sich ihr Interesse mit dem der Krone deckte, die durch
denselben grosse Zolleinnahmen hatte, wurden Einfuhrverbote
nicht mehr in früherer Strenge erlassen [1]).

Der Import nach Sevilla stieg, wie sich aus den Zolleinnahmen erkennen lässt, wenngleich in denselben auch auf
die Erhöhung der Zollsätze Rücksicht zu nehmen ist.
Sie betrugen:

1520	22 Cts. [2]),
1543	55 „
1563 .	. 146 „
1566 .	167 „
1586	262 $\frac{1}{2}$ (250)
1595	300 „

Die Oeffnung der Grenze war nach Lage der Verhältnisse eine notwendige. Wenn aber Spanien im ungleichen,
für das Ausland freien Konkurrenzkampfe stand, dann war
zweierlei nötig: Ausdehnung der spanischen Industrie, um eine
allmähliche Verdrängung der fremden zu ermöglichen und Verbilligung der Produktionskosten.

Durch Kredit hatte man in Spanien an einer Verbreite-
rung der industriellen Basis gearbeitet. Statt den Kredit zu
entwickeln, vernichtete ihn Philipp. In der Finanznot nahm

---

[1]) Siehe oben Kap. VI.
[2]) Häbler 77.

Philipp wieder und wieder das Geld der Privaten, das aus Indien kam [1]). Die Zinsscheine, die er ihnen ausstellte, ermöglichten ihnen in keiner Weise die Erfüllung ihrer Verpflichtungen. So nahm er einmal 800 000 Scudi und gab dagegen 5%ige Renten aus. Es fiel ihm nicht ein, seinen Zwangsgläubigern gegenüber die so übernommenen Verpflichtungen einzuhalten [2]). Die Kaufleute mussten die Renten mit grossen Verlusten an Ausländer verkaufen [3]), denen Philipp dann zahlte.

Die Folge von Philipps Vorgehen waren in den Jahren 1555—1560 häufige Bankrotte, die naturgemäss auf die Industrie rückwirken mussten [4]). Um die Erfüllung seiner Verpflichtungen hinauszieheu zu können, schob er die Abrechnungstage von Medina del Campo, an denen seine Gläubiger ihrerseits zahlen mussten, immer weiter, wenn möglich bis zur Ankunft der neuen Indienflotte [5]). Diese unberechenbaren Eingriffe brachten häufig ein Stocken in den Handel, ohne dass indes Philipp eines Besseren belehrt wurde.

Als er sich 1575 gar nicht mehr helfen konnte, machte er bankrott [6]). Alle seit 15 Jahren abgeschlossenen Anleihen werden für ungültig erklärt und der Revision unterworfen. In Rom, Venedig, Mailand, Lyon, Rouen, Antwerpen fanden Bankrotte statt, aber auch in Sevilla. „Jedes Haus," hiess es, „dürfe mit seinen Gläubigern geradeso verfahren" [7]).

Aber Philipps Dekret half in der Finanznot nicht lange. Er musste neue Schulden machen und vorher die alten bezahlen. Die spanische Volkswirtschaft hatte einen erschütternden Stoss erlitten. Nicht nur, dass viele Betriebe zusammenbrachen, das Land hatte seinen Kredit verloren. Fortan galt Spanien nicht mehr als zivilisierter Staat, dem man im Handel

---

[1]) Ranke 281—283.
[2]) Cortes 1566 ff. Pet. 7.
[3]) Es zeigt sich hier ein Ansatz zu einer Effektenbörse. Nach dem Staatsbankrott finden wir auch inländische Effektenaufkäufer (Ranke 303).
[4]) Ranke 282.
[5]) Economia II. 311. Häbler 74.
[6]) Ranke 285.
[7]) Ranke 286.

trauen konnte. Wenn man dort sein Kapital anlegte, suchte man dasselbe wie im Feindeslande möglichst schnell zu verzinsen. Der Fremde galt dem Spanier als Feind. Er behandelte den Spanier als solchen. Dabei fällt gerade in jene Jahre die Erhöhung der Alcabala um das Dreifache.

Den Umfang der spanischen Industrie hatte das Dekret vermindert, ihre Produktionskosten wurden nun erhöht. Als König Philipp mit seiner Gemahlin Juni 1579 in Toledo zur Messe ging, sah er sich von einem tobenden Volkshaufen umringt, der ausrief, man solle ihn von der Alcabala befreien, die für alle unerträglich sei [1]). Die Aermsten hatten recht; der Corregidor versicherte den Herrscher, „dass diese Steuer die Stadt zu Grunde richte, deren Bewohnerzahl sich in den letzten acht Monaten um mehr als 8000 Seelen verringert habe."

Die Cortes klagten [2]), „die Steuerlast habe die Industrie ruiniert. Die Arbeiter in Toledo hätten ihre Beschäftigung verloren. Die Frauen und Mädchen seien aus Not Dirnen geworden, die Männer hätten ihren Besitz verloren und verliessen Weib und Kind. Die Zahl der Bettler nehme zu wie noch nie." Die Regierung aber, die neue Steuern haben wollte, schob den Verfall nicht der Steuerlast, sondern dem Dekrete zu. Beide Teile dürften Recht gehabt haben.

1594 sagen die Cortes [3]): Von 1000 Dukaten zahle man jährlich 300 Steuer. Wie solle man dabei Handel treiben? In drei Jahren sei das Kapital aufgebraucht! Wolle jemand Kaufmann sein, so müsse er alle Preise dergestalt steigern, dass er seinem Privatverluste mit öffentlichem Schaden beikomme. Er richte sich und seine Käufer zu Grunde. Aber man zieht sich lieber zurück und lebt, so schlecht und recht wie möglich, vom Betriebskapital.

Und so stellte man die Arbeit ein.

Die Grossen sassen auf ihren Gütern und arbeiteten nicht, die Hidalgos sassen in ihren Aemtern und arbeiteten nicht,

---

[1]) Philippson 38.
[2]) Actas VI. 361—363.
[3]) Ranke 309.

auch der Handwerker hatte nie gerne gearbeitet, sondern wollte als Hidalgo gelten [1]). In elender Weise lebten die Massen hin, Hidalgos und Pecheros durcheinander [2]). Von Burgos bis zum Meere, in Biscaya und Guipuzcoa, in Leon und Galicien, in Asturien und einem grossen Teile von Soria, Cuenca, Salamanca, Segovia und Avila, in Ledesma und Sayago ist das Land so schlecht, dass höchstens Roggen, Mais, Hirse und ein bisschen Gerste gedeiht. Daraus macht sich das Volk Brot. Sie backen es auf Herden oder Feuerstellen. Um es in Backöfen zu bereiten, dazu haben sie nicht genug. Sie sind sehr arm und treiben kein sonstiges Gewerbe. Da sie gar keinen wirtschaftlichen Verkehr haben, zahlen sie die Alcabala nicht. Mensch und Vieh lebt von dem erbärmlichen Brote. Viele Hidalgos sind unter ihnen. — Und dies jämmerliche Volk wollte Philipp noch besteuern.

Noch steckte der wirtschaftliche Geist des Mittelalters in den Spaniern. Keine Bedürfnisse, keine wirtschaftliche Energie. Schwer hat sich der Krieger entschlossen, das Schwert mit der Pflugschar zu vertauschen. Noch sehen die Völker nicht in wirtschaftlicher Arbeit ihre Lebensaufgabe. Langsam erwacht in gewissen Schichten das Streben nach grösstmöglichem Gewinne, dem sie eine stumpfe, träge Masse durch Zwang dienstbar zu machen suchen. Wir haben diese Ansätze oben erblicken können. Jetzt nimmt eine unweise Regierung den Stachel zu solcher Entwickelung, indem sie den Gewinn unmöglich macht. An und für sich ist der Geist der Askese, des Genughabens, mindestens so berechtigt, wie das moderne Hasten und Jagen nach Gewinn und gesteigerter Produktivität. Aber wenn die Zeit reif ist für den kapitalistischen Geist, wird die Nation, die die Gesinnung des Mittelalters nicht verlieren mag, aufhören, Führer zu sein. Man kann es als eine Anmassung kapitalistisch gesinnter Schriftsteller betrachten, wenn sie die Faulheit des Spaniers höhnten, aber es war eine Ueberhebung der Spanier, wenn sie mit ihren Anschauungen die Weltherrschaft beanspruchten.

---

[1]) Economia II. 26. — [2]) Actas VI. 441.

Der Gewinn versiegte, die wirtschaftliche Thätigkeit hörte auf.

Wer aber nicht in eigenem Besitz von den Gaben dieser Welt leben konnte, der ging ins Kloster. Philipp II. hatte das Stiften derselben in Mode gebracht, der Adel ahmte ihm nach. Die Gründung derselben fand in solchem Umfange statt, dass im 17. Jahrhundert von allen Seiten, auch von Klerikern, dagegen gekämpft wurde [1]). Unter Philipp III., als sich Lerma auf die Kirche stützte, zählte man 988 Nonnenklöster, 32 000 Dominikaner und Franziskaner. In Pampelona und Calahorra befanden sich 20 000 Kleriker.

Warum sollten da die Bettler und Proletarier arbeiten? Wenn man ihnen nur Almosen gab! Der Bauer, der vertrieben worden, war nicht von Glück und Glücksgenüssen verwöhnt. Es lebt sich leicht unter der Sonne Andalusiens.

Die gewerbliche Arbeit wurde wieder vollkommen eingestellt. Wieder gingen, wie zu Beginn des Jahrhunderts, alle Rohstoffe aus dem Lande. „Es gäbe kein Land," meinte Botero, „wo weniger Handwerker seien als daselbst. Deswegen geht auch der grösste Teil von Wolle, Seide und andern Dingen ins Ausland" [2]).

Die Herstellungskosten, der „Justo precio", sind in Spanien ungeheuer hoch [3]). Wenn in Frankreich und Genua der „Justo precio", der gerechte Preis, 1 Unze Silber beträgt, in Spanien beträgt er 3 oder 4. 1 Million Silber in Spanien, ist 4 im Auslande wert [4]). „Der Lohn," meint Martinez de Mata sogar einmal, „betrüge in Spanien 4 R., im Auslande 1½ R."

Ungern nur verkauft der Spanier seine Arbeit. Seit dem Einströmen der Edelmetalle hat er allerdings ein gewisses Interesse am Wirtschaftsleben [5]). Aber er will bloss Handel treiben. Die körperliche Arbeit ist ihm nur zu höchsten Preisen

---

[1]) Ranke 311.
[2]) Economia II. 18.
[3]) Apendice IV. p. 14.
[4]) Daselbst 44. 45. 114.
[5]) Bodin.

feil. Obendrein ist seine Arbeit unwirksam. Hohe Löhne bedeuteten schlechteste Arbeit.

So importierten die Kaufherren von Sevilla gerne fremde Waren, schickten auch solche nach Indien, hatten sie doch von solchen weit grösseren Gewinn [1]. Noch einmal machte Philipp 1595 bankrott, wieder brachen private Handelshäuser zusammen und wieder blieb die Finanznot die gleiche. Dann kam sein Nachfolger, dessen Politik Günstlingswirtschaft und Geldverschlechterung war. Kupfermünzen überschwemmten das Land, Zahlungsverpflichtungen in Silber erforderten ein grosses Agio. Dazu lebte Spanien im Kriege mit den ersten Seemächten, vor allem mit Holland, dann auch mit England.

Warum sollten die Holländer Waren nach Sevilla bringen, den Transport von da in die Kolonien und den hohen Gewinn den Spaniern überlassen? Warum sollten die Kolonien den Gewinn der Engländer und der Spanier nebst einem vierfachen Steueraufschlage zahlen? Ihre Versorgung erfolgte in bureaukratisch-mechanischer Weise. Aber das beste Element der Bureaukratie, die Regelmässigkeit, fehlte.

Für die billigeren ausländischen Waren fand sich leicht Absatz ohne spanische Vermittelung. Die Deckung der Bedürfnisse der Kolonien war im freien Verkehre viel angenehmer möglich. Und die Gewinne, die die fremden Kaufleute mit den indischen Schätzen daheim erzielen konnten, waren fabelhaft. Eine Gesetzgebung, deren Ausführung in den Händen eines mehr als zweifelhaften Beamtentums lag, konnte dem gegenüber nichts wirken. Ein lebhafter Schmuggel begann.

1624 liess Olivarez einmal 100 holländische Schiffe mit Beschlag legen, die unter falscher Flagge Waren nach Indien brachten [2]. Da füllte sich Indien mit auswärtigen Produkten, mit fremden Stoffen war der ganze Markt versorgt. Die Zahl der spanischen Schiffe nahm dauernd ab [3].

[1] Apendice IV, 214.
[2] Conrad, Liebigs Ansichten von der Bodenerschöpfung. S. 76.
[3] Apendice IV. 115.

Eines Tages kam die spanische Flotte mit den unverkauften, unverkäuflichen Tuchen nach Sevilla zurück. „Wer soll nun die Löhne zahlen, was sollen die Arbeiter beginnen, wovon sollen sie leben?" jammerte Martinez de Mata [1]). Für die schwache Exportindustrie, die bestand, war die Absatzkrise gekommen. Aber auch in Spanien selbst war der Markt verloren gegangen [2]). Bis zur Regierung Philipps III. sassen die grossen Herren wenigstens auf ihren Gütern in der Provinz und liessen ihr Einkommen unter das Volk der benachbarten Städte strömen. Nun aber gingen sie an den Hof, ihre Renten wurden ihnen nach Madrid zugeschickt, wo sie dieselben standesgemäss verprassten, d. h. für modische, auswärtige Artikel ausgaben. Ebenso die Geistlichkeit. „Die Städte und Hauptorte, die solche Leute zu Nachbarn hatten, sind heute zerfallen und entvölkert. Die armen Vasallen, die im Schatten der grossen Herren lebten und von ihren Gütern sich erhielten, müssen an den Hof gehen und suchen, ob sie einen Erwerb finden. So geht alles zu Grunde. Alle vergeuden ihr Eigentum."

Was von konsumfähiger Bevölkerung noch da war, kaufte gleichfalls fremde Ware. Wohl meinte Martinez de Mata, billig bei Fremden kaufen, schade der Heimat, die Industrie würde absatzlos, könne keine Steuer zahlen. Wohl sagte er mit Recht, wenn der Spanier im Auslande billig kauft, so kauft er sehr teuer, denn er ruiniert sein Vaterland [3]). Aber das armselige Proletariat, das in Spanien noch vegetierte, sollte doch nicht aus Patriotismus teure Waren kaufen, die es nicht bezahlen konnte?

Die Arbeit lohnte nicht mehr, sollte man sie noch weiter treiben? Wenn man hungern muss, hungert man besser mit Würde.

Das Handwerk, die lokale Industrie u. s. w. gerieten in

---

[1]) Apendice IV. 115.
[2]) Navarrete 297.
[3]) Apendice I. 434. IV. 14.

die Hände von Fremden [1]). Mit rechtlichen und unrechtlichen
Mitteln, durch Beamtenbestechung und Betrug sicherten sie
sich Monopole und Erlaubnisscheine. Mit grösster Arbeitsintensität suchten sie sich genügend zu verdienen, um dem un-
gastlichen Lande — denn tödlich hasste sie der Spanier —
den Rücken zu kehren [2]). Wer sich von der Heimat losreisst,
um in der Fremde zu arbeiten, schafft mit doppelter Hast.
Es war den Spaniern jede Konkurrenz unmöglich.

Nirgends Absatz, nirgends Arbeitsgelegenheit. Das Handwerk hatte früher einen goldenen Boden, jetzt ging nichts
mehr [3]).

Nur der Stand der Studenten und Kleriker nahm zu [4]).
Da sank die Alcabala von Toledo von 60 Cts. auf 40 Cts. [5]).
In einem Quartiere Toledos fiel die Zahl der Boneterosmeister
zwischen 1621 und 1651 von 698 auf 289, unter letzteren
133 Witwen [6]).

In Granada verfielen 30 Tuchmacherzünfte [7]), ebenso
8 Schwertfegerzünfte.

Burgos zählt 600 Vecinos, während es früher deren 6000
hatte; Medina del Campo knapp 500 gegen früher reich-
lich 5000 [8]).

Das ist das Ende des spanischen Glückes. Ein Jahr-
hundert lang haben Ruhm und Erfolg sich an die Fahnen der
Spanier geknüpft, haben ihre Waffen die Welt erzittern lassen.
Sie waren ein Volk von Conquistadoren und sie fanden das
Schicksal eines solchen. Sie haben im Glücksspiel der Welt-
geschichte ein Los gezogen, wie es wenig andern beschieden
war. In unersättlichem Wagemut haben sie den Gewinn aufs
Spiel gesetzt, bis sie Einsatz und Vermögen verloren. Wir

---

[1]) Moncada, de Mata, Osorio, passim u. a.
[2]) Apendice IV. 130 ff.
[3]) Daselbst 220.
[4]) Daselbst 220.
[5]) Daselbst 218.
[6]) Daselbst 261.
[7]) Daselbst 25. 30.
[8]) Campomanes in der Vorrede; Apendice IV. (Mata) 213. Die
Zahlen sehen etwas verdächtig aus.

müssen nicht schildern — denn es ist weltbekannt —, wie
Entvölkerung, Krankheit, Not das Land mehr und mehr ver-
wüsteten. Das Gesagte mag genügen.
Wir sind mit unserer historischen Darstellung zu Ende.
Nicht eine Geschichte der spanischen Volkswirtschaft haben
wir geben wollen, nicht in plastischer Deutlichkeit alle auf-
findbaren Thatsachen aneinanderreihen, wir wollten die Haupt-
momente der Veränderung der Volkswirtschaft herausarbeiten
und versuchen, sie ökonomisch zu durchdenken.

Kapitel VIII.
Die Ursachen der Preissteigerung.

Nachdem wir die mannigfachen Thatsachen, welche die Preissteigerung in Spanien begleiten, dargethan haben, drängt sich die Frage auf, ob und inwieweit dieselben im Zusammenhang mit derselben stehen. Ehe wir aber den Ursachen der Preissteigerung nachgehen können, ehe wir über Mass und Bedeutung derselben ein Urteil zu fällen vermögen, ist es notwendig, dem Edelmetallzufluss einige Aufmerksamkeit zuzuwenden, zu untersuchen, ob die Edelmetallzufuhren überhaupt eine Preisrevolution hätten hervorrufen können.

1. Menge der Edelmetalle.

Der Durst nach Gold und Silber war die treibende Kraft gewesen, die die Spanier zur Besiedelung des Westens veranlasste. Unter diesem Gesichtspunkte kolonisierten sie, unter diesem richten sie eine Organisation der amerikanischen Gesellschaft ein. Die Bergfronde, die Mita, war der Angelpunkt, um den sich das dortige Wirtschaftsleben drehte. Die Einführung derselben bedeutete in ökonomischem Sinne eine Minderung der Produktionskosten auf beinahe Null, denn Menschenleben zählten den Spaniern wenig. Die Differenz zwischen dem Marktwert der Edelmetalle in Europa und diesen Minimalkosten stellte die Kaufkraft der Kolonisten dar.

Trotz rücksichtsloser Bemühungen flossen die Goldquellen zuerst nur spärlich. Aber schon 1520 erschlossen sich die mexikanischen Silbergruben und 1544 wurde mit der Förderung der Schätze von Potosi begonnen. Vor allem steigerte die 1571 in Mexiko eingeführte Anwendung des Quecksilberverfahrens die Erträge bedeutend [1]). Von den Zahlen, welche die spanischen Autoren über die Produktion der Edelmetalle geben, muss man absehen [2]). Dieselben sind wertlos, denn sie sind ausnahmslos übertrieben, lassen sich aber infolge der ungenauen Angaben der Münzsorten kaum vergleichen. Ich halte mich in erster Linie an die Soetbeerschen Berechnungen [3]). Das Kilogramm Gold ist gleich 2790 Mk., das Kilogramm Silber gleich 180 Mk. angenommen. Das der Berechnung zu Grunde liegende Wertverhältnis ist hierbei $1 : 15^{1}/_{2}$.

Weltproduktion.

Perioden und Jahre im Durchschnitt	An Gewicht		An Wert				
	Gold kg	Silber kg	Gold in 1000 Mk.	Silber in 1000 Mk.	Prozent		Gold und Silber in 1000 Mk.
					Gold	Silber	
1493—1520	5800	47000	16182	8460	65,7	34,3	24642
1521—1544	7160	90200	19976	16236	55,2	44,8	36212
1545—1560	8510	311600	23742	56088	29,7	70,3	79830
1561—1580	6840	299500	19083	53910	26,1	73,9	72993
1581—1600	7380	418900	20590	75402	21,4	78,6	95992

Für Spanien kommt in Betracht:

Perioden und Jahre im Durchschnitt	An Gewicht		An Wert				
	Gold kg	Silber kg	Silber in 1000 Mk.	Gold in 1000 Mk.	Prozent		Gold und Silber in 1000 Mk.
					Gold	Silber	
1493—1520	800	—	2232	—	100	—	2232
1521—1544	2910	30700	8119	5526	59,6	40,4	13645
1545—1560	5460	246200	15233	44316	25,5	74,5	59549
1561—1580	3790	248000	10574	44640	19,2	80,8	55214
1581—1600	4330	574600	12080	67428	15,2	84,8	79508

[1]) Ranke 345.
[2]) Economia II. 425.
[3]) Petermanns geographische Mitteilungen, Ergänzungsheft 1879. Materialien u. s. w. 1885 u. 1886.

Führen wir alles auf Prozentziffern zurück, so erhalten wir folgendes Bild der Metallförderung:

Perioden und Jahresdurchschnitt	Gesamtproduktion			Spanische Produktion		
	Gold	Silber	Zusammen	Gold	Silber	Zusammen
1493—1520	81	52	68	27	—	16
1521—1544	100	100	100	100	100	100
1545—1560	118	345	220	188	805	437
1561—1580	96	332	201	129	811	406
1581—1600	103	465	265	148	1225	585

Es geht hieraus hervor, in welchem Masse die jährliche Ausbeute anwuchs. Es zeigt sich, dass die Silberförderung bei weitem die stärkere war, dass ferner die Vermehrung des spanischen Barschatzes in bedeutend ausgedehnterem Masse stattfand als die des europäischen. Es hat sich die Ausbeute der gesamten Welt rund fast vervierfacht, die der Spanier in der Tabelle versechsunddreissigfacht. Es hängt dies damit zusammen, dass die Förderung bis 1520 sehr gering war. Rechnen wir vom Jahre 1521 an, so ergibt sich für 1521—1600 eine Steigerung fast um das Sechsfache (585).

Der Anteil des Goldes sinkt von 65,7 % der Weltausbeute auf 21,4, für Spanien von 100 % auf 15,2.

Prozentual ausgedrückt beträgt der Wert der spanischen Ausbeute von den Gesamtergebnissen jener Zeit:

Jahre	Gold	Silber	Gesamtwert
1493—1520	13 %	— %	9 %
1521—1544	41 „	34 .	38 „
1545—1560	64 „	79 .	77 „
1561—1580	55 „	83 „	76 „
1581—1600	59 „	89 .	83 „

Hieraus geht hervor, dass nicht nur der Erfolg der Ausbeutung an und für sich ein steigender war, sondern auch der Anteil Spaniens fortwährend wächst. Er beträgt: $1/11$, stark $1/3$, stark $3/4$, $3/4$, stark $5/6$ der Weltproduktion.

Es erübrigt jetzt noch eine Wertangabe der in jener Zeit
überhaupt geförderten Beträge (in Millionen Mark):

Jahre	Gold		Silber		Gesamtwert	
	Gesamt-produktion	spanische Produktion	Gesamt-produktion	spanische Produktion	Gesamt-produktion	spanische Produktion
1493—1520	453,3	62,5	236,6	—	690,0	62,5
1521—1544	479,4	204,8	389,7	132,6	891,0	327,4
1545—1560	380,0	243.7	897,2	709,0	1277,0	952,7
1561—1580	381,7	211,4	1078,1	892,8	1459,8	1104,3
1581—1600	411,8	241,6	1508,1	1348,5	1920,0	1580,1
1493—1600	—	—	—	—	6237,8	4027.0

Es wäre also der Anteil, den Spanien im 16. Jahrhundert an der Gesamtproduktion der Edelmetalle gehabt
hat, 64 °/o.

Es betrug nach Lexis die Gesamtproduktion im gleichen
Zeitraum (in Millionen Mark):

Jahre	Gold	Silber	Gesamtwert
1501—1520	210	165	375
1521—1544	—	295	295
1521—1550	330	—	330
1545—1560	—	740	740
1561—1580	—	920	920
1581—1600	—	1220	1220
1551—1600	670	—	670
1501—1600	1210	3340	4550

In dieser neuesten Zusammenstellung ist die für Spanien
in Betracht kommende Zahl unverändert geblieben [1].

[1] Handwörterbuch, Art.: Gold u. Silber. Jahrbücher. Bd. XXXIV,
sub Miscellen.

Die südamerikanische und mexikanische Produktion betrug:

1494—1600 . . 925 Millionen Mark Gold

2355 „ „ Silber

3280 Millionen Mark [1]).

Es betrüge also der spanische Anteil ungefähr 72 % der Gesamtausbeute. Die Differenz beider Schätzungen ist ziemlich bedeutend, für Spanien indes geringer als für die Gesamtproduktion. Doch handelt es sich hier viel mehr um Vorstellungsmöglichkeiten als um exakte Thatsachen. Nach den Berichten der venetianischen Gesandten, dürften die Summen, die in Spanien anlangten, weit geringer gewesen sein [2]). Es ist indes nötig, noch auf einen Punkt aufmerksam zu machen. Sämtliche Resultate basieren auf der Relation des Goldes zum Silber $= 1 : 15\,^1/_2$. Diese Relation hat damals nicht bestanden [3]). Erst 1650 steht die Relation $1 : 15$ [4]). Die ganze Zeit hindurch besitzt das Silber gegenüber dem Golde eine grössere Kaufkraft als den benutzten Rechnungen zu Grunde liegt. Dieselbe mindert sich stetig, so dass sich in jeder neuen Produktionsperiode das Ergebnis der vorgegangenen Silberproduktion als entwertet darstellt. Um ihn auf Gold zurückzubringen, müssten wir also den Silberertrag von 1493—1520 durch die damals bestehende Relation dividieren, den Silberertrag von 1493—1544 durch die Relation dieser Periode. Der Silberertrag, der aus einer früheren Periode stammt, sinkt dann fortwährend. Es ist aber der Gesamtsilberwert höher als der oben berechnete, da jenem die schlechtere Relation $1 : 15\,^1/_2$ zu Grunde liegt.

Diese Berechnung auszuführen, dürfte übrigens überflüssig sein. Es kann in dieser Untersuchung die genaueste Angabe des produzierten Metalles kein Resultat ergeben. Eine Preissteigerung kann nicht durch die Quantität des geförderten

---

[1]) Soetbeer, Materialien. S. 11.

[2]) Ranke 289.

[3]) Siehe oben.

[4]) Economia II. 435.

Metalles, sondern nur durch die Menge des geldförmig ver-
wandten hervorgerufen werden. Trotzdem ist es vielleicht gut, für einen Augenblick die
mögliche Wirkung jener Schätze ganz abstrakt ins Auge zu
fassen, d. h. sich die ganze Metallmasse geldförmig vorzu-
stellen.

Im Jahre 1892 betrug der deutsche Courantgeldvorrat:

Gold	.	.	2350 Millionen Mark
Thaler		440	„ „

2790 Millionen Mark.

Gold pro Kopf	.	47,55 Mk.
Silber	. . .	8,90 „

56,45 Mk. [1]).

Die Metallschätze der Spanier betrugen 1600 zwischen
3280 Millionen Mark und 4037 Millionen Mark.

Häbler rechnet sich für 1594 eine Bevölkerung von
6,7 Millionen heraus [2]). Das ergäbe pro Kopf der Bevölkerung
489 Mk. als Minimum. Es wäre thöricht, hieraus irgendwelche
Schlüsse ziehen zu wollen, irgendwelche Vergleiche anzustellen.
Es soll nur eines hiermit gezeigt werden: dass sich nämlich
a priori nicht feststellen lässt, ob die Mengen der einströmen-
den Edelmetalle eine Preisrevolution hervorrufen konnten oder
nicht. Wohl sind dieselben im Vergleiche zur heutigen Produktion nicht übermässig gross, aber verteilt auf den Kopf
der Bevölkerung ergäben sie eine beträchtliche Quote.

Es steht indes fest, dass ein grosser Betrag nicht in den
Verkehr kam.

Wir wissen von Indien, dass seit den ältesten Zeiten gewaltige
Silberquanta in dieses Land gehen, ohne dass die Kaufkraft
des Silbers Einbusse erlitten hätte, ausgenommen in der aller-
letzten Zeit [3]). Das Silber ist dort nicht Geld, sondern Ware,

---

[1]) Lotz, Monetary Situation of Germany. Der vor der Entdeckung
Amerikas vorhandene Vorrat lässt sich nicht angeben.

[2]) Siehe oben. Eigentlich sollte die Berechnung nur für Kastilien
erfolgen.

[3]) Ellstätter. Indiens Silberwährung.

Deckung eines rein psychologischen Bedürfnisses. Gleiche Erscheinungen lassen sich auch in Spanien feststellen. „Die kirchliche Gesinnung des Volkes bewirkte, dass ein Teil der ersten Erträge, die Amerika seiner Standhaftigkeit gewährt hatte, in öffentliche und private Tempel floss" [1]. Noch Ende des 18. Jahrhunderts, als das Land manche Finanzkrise durchgemacht hatte, fand Townsend alle Kirchen voll von Gold und Silbergefässen [2].

Im Jahre 1600 erliess der König ein Edikt, „obenan unter den Ursachen der öffentlichen Not finde er die Verarbeitung des Silbers zum täglichen Gebrauche. Wie viel besser, wenn es im Umlaufe wäre. Um einem so grossen Uebel zu steuern, wünsche er die Masse zu kennen, welche vorhanden sei, sowohl weiss als vergoldet. Daher gebiete er eine Aufzeichnung des gesamten Silbergerätes, binnen 10 Tagen. er, der König" [3].

Allgemeine Entrüstung erhob sich gegen diesen Raubplan. Die Geistlichkeit, gegen die er in erster Linie gerichtet war, predigte und fluchte von den Kanzeln. An ihrem Widerstande scheiterte die Ausführung. Man muss das vom statistischen Standpunkte sehr bedauern, da die sonstigen Anhaltspunkte oder Berechnungen nicht von grosser Bedeutung sind.

Ustariz setzt 1724 die Menge des Silbergerätes gleich dem Betrage des Münzumlaufes an.

Nach Madame D'Aulnoy müssen aber die Schätze, die für Luxus und Prunk verwendet wurden, sehr grosse gewesen sein (1679) [4].

Der Herzog von Albuquerque besass 1400 Dutzend Teller von Gold oder Silber, 500 grosse Platten, 700 kleine u. s. w., 40 silberne Tritte, die benutzt wurden, um an den Silberschrank zu gelangen. Der Herzog von Alba, der an diesen Artikeln nicht reich ist, hat 600 Dutzend Silberteller und 800 Platten. Diese Angabe mag übertrieben sein, zeigt aber doch

---

[1] Jacob, Historical Inquiry into the production and consumption of the precious Metals. II. 54.
[2] I. 308. 309.
[3] Ranke 294.
[4] Taine, Essays S. 340. 341.

jedenfalls, dass der Luxus in Edelmetallen ein ganz auffallender sein musste, um zu solchen Behauptungen zu veranlassen. Grosse Werte wurden sicher dem Verkehre entzogen, eine Thatsache, die Townsend merkwürdigerweise beklagt, obwohl er in dem Edelmetallüberfluss ein Unglück für Spanien sah. Dass auch für Schmuck und Kleidung Gold und Silber verwandt wurde, beweisen zahlreiche Luxusgesetze und Petitionen der Cortes. 1573, Pet. 72, bitten die Cortes, „man soll Eisen, Holz u. s. w. nicht versilbern dürfen" [1]. Das Tragen durchwirkter Gewänder ward des öfteren verboten und hierdurch, wie Campomanes glaubt (338), die Luxusindustrie vernichtet.

Doch nicht nur die ungemünzten Metalle wurden dem Verkehre ferngehalten, das Schätzevergraben war die Aufbewahrungsform der unteren Schichten [2]), die oberen verschlossen ihr Barvermögen in ihren Kassen [3]). Der Herzog von Frias hinterliess seinen Töchtern 600000 Escudos in bar. Man teilte das Geld in drei Teile, that es in drei Kästen, versah diese mit den Namen der Töchter und verschloss sie, um sie erst am Tage der Hochzeit zu öffnen.

Auf diese Weise ward gewiss ein grosser Teil der amerikanischen Ernte dem Geldgebrauche in Spanien entzogen. Wie gross der Rest war, ist unmöglich zu sagen. Es kam zu demselben noch der Ertrag spanischer Minen hinzu, deren eine 1555—1576 [4]) 400000 Gewichtsmark Silber förderte. Auch spielen die Kupfer- und Bronzemünzen eine grosse Rolle. Ferner fanden die Messumsätze zu Villalon und Medina del Campo zum grössten Teile durch Wechsel und Ausgleichungen statt, so dass eine Ersparung von Edelmetallen stattfand. Die Geldtribute, die abhängige Nationen nach Spanien sandten, wären hinzuzurechnen.

Die Grösse der überhaupt nach Spanien gelangten Geldmenge lässt sich also in keiner Weise feststellen. Wäre die-

---

[1]) Economia II. 530.
[2]) Economia II. 447.
[3]) Taine, a. a. O.
[4]) Economia II. 437.

selbe ganz im Lande und im Umlaufe geblieben, so liesse sich
die Möglichkeit einer Geldüberfülle nicht abstreiten.

Von dem Standpunkte der Quantitätstheorie aus kann man
daher recht wohl die Preissteigerung als Folge zu grosser Edel-
metallvermehrung hinstellen. Dieselbe als einzige Ursache
einer Preisrevolution zu betrachten wäre aber gewagt, zu-
mal bei verschiedenen Waren eine prozentual verschiedene
Steigerung eintritt [1]). Es ist umständlich, die Metallvermehrung in fortlaufende Vergleichung mit den Preisen zu setzen,
da die verschiedenen Zeitabschnitte nicht übereinstimmen.
Indes kann man auf eines hinweisen. Nach der Entdeckung
von Potosi wuchs der jährliche Ertrag im Verhältnis von
100 : 437. Die Getreidetaxe indes stieg 1539—1558 für
Weizen von 218 auf 281, für Gerste von 200 auf 233, für
Roggen von 266 auf 333. Von 1493—1544 betrug die Gesamtproduktion, die für Spanien in Betracht kam, nach Soetbeer, nicht ganz 400 Millionen Mark, von 1545—1560 wurden
ungefähr 950 Millionen Mark gefördert. Die Summe, die vor
der Entdeckung Amerikas vorhanden war, lässt sich leider
nicht schätzen. Es stand indes vor 1493 die Relation für
Silber schlechter, als in der Pragmatica von Medina del Campo [2]).
Wenn man diese eingetretene Verschiebung auf die Vermehrung
der Goldimporte zurückführt, so darf man daraus auf die Ge-
ringfügigkeit der anfänglichen Bestände schliessen. Sonst
hätten so unbedeutende Goldmengen nicht eine derartige Wirkung
ausüben können. Von 1503—1539 findet ein Steigen der Taxe
um 118 (Weizen), 100 (Gerste), 166 (Roggen) statt, in der
Zeit von 1539—1566 ein solches von 63, 122, 67, trotzdem man
wohl annehmen kann, dass die in diesem Zeitraum geförderten
Metallmengen mindestens gleich den bis dahin importierten
plus den ursprünglich vorhandenen waren. Indes das sind Ver-
mutungen, die obendrein auf unsicheren Schätzungen beruhen
und daher keine grosse Bedeutung haben. Merkwürdig ist
immerhin, dass Weizen und Gerste von 1598—1600 um 123
und 113 anwachsen, obwohl bis dahin an Edelmetallen 3800 Mil-

---

[1]) Kap. II. 1.
[2]) Kap. II. 2.

lionen gefördert worden sind und nur 160 Millionen hinzu-
kommen. Nehmen wir aber einmal trotz dieser Einwände an, dass
die Preissteigerung durch die Metallmenge erfolgt sei. Dann
müssen wir uns vorstellen, wie Spanien von Reichtümern in
Geldform erfüllt ist. Aber verschiedentlich haben wir bereits
Klagen über Geldmangel, Geldausfuhrverbote u. s. w. berichtet.
Der Geldmangel wurde an früheren Stellen als wirklich vorhanden angenommen, die Politik der Cortes erschien infolgedessen verständlich. Hier aber ist die Betrachtung von Geldüberfluss ausgegangen, so dass ein innerer Widerspruch vor-
zuliegen scheint.

2. Geldabfluss.

„Schlecht,“ meint Colmeiro, „stimmt die allgemeine Teuerung der Unterhaltsmittel und der Arbeit überein mit dem
Mangel an Gold und Silber, der das verblutete Spanien zu Gunsten
der übrigen europäischen Staaten traf. Wenn die Ausländer
das Geld wegschwemmten, ohne eine Spur von Gold und Silber
im Lande zu lassen, wenn in den Orten des Inneren sich
kaum grobes Silber sehen liess, wenn Spanien weniger Geld
im Umlaufe hatte als die Völker, die keine Minen besassen,
deren Industrie aber blühte, wenn, um es kurz zu sagen, die
Dukaten und Kronen, die in Sevilla geschlagen wurden, und
die Pesos von Mexiko und Lima nach Holland, Frankreich,
England, Genua, Florenz und Venedig gingen, und nach Peru
und Indien auswanderten und vordrangen bis in die äussersten
Winkel Japans und Chinas, wie konnte es wahr sein, dass
Amerikas Edelmetalle durch eben ihren Ueberfluss nur den
Schatten unsrer Landwirtschaft, unsrer Industrie, unsres
Handels und unsrer Bevölkerung hätten treffen können und
grössere Verheerungen anrichteten wie die Pest?“
Aus dieser Stelle möchte man vielleicht schliessen, dass
der Geldmangel nur in den naturalwirtschaftlichen Teilen des

---

¹) Economia II. 446.

Landes geherrscht habe, während die geldwirtschaftlichen Enclaven vollständig gesättigt sein könnten. Dem ist aber nicht
so. Seit Beginn des Jahrhunderts tönen Klagen über den allgemeinen Geldmangel und sind seitdem nicht mehr verschwunden.

1515 [1]) wollen die Cortes, dass alle vier Monate die Bücher
der Wechsler kontrolliert werden, ob sie nicht Geld ausschmug-
geln. Ja 1523 (43) klagen sie, es ginge für Zehnten u. s. w.
zu viel Geld an den Papst. Es soll von nun an gezählt und
die Zahlung durch Wechsel beglichen werden.

Wenn die Cortes eine Verschlechterung der Goldmünzen
erstreben und erreichen, so wollen sie den Wert des Goldes
gesetzlich in das richtige Verhältnis zum Silberwerte bringen,
um den Export nach Ländern, wo die Relation für Gold günstiger steht, zu verhindern.

Geld zu besitzen war für ein mit Steuern überlastetes
Land eine Lebensfrage. Es wurde den Spaniern daher die
Erhaltung des Münzumlaufes eine politische Forderung, auf
der sie mit grösstem Nachdrucke bestanden. Vor dem Aufstande der Communidades verlangen sie z. B., der Bischof von
Toledo solle Spanier sein, damit er sein Einkommen im Lande
verbrauche [2]). Und immer und immer wieder bitten sie Karl,
er solle nicht so viel in der Welt herumreisen, sondern seine
Einnahmen zu Hause verzehren, damit nicht ihr Geld ins
Ausland abflösse. Aber ihre Bitten halfen nichts. Als indes
Philipp II. den Thron bestieg, wurden sie gegenstandslos. Er
blieb immer im Lande. Aber er setzte die Weltpolitik
seines Vaters fort und das Geld floss weiter ab. Es geschah
dies erstens durch Abgaben an den Papst, die nicht verringert werden konnten. Zweitens fand dies statt durch Ausgaben der Regierung: Spanien unterhielt in ganz Europa eine
grosse Partei. Seine Heere, seine Anhänger, seine Gesandten
mussten bezahlt werden. 1650 sollen die Kriege pro Jahr
13 Millionen 300000 Dukaten gekostet haben [3]). Der Herzog
von Guise erhielt von Philipp II. in kurzer Zeit 3 Millionen

---

[1]) Pet. 31.

[2]) Baumgarten I. 95.

[3]) Campomanes, Apendice IV. 273.

Scudi. Dazu hatte Spanien beim Auslande, vor allem bei den Genuesen, grosse Schulden kontrahiert, deren Zinsen abflossen.

Diese Abflüsse verringerten den Geldumlauf des Landes, ohne auf der andern Seite Waren in dasselbe zu ziehen. Vom Standpunkte der Quantitätstheorie aus hätte teilweise eine Verbilligung der Warenpreise hierdurch eintreten können. Das Warenangebot blieb das gleiche, nur der Wertmesser änderte sich. Indes wurde gerade dieser Geldabfluss Ursache einer realen Preissteigerung. Die betreffenden Steuern trafen ja den Produktionsprozess und mussten als solche in den Preis eingehen.

Andrer Natur sind die übrigen Ursachen, die zum Abflusse des Geldes führen.

Wie schon erwähnt, kamen viele Ausländer nach Spanien, arbeiteten dort eine Zeitlang und kehrten dann mit den Gewinnen zur Heimat zurück.

So brachten sie Arbeitskraft und Kapital nach Spanien und exportierten Geld.

Das Geld floss ferner ab durch Bezahlung der nach Spanien gesandten Waren. Man hat versucht, den Geldexport zu hindern, ohne den Warenimport zu entmutigen. Aber selbstverständlich musste eine derartige Bestimmung wirkungslos bleiben. Wuchs indes das Risiko durch das Verbot, so konnte das letztere nur zu einer Verteuerung des ganzen Prozesses führen.

Doch war es ziemlich leicht, das Gesetz zu umgehen. Auf Grund besonderer Erlaubnisscheine durften die Geldmengen ausgeführt werden. Eine bestechliche Verwaltung erleichtert eine notwendige wirtschaftliche Ausgleichung. Hauptsächlich die fremden Grosshändler, die schon zu Karl in sehr intime Beziehungen getreten waren, importierten mit königlicher Erlaubnis wider das Gesetz Waren und exportierten wider das Gesetz Geld. Es wurden nicht nur auf unerlaubten Wegen Gewinne gemacht, sie flossen sogar dem Auslande zu [1]).

Wenn man keine Ausfuhrerlaubnis erhielt, wurde ge-

---

[1]) Ranke 307.

schmuggelt. In Wolle eingewickelt führte man das Gold weg. Oder es wurde eine Ladung Silber im Hafen von San Lucar registriert und dann auf offener Reede umgeladen. Es war ein glänzendes Geschäft, Silber durchzuschmuggeln. Beim Verkauf desselben im Osten sollen die Engländer noch in späteren Jahrhunderten 30 % gewonnen haben [1]. Die Cortes allerdings waren mit dieser Politik höchst unzufrieden. So klagten sie z. B. in Madrid [2], die fremden Kaufleute raubten das Geld. Das Land verarme. Der Handel vollziehe sich so langsam und mit solchen Schwierigkeiten, dass er nächstens von selbst aufhören werde. Das Geld sei der Lebensnerv des Verkehrs und halte ihn aufrecht. Aber allerorten leide man den höchsten Mangel an Geld. Es werde die Geldnot zunehmen, der Verkehr werde allmählich schwinden. Man müsse der Krone grosse Opfer bringen, — aber unter solchen Umständen werde die königliche Rente sicher abnehmen. Dieselben Cortes, Pet. 4 (Bd. IX 387), betonten gleichfalls die Notwendigkeit des Geldes und beschwerten sich über die Exportscheine, die verliehen würden. So gross ist der Niedergang des Verkehres, dass man keine Steuern zahlen kann. Schon 1566, Pet. 9 [3]), hatten sie gegen den Geldexport geeifert und gemeint, einen Monat nach Eintreffen der Indienflotte habe man bereits alles Geld verloren.

Die Regierung selbst sagte 1576, neben dem Dekrete wäre der Mangel an Geld die Hauptursache des Verfalles des Handels [4]). Für Geld sei Spanien höchstens die Brücke, meinten die Cortes (1588—1590) [5]). Wie kann Geldknappheit, wie kann Geldmangel diese Folgen des Geldüberflusses erzeugt haben?

Nach der Auffassung der Quantitätstheorie wären die Preise so in die Höhe gegangen, dass fremde Waren angelockt wurden. Das Warenangebot wäre vermehrt, die Geldmenge dadurch gemindert worden. Der Preis hätte sinken müssen. Nun

[1] Ustariz.
[2] 1586—1588. S. 290.
[3] V. 388.
[4] VI. 363.
[5] XI. 25.

könnte man fortfahren, das sei durch den dauernden Nach-
schub des Geldes gehindert worden. Bei stetem Wachsen der
Preise hätte dann die Menge der Produkte in Spanien sehr
gross sein müssen. Es wäre möglich, anzunehmen, dass die
spanische Produktion absolut konkurrenzunfähig geworden sei.
Solange die Geldsendungen anhielten, die Preise also hoch-
standen, hätte an ein Aufleben der Industrie nicht gedacht
werden können. Aber schliesslich musste soviel Geld in den
Konkurrenzstaaten aufgehäuft sein, dass die jährlichen Em-
pfänge Spaniens dagegen gar nicht in Betracht kamen. Die
Bevölkerung, die bis dahin ein arbeitsloses Einkommen genoss,
hätte, angelockt durch die hohen Gewinne, zu produzieren begonnen, und Kastilien wäre die Werkstatt der Welt geworden.
Aber in diesem ganzen Verlauf hätte man nicht Mangel an
Geld und hohe Preise gehabt. Man kann sich ein Stadium
vorstellen, in welchem Kastilien ohne Industrie war und nach
Bezahlung des Imports auch ohne Geld; dafür wäre es aber mit
Waren überschwemmt worden, so dass die Preise relativ niedrig
stehen mussten.

Viele dieser Behauptungen stimmen nun, wie im Verlaufe
der Untersuchung gezeigt worden, in nichts mit der Wirklichkeit überein.

Indes kann man das Wunder des Geldmangels bei hohen
Preisen leicht aus den Thatsachen erklären. Das Geld kam
aus Indien als Tribut für den König (Quinto), als Rimesse für
Waren, als Bezahlung von Diensten in Form von Erspar-
nissen u. s. w. Der Anteil des Königs ging grösstenteils für
Dienste aus dem Lande, ebenso ein grosser Teil des Steuer-
ertrags. Damit aber reichte die Krone nicht aus.

Die Münzpolitik Philipps II. und Karls V. war im grossen
ganzen eine ehrliche gewesen. Bewundernd erkannten es die
Zeitgenossen an. Jean Bodin (740) [1]) schrieb lobend, dass
Spanien die Münzgesetze sehr strenge halte. Was mag wohl
die Ursache gewesen sein? Unter Philipp III. begründete man
die Aufrechterhaltung des bisherigen Standard bei Silbergeld
mit der Ansicht, der Stolz des Spaniers verlange es, dass sein

---

[1]) Budeliana.

Silbergeld durch die ganze Welt laufe[1]). Für Karl V. und
Philipp II. wäre das kaum ein Grund gewesen. Karl V. und
Philipp II. haben für das, was ihnen gute Sache war, vor
keiner Gewaltthat zurückgescheut, sofern sie ihnen zweckdien-
lich erschien. Sie haben häufig die Inquisition nur zur Geld-
erpressung verwandt, es war ihnen verkäuflich, was Geldes
wert war, aber die Münzen haben sie nicht verschlechtert.
Sie befanden sich dauernd in Geldnöten, aber eine Münzfälschung hätte ihnen nicht geholfen. Ihre Verpflichtungen,
ihre Lasten waren im Auslande zu leisten, wo kein Münzgesetz
gebieten konnte einen Heller für einen Gulden zu nehmen.
Hätten sie den Wert der Realen in Spanien um 100 % erhöht,
sie hätten im Auslande den Wert von 100 Realen mit 200
spanischen decken müssen. Sie hätten den Betrag der Steuern
nominell verdoppeln müssen, um im Auslande die gleichen
Leistungen bezahlen zu können. Nur in Spanien, nur dem
eigenen Volke gegenüber, nur auf dessen Kosten konnte man
mit Erfolg Münzen fälschen. Es half nichts, die Spanier zu
betrügen, wenn man das Ausland nicht gleichfalls zu den
Kosten heranziehen konnte. Da war es bequemer, die Spanier
zu berauben. 1537, 1555, 1558 und öfter wurden die Gelder,
die als Rimessen für versandte Waren aus Indien nach Spanien
kamen, im Hafen von Sevilla konfisziert[2]). Alle Proteste
waren umsonst. Die Eigentümer erhielten verzinsliche Schuld-
verschreibungen, mit denen sie wohl kaum Steuern bezahlen
durften. Bei Münzverschlechterung ist der Schlagschatz
Gewinn. Hier war alles Schlagschatz, alles Gewinn. Es
sandte also die Krone alles, was sie durch Steuern empfing,
ins Ausland, sie nahm auch das für den Verkehr bestimmte
Geldkapital für sich in Anspruch. Das Volk war von Geld
entblösst und musste Steuern in Geld zahlen, so erklären sich
die Klagen seiner Vertreter, so die Fortdauer der Gesetze gegen
die Geldausfuhr. Aber wie sollten sie helfen, da der Gesetzgeber andern nur verbot, was er selber that? Da klagten 1558
(Pet. 60) die Cortes: „Weil man das indische Gold und Silber

---

[1]) Ranke 296.
[2]) Ranke 281.

für die Bedürfnisse Eurer Majestät genommen hat, gehen Kaufleute, Handel und Handeltreibende in diesem Reiche zu Grund.
Der Verkehr hat aufgehört." Es ist schwer, sich eine deutliche Vorstellung von den
Wirkungen dieser Geldentziehung auf die Preisbildung zu machen.
Zum grössten Teile sollten die betreffenden Geldmengen dazu
dienen, bereits früher getroffene Preisvereinbarungen zu er-
ledigen, d. h. gestundete Verpflichtungen zu erfüllen, Vorschüsse
zurückzuzahlen. Wenn hierzu die Barmittel nicht ausreichten,
dann war selbstverständlich die Einhaltung von Kontrakten mit
erheblichen Mehrkosten verbunden, dann musste ein Agio gezahlt werden. Dann geschah es. wie Mercado schreibt, dass
des Realen Wert von 34 auf 40 Mrs. sprang, also ein Agio von
$17\,^2/_3\,^0/_0$ eintrat. Infolge dieser drückenden Last brachen dann
häufig kaufmännische Firmen zusammen. Die königlichen An-
weisungen waren im besten Falle wie Wechsel, wenn auch
in andrer Form ausgestellt. Sie ersetzten eine bestimmte Menge
Geldes, aber sie ersetzten nicht die Menge Geldes, auf die sie
lauteten. Denn der König schob die Stichtage dauernd, er
war als Schuldner nicht verlässlich. Die Kaufleute, die Bar-
geld benötigten, veräusserten seine Schuldscheine. Aber der
Diskont, der Abzug, den man ihnen machte, bedeutete eine
Vermögenskonfiskation. Diese Folgen hängen indes nur mit der
Funktion des Geldes als letztes Solutionsmittel zusammen.
Es ist zweifelhaft, ob sie auf seine Funktion als Wertmesser
von Einfluss waren.

Die psychologische Wertung des Geldes mag zugenommen
haben, doch lässt sich nichts Bestimmtes darüber sagen. Bedeutende Folgen hat dagegen die Konfiskation auf die Produktion geübt, der der Kredit und damit die Ausdehnungs-
fähigkeit entzogen wurde. Eine geminderte Warenmenge wurde
produziert. während andrerseits der Zusammenbruch auch die
Konsumfähigkeit beeinträchtigen musste. Ob und inwiefern
die Preisstellung hiervon betroffen wurde. ist also nicht er-
sichtlich. Dagegen ist ein einfacher Grund des Geldmangels
dargethan worden. Es kam hinzu, dass nach dem Staatsbankrott den Ausländern der Besitz spanischer Renten
nicht mehr sicher erschien. Sie gaben dieselben an die

Spanier ab, wofür selbstverständlich das Geldkapital abfliessen musste [1]). Wenn hieraus auch die Gründe des Geldmangels hervorgehen, so ist doch der merkwürdige Zusammenhang mit den hohen Preisen unaufgeklärt geblieben. Von einem andern Standpunkte aus wollen wir versuchen, ihn festzustellen.

3. Warenmangel.

Gold und Silber, die sich in den Händen der Minenbesitzer befanden, stellten eine bedeutende Kaufkraft dar. Vermöge derselben vermochten sie ein bedeutendes Quantum des spanischen Nationalproduktes an sich zu ziehen. Ihre zahlungsfähige Nachfrage wirkte bestimmend auf die Richtung der Produktion. Sie trieb den Preis, der für Güter höherer Qualität gezahlt wurde, in die Höhe. Der gesteigerte Preis lockte die Produktion an, so dass sie Abstand nahm von der Erzeugung gewöhnlicher Massenartikel. Wenn die Gesamtproduktion nicht ausgedehnt wurde, musste auch der Preis der Massenartikel steigen. Das Bedürfnis nach solchen nahm nicht ab, und konnte ohne eine schädliche Senkung der Lebenshaltung kaum abnehmen. Es teilte sich daher die gleiche Anzahl Konsumenten in ein kleineres Produkt. Dann wäre ein Zustand des Verfalles eingetreten. Und in der That, wir sahen wie der Stand der Hidalgos zusehends verarmte, wie nicht die Geschlossenheit der Güter, nicht der Eintritt in die Verwaltung ihn zu halten vermochte. Wir sahen, wie die Bauern das Land verliessen, wie Bettlerhorden das Reich durchzogen, wie sich die Klöster füllten, wie die Zahl der Ehen abnahm, die Geburten sich verminderten. Indes müssen wir zwei Perioden unterscheiden. Bis zur Oeffnung der Grenzen, oder eigentlich bis zum Erlasse des Dekretes haben wir steigende Preise, die der spanischen Industrie gezahlt wurden. Da aus dem Preise eine Auszahlung der Einkommen an die Träger der einzelnen Produktionselemente erfolgt, erhalten dieselben steigende Einkommen. Es ist indes fraglich, ob solche in gleichem Masse gewachsen sind.

[1]) Ranke 303.

Nicht fraglich ist aber jedenfalls, dass der Anteil der Träger der einzelnen Produktionselemente an diesem Gesamteinkommen nicht parallel mit demselben zunahm, dass also zum Beispiel der Arbeitslohn nicht in gleichem Mass und Tempo stieg, wie der Unternehmergewinn.

Nach dem Bankrotte wurden die steigenden Preise dem Ausland gezahlt, höchstens, dass die Kaufleute von Sevilla Anteil an denselben hatten. Der industriellen Bevölkerung war die Möglichkeit zur Einkommensbildung, die Arbeitsgelegenheit genommen worden.

Schuld an der gesamten Umgestaltung war, wie gezeigt, die veränderte Reichtumsverteilung, sowohl in Europa als in Amerika. Das Geld war der Träger der neuen Kaufkraft. Das Geld ist nun das Gut, das den grössten Grenznutzen hat, dessen Verwendung die vielseitigste, dessen Absatz der leichteste ist.

Hätten die Amerikaner Getreide produziert, so hätte eine gute Ernte, die den doppelten Ertrag gab, nicht ihre Kaufkraft verdoppelt, nicht die Fähigkeit am Gesamtprodukt Anteil zu nehmen erhöht, sondern vielleicht infolge des Ueberflusses gar gemindert. Wenn aber ein Minenbesitzer den doppelten Ertrag hat, so erhält er die Verfügung über ein unter Umständen doppelt so grosses Produkt, so lange seine verstärkte Nachfrage den Preis nicht treibt. Wenn dies letztere der Fall ist, so bedeutet eine doppelte Geldmenge für ihn immer noch eine $1^7/_8$fache Kaufkraft. $^1/_8$ muss er bereits an den Importkaufmann geben, der die Erhöhung der Nachfrage gefühlt hat. Von diesem Achtel kommen demselben aber bloss $^6/_7$ zu Gute, $^1/_7$ muss er an den spanischen Exporteur abgeben. Von diesem Siebentel muss dieser $^1/_6$ dem Verleger überlassen und so fort. Dann hat der Minenbesitzer einen Gewinn von $^7/_8$, der amerikanische Kaufmann einen solchen von $^6/_{56}$, der spanische Kaufmann von $^5/_{336}$ und so fort. Schliesslich ergibt die doppelte Geldmenge nur die gleiche Kaufkraft wie früher[1]). Ein gesteigertes Geldeinkommen führt dann nicht mehr durch starke Nachfrage zu einem höheren Preise, sondern das Umgekehrte tritt ein. Die gestiegenen Geldpreise

---

[1]) Das Beispiel ist ganz willkürlich gewählt.

verlangen und erzwingen eine Geldeinkommenssteigerung, damit in den unteren Schichten der Gesellschaft
wenigstens eine Erhaltung des Standard of life möglich sei. Es stellt sich also eine Geldentwertung als eine
Revolution in der Einkommensverteilung dar zu Gunsten derjenigen, die die Spitze der Einkommenspyramide bilden.

In diesen Ausführungen haben wir eine stillschweigende
Voraussetzung gemacht. Wenn A ^{7} , B $^{6}/_{56}$, C $^5/_{336}$ der
neuen Geldmenge, respektive ihrer Kaufkraft an sich zu ziehen
vermögen, und nach eingetretener Ausgleichung zwischen Geldlohn und Geldpreis in den unteren Schichten die Bedürfnisbefriedigung derselben auf dem Status quo ante stehen soll,
dann muss eine Vermehrung des Nationalproduktes um
$^7/_8 + ^6/_{56} + ^5/_{336}$ u. s. w. eingetreten sein. Wenn das nicht
der Fall ist, wenn das Nationalprodukt das gleiche geblieben
ist, dann ist für die Bedarfsdeckung der untersten Schichten
$^7/_8 + ^6/_{56} + ^5/_{336}$ zu wenig vorhanden. Dann müssen die
unteren Klassen ihre Lebenshaltung einschränken, wenn sie
keine Einkommenserhöhung auf andrem Wege durchsetzen
werden. Dann wird Not und Elend herrschen, dann die Bevölkerung geistig und physisch verkommen. Dann hat man
hohe Preise, nicht weil die Nachfrage dem Angebot vorauseilt, daher zeitweilig die Besitzenden den Nichtbesitzenden die
Unterhaltsmittel wegkaufen, sondern weil die Produktivkräfte des Landes zu einer vollständigen Bedürfnisbefriedigung aller Angehörigen nicht ausreichen. Und
wie lagen die Dinge in Spanien? Als durch die Silbererute eine
intensivere Nachfrage begann, fing die Industrie an, sich auszudehnen. Aber zünftige Ordnung und strenge Vorschriften hemmten
sie. Der Mangel ausreichender Arbeitskräfte, die geringe
Wirksamkeit der vorhandenen kam hinzu. Die Landwirtschaft
begann Qualitätsprodukte und Rohstoffe — Wein und Wolle —
zu liefern. Aber die ungenügende Organisation — Majorate u. s. w.
— vertrieb den ländlichen Arbeiter, machte den Pächter faul, den
Bauern stumpf. Krieg und Auswanderung, die Vermehrung der
Kleriker und Lakaien verminderten die arbeitende Bevölkerung.

Selbst hohe Löhne lockten nicht. Man öffnete die Grenzen, um den Preisdruck dadurch zu lindern. Vom Standpunkte einer Konsumentenpolitik aus kann man solches Vorgehen nicht einmal verdammen. Spaniens Produktion reichte für das Mutterland und Kolonien nicht aus. Das Ausland beteiligte sich an der Versorgung. Ein Teil des Geldertrages strömte ihm zu. Steuerlast, Konfiskation, Staatsbankrott ruinierten die geringe spanische Industrie, die Landwirtschaft hatte Arbeitermangel. Da sank Spanien gänzlich zum Zwischenhändler herunter. Es hatte, sagte Helferich, das Schicksal eines Kaufmanns, der sich mit der Spedition der neuen amerikanischen Handelsware, des Silbers befasste [1]). Der Preis für die so vermittelte Ware wurde durch Geld beglichen. Nach Ankunft der Silberschiffe floss das Geld ab. Nur der Gewinn des Zwischenhändlers verblieb den Spaniern.

Als der Verfall fortschritt, konnten die Spanier auch ihre heimischen Bedürfnisse nicht mehr decken. Mit Rohstoffen und den Gewinnen, die sie als Zwischenhändler gemacht hatten, mit den Geldern, die sie sich für persönliche Dienste u. s. w. in den Kolonien erworben hatten, zahlten sie die Einfuhr. Das Ausland machte ihnen die höchstmöglichen Preise, denn sie waren auf dasselbe angewiesen. Mit vielem Gelde mussten sie geringe Warenquantitäten bezahlen. Dann eliminierten die Ausländer sie aus dem Zwischenhandel. Das Geld, das nun nach Sevilla kam (nach 1600), war gar nicht Eigentum der Spanier. Es berührte den Rand der spanischen Volkswirtschaft und floss ab.

Und so erklären sich Geldmangel und hohe Preise.

Weil Spanien, ohne Ueberschusswirtschaft zu sein, exportierte, weil es einen beträchtlichen Teil seiner Kräfte der Luxusproduktion zuwandte, entstand Warenmangel. Diese Lücke musste durch fremde Produkte ausgefüllt werden. Dafür floss Geld ab. Spanien sandte sein Jahresprodukt nach Amerika, und bezog infolgedessen ein solches aus dem Ausland [2]). Dazu kommen die Leistungen für die er-

---

[1]) Von den periodischen Schwankungen im Werte der edlen Metalle S. 95.

[2]) Es ist dies, im Verhältnis zu den Thatsachen, viel zu scharf ausgedrückt, doch wohl durch Gründe der Darstellung berechtigt.

wähnten Dienste, die Spanien überall in Anspruch nahm. Daher
war das Land in ständigen Geldnöten. Je geringer aber seine
Exportprodukte im Verhältnis zu denen des Auslandes wurden,
desto geringer war der Geldanteil, den es zurückbehalten
konnte. Wenn zu alledem noch eine Münzfälschung kam, ist
die Geldleere leicht begreiflich. Andrerseits stand aber fast
ganz Europa in einer schmerzlichen wirtschaftlichen Umgestaltung. Die Erzeugung grosser Quantitäten fiel nirgends leicht,
nirgends bestand schon eine voll ausgebildete Exportwirt-
schaft [1]).

Die Kosten dieser Umbildung musste zum grossen Teile
Spanien tragen. Nur gegen hohe und höchste Preise expor-
tierte man. Und Spanien gab sein Silber an das Ausland.
Nicht die spanische Volkswirtschaft ist durch die Silbererute
von Potosi befruchtet worden, wohl aber die von Holland,
England und Frankreich.

Indes wäre es einseitig, die Preissteigerung nur aus der
zu geringen Produktion erklären zu wollen. Vor der Oeffnung
der Grenze (um 1550), als die Regierungspolitik die Mittel des
Landes noch nicht gar zu stark angriff, als die Minen von
Potosi schon erschlossen waren, hat wohl eine Geldentwertung
im eigentlichen Sinne begonnen.

1548 verweist Karl auf die grossen Geldmengen, die vorhanden sind, und 1554 führen die Cortes den Geldüberfluss als
Ursache der Preissteigerung an.

Die grossen Schätze, die sich in Form von Luxus- und
Gebrauchsgegenständen im Besitze der reicheren Klassen vor-
fanden, haben sicher zu einer psychologischen Entwertung der
Metalle geführt, die sich auch in geringerer Schätzung des
Geldes aussprach. Ueberdies waren die vorhandenen Geldbestände
nicht gleichmässig über das Land verteilt, sondern häuften
sich in den geldwirtschaftlichen Verkehrszentren an, wo dann
zeitweise, hauptsächlich vor dem Bankrott, relativer Geldüberfluss herrschte.

Es lässt sich dies thatsächlich beweisen. Wer von Rom
auf Sevilla einen Wechsel zog, gewann 15—20 %. Wer von

---

[1]) Bodin. Stafford.

Sevilla nach Rom zog, verlor 8—10%. Von Sevilla nach dem geldreichen Flandern betrug der Verlust 5—6 %, von Flandern nach Sevilla der Gewinn 8—9%. Indes trat hier aus mannigfachen Gründen häufig die Parität ein. Zwischen Lissabon und Sevilla, den Märkten der iberischen Halbinsel, bestand dieselbe gewöhnlich, doch kommen auch Verluste von 1—2% vor. Von Sevilla ins Innere des Landes nach Burgos und Valladolid oder nach Barcelona hatte man 1—2% Verlust [1]).

„Das Geld," meint Mercado, „wird an einem Orte höher geschätzt als an einem andern, daher kommt es, dass verschiedene Quantitäten gleichwertig sind, dass 90 Dukaten in Flandern so viel Kaufkraft besitzen wie 100 in Sevilla" [2]). „Stets, Indien ausgenommen, macht man von ausserhalb dieses Reiches nach Sevilla Gewinn und umgekehrt verliert man stets irgend wohin von Sevilla, weil es an Geld und Reichtum alles übertrifft" [3]).

Der Mittelpunkt der Geldentwertung war Indien. Von diesem Entwertungszentrum zogen sich Entwertungskreise über die ganze Welt, in die sich andre mit neuen Mittelpunkten einschoben.

70 Dukaten am Hofe waren gleich 100 Dukaten in Lima oder 80 Dukaten in Veracruz, 100 Pesos in Mexiko 85 in Spanien [4]). Der Dukat in Neuspanien war 6, in Altspanien 11 R. wert. In Sevilla war das Entwertungszentrum für Spanien; dort, im Mittelpunkte des reichen Andalusiens, gab es bedeutende Geldmengen. Von dort aus zogen sich Entwertungszonen durch Spanien.

1000 Dukaten in Kastilien sind mehr wert als 1000 Dukaten in Andalusien.

Selbst die weit abgelegenen Städte, wo die Geldentwertung noch nicht so stark auftrat, hatten dem Auslande gegenüber eine solche aufzuweisen. 94 Dukaten in Rom waren so viel wert als 100 Dukaten in Burgos. Der Dukat in Spanien galt

---

[1]) Mercado 280—282.
[2]) Daselbst 302.
[3]) 280.
[4]) 305. 264. 265.

11 R., in Rom 13. Wer in Rom auf Spanien 2000 Dukaten zieht, also 22000 R., gewinnt 4000 R., erhält also 26000 R.[1]. Ausdrücklich gibt Mercado Geldüberfluss als Ursachen an, wenngleich er andrerseits über Geldmangel klagt.

Ein weiterer Beweis für die Entwertung des Silbers ist die veränderte Relation. Eine Verminderung der Goldproduktion hat nicht stattgefunden, dieselbe hat vielmehr dauernd zugenommen. Das Gold ist aus Spanien, weil es ungünstig bewertet war, abgeflossen. Von einer Goldknappheit ist nicht die Rede. Man könnte höchstens eine Stabilität des Goldes annehmen. Danach hätte sich das Silber von 9,829 auf 12,924 entwertet, also um 31 %. Da indes sicher auch die Kaufkraft des Goldes abgenommen hat, dürfte die Silberentwertung eine höhere sein.

Als Resultat unsrer Untersuchung ergibt sich demnach ein Doppeltes:

Unzureichende Produktion war die Hauptursache der Preissteigerung. Hätte man die Silberflotten, die nach Spanien kamen, mit ihrer Ladung versenkt, hätte man, wie Colmeiro einmal meint, die Ernte von Potosi ins Meer geschüttet, um den Wert des restierenden Silbers zu heben, die Preissteigerung wäre nicht gewichen. Nicht das zu grosse Angebot von Silber, die zu geringe Produktion von Waren ist die Hauptursache der Preissteigerung gewesen. Dass die Nachfrage nach Waren ihren Rückhalt in Silber fand, hat ihre Nachhaltigkeit bedeutend gesteigert, und die Menge des Silbers hat ein gewisses Mass der Entwertung herbeigeführt.

Beide Bewegungen gehen nach derselben Seite, unterstützen einander und führen zu verstärkten Ergebnissen. Deshalb kann man bei oberflächlicher Prüfung der sekundären Ursache die alleinige Wirkung zuschreiben. Eine ähnliche Erscheinung bietet ja die Gegenwart, wo der Preissturz, der eingetreten ist, von den Bimetallisten nicht auf Verringerung der Produktionskosten, sondern einfach auf Wertsteigerung

---

[1] Es beziehen sich diese Angaben wohl auf Silber. Der Dukat (eine Goldmünze) scheint nur als Rechnungseinheit zu fungieren, nämlich als Aequivalent von 11 Realen.

. des Wertmasses zurückgeführt wird, obwohl doch bestenfalls beide Momente in verschiedener Stärke nach der gleichen Richtung wirken.

Damit scheint die zweite Frage, die wir uns oben stellten, beantwortet. Die mangelhafte Organisation der Volkswirtschaft war es in letzter Linie, die die Preissteigerung veranlasst hat. Ein Problem der Verteilung ist es, das sich vor uns aufgerollt hat.

Man kann sagen, dass die Preissteigerung zu einer Begünstigung der ökonomisch höchststehenden, am besten kalkulierenden Klassen geführt hat. Alle gebundenen Einkommen werden geschädigt. Das Beamtentum wurde zur Korruption gedrängt, die Hidalgos in die Verwaltung gestossen. Wohl werden die Schuldner, z. B. der Staat, erleichtert. Aber die Folge war nur die, dass er neue unvernünftige Schulden einging. Im übrigen lässt sich folgende Möglichkeit ausdenken: alle schlimmen Folgen wären bei dieser eigentlichen Geldentwertung von einer Steigerung der Produktion begleitet gewesen. Die tieferen Schichten hätten nach schmerzhafter Uebergangszeit den Status quo ante des Standard of life wieder erreicht.· Sie wären, absolut genommen, nicht geschädigt worden. Mittlere Schichten hätten nach erfolgtem Ausgleich die gesteigerte Lebensführung wieder erniedern müssen. Nur die am Ausgangspunkte der Umwälzung befindlichen, also die Minenbesitzer (und so weiter), hätten einen absolut grösseren Anteil an der Produktion erlangt und bewahrt. Dadurch wäre die Einkommenverteilung indes eine ungünstigere geworden.

Weil jedoch die spanische Volkswirtschaft auf den Anreiz zur Produktion nicht reagierte, vielmehr durch die Finanzpolitik der Regierung beschwert wurde, erhielten die Besitzenden einen absolut und relativ grösseren Anteil am Nationalprodukt. Das bedeutete Elend für die unteren Klassen, das bedeutete Verfall für den Staat.

Wenn auch in einem modernen Staate der Eintritt dieser Form der Preissteigerung nicht wahrscheinlich ist, so lässt schon die mildere Erscheinung der eigentlichen Geldentwertung erkennen, welch kompliziertes

schwieriges Problem vorliegt. Es lässt sich kaum ausdenken, von welchen Folgen ein solcher Vorgang
begleitet sein würde, welchen Verteilungsmodus er
nach Massgabe der sozialen und politischen Machtverhältnisse herbeiführen würde, welchen Gang die
einzelnen Zweige der Produktion nehmen würden. Bewusste Eingriffe in einen derartigen Prozess sind unendlich
schwierig und bleiben, wie das Vorgehen der Cortes beweist,
leicht erfolglos.

Das Gegenteil der Andersonschen Behauptung hat sich
als wahr erwiesen. Nicht steigende Preise verursachten die
Unmöglichkeit weiterer Produktion, die Unmöglichkeit weiterer
Produktion verursachte steigende Preise. Nicht eigentlich durch
fremde Konkurrenz verfiel die spanische Industrie, sondern der
Verfall der spanischen Industrie, hervorgerufen durch Steuerlast und unweise Bevormundung, führte zu fremder Konkurrenz.
Die steigenden Geldpreise haben den Untergang der spanischen
Monarchie nicht verursacht, umsoweniger, als nicht in den
geldwirtschaftlichen städtischen Enclaven, sondern in der
naturalwirtschaftlichen ländlichen Bevölkerung der Schwerpunkt
des spanischen Staates ruhte. Das ist die Antwort auf die
dritte Frage.

Von der letzteren Thatsache, wie von andern Begleit-
umständen hat Anderson abgesehen, obwohl Tucker bereits
sie als die entscheidende bezeichnet hatte. Man mag zugeben,
dass bei Anerkennung eines „Ceteris paribus" Andersons Theorie
erträglich sei, wenngleich sie mit dem angeführten Beispiele
nicht übereinstimmt. Wenn man das thut, wird man sich indes eines vor Augen halten müssen:

Losgelöst von der Wirklichkeit ist manche Theorie bedingt richtig, die im Leben nur deshalb geduldet wird, weil
die Last der Voraussetzungen den Wert der Behauptung erdrückt.
Zwei Länder, die verschiedene Währung haben, aber absolut
gleiche Wirtschaftsorganisation besitzen und, einzeln genommen, mit ihrer Währung zufrieden sind, geben ein brauchbares
Beispiel zur Theorie der Exportprämie. Das Land mit der
schlechteren Währung wird das mit der besseren unterbieten u. s. w. Aber diese Länder liegen auf dem Monde,

und noch obendrein auf der uns abgekehrten Seite. Ein Land,
das Silberwährung hat, in dessen Verhältnisse sie
passt, ist volkswirtschaftlich anders organisiert, als
ein Land, das die Goldwährung besitzt. Der Zusammenhang zwischen Währung und Wirtschaft eines
Landes ist wichtiger, als der Vergleich zwischen den
Währungen zweier Länder. Man kann nicht die Struktur
als wesenlos eliminieren und sich dem Studium voraussetzungs-
loser Funktionen hingeben [1]. Das war Tuckers Anschauung und
sie hat sich im Verlaufe der Untersuchung als richtig erwiesen.
In letzter Linie bestimmt nicht die Währung die
Leistungsfähigkeit einer Volkswirtschaft, sondern die
Organisation der Volkswirtschaft findet ihren Ausdruck in der Währung. Wo das infolge politischer Miss-
griffe nicht zutrifft, wo ein Land die Währung, die es verdient,
nicht besitzt, zeigen sich schwere wirtschaftliche Schäden.

Die Währung allein vermag sehr wenig. Als durch
Philipp III. Münzverschlechterung Spanien eine unterwertige
Kupfervaluta besass, hätte es nach den erwähnten Theorien
aufblühen müssen, hätte den Weltmarkt erobern sollen. Denn
Silber besass 50—60 % Agio. Aber die spanische Industrie
schlief den ewigen Schlaf, in den sie Philipp II. Regierung
versetzt hatte, ruhig weiter.

Damit scheinen die drei Fragen beantwortet. Es hat eine
Preissteigerung stattgefunden, doch war sie nicht in erster Linie
durch Inflation verursacht, es kann also der Verfall der spanischen Monarchie nicht Folge dieser Inflation gewesen sein.

[1]) Die Frage, was bei der Untersuchung theoretischer Probleme als
nebensächlich zu bezeichnen und daher zu eliminieren ist, verdiente
eine eingehende methodologische Behandlung. Wenn man alles, was
man nicht kennt, eliminiert, erhält man Resultate, die ebenso klar als
unrichtig sind. Hoffentlich erachtet der Abgeordnete Professor Friedberg
diese Bemerkungen nicht als „ungezogene". (Vgl. Verhandlungen des
Deutschen Reichstags vom 16. 2. 95, S. 923.)

Schluss.

Wir haben versucht, die Ursachen darzustellen, die zum
Verfalle der spanischen Monarchie führten. Nicht auf einfach
mechanische Weise lässt sich erklären, wie ein trefflich be-
gabtes Volk, das als das erste am Platze war und Anteil nahm
an der Weltwirtschaft, in wenig rühmlichem Niedergang dahin-
siechte. Die ganze Kette zusammenhängender Momente wieder
vorzuzeigen, ist überflüssig. Es mag gestattet sein, zwei
Punkte nochmals herauszuheben.

Des Spaniers Element war der Krieg. Er war bereit, für
Kastilien und Leon zu sterben, aber für sein Vaterland leben
und arbeiten mochte er nicht. Durch kriegerische Erfolge hatten
die Fürsten vermocht, das Volk an ihre Fahne zu fesseln.
Sie bildeten den Ritter zum Troupier um. Die disziplinäre
Gesinnung, die ihm in der Schlacht den Sieg verlieh, übertrug der Spanier aufs gesamte Leben. Fester Befehl, festes
Gesetz war nötig zu allem. Aber die Wohlfahrtspflege um
ihrer selbst willen lag nicht im Gesichtskreise der Fürsten.
Sie standen im Dienste einer grossen Idee: ihr opferten sie
ihre Macht, ihr das Glück ihres Volkes. Wäre der Fürst ein
weiser Mann, es wäre gut für ein Volk, sich führen zu lassen.
Aber wenn man dem tüchtigen Herrscher gegenüber auf das
Recht der Selbstbestimmung verzichtet, dann wird einer kommen,
zu schwach, um seine Macht zum Guten wirken zu lassen,
zu stark, als dass man ihn vom Bösen abhalten könnte. So
geschah es in Spanien.

Philipp III. bestieg den Thron. Da lag alles in der Hand

eines unfähigen Menschen. Das Volk überliess alles dem
Könige und der König überliess alles dem Grafen Lerma, und
Lerma stahl, wo er stehlen konnte, und überliess das übrige
der Kirche, die Kirche bereicherte sich, wo sie sich bereichern
konnte, und überliess das übrige dem Himmel, und der
Himmel?

Obwohl die Spanier an Stelle des heiligen Jago die heilige
Theresa zum Schutzpatron ihres Landes erhoben, hat auch der
Himmel ihnen nicht geholfen [1]).
Die Nation verfiel, als die Regierung ihre Hand er-
schlaffen liess (Buckle 37).

Die Vereinigung der ritterlich-romantischen Gesinnung
des Mittelalters mit der militärisch-bureaukratischen des Absolutismus scheint der tiefste psychologische Grund, warum
sich Spanien den neuen Wirtschaftsverhältnissen nicht anpassen
konnte. Seine Grösse bestand in Tapferkeit und Gehorsam.
Die Spanier verbluteten auf den Schlachtfeldern der ganzen
Welt, sie wurden zu Hause zu Grunde regiert.

Neue Wirtschaftsformen, manche ähnlich wie in England.
entstanden. Aber es fehlte der Geist, sie auszufüllen. Denn
der Spanier dachte wie der Städter, der des Abends vor die
Thore hinausgeht und zwischen den wogenden Garben die
blauen und roten Blumen leuchten sieht. Freude über die
Schönheit der Welt erfüllt seine Seele. Aber wehe, wenn
ihm die Sorge für Saat und Ernte übertragen wird, und nicht
verständiger Eigennutz ihn ausreissen lässt, was sein Auge
entzückt. Er mag dann ein Dichter sein und Lieder singen
zu Lob und Preis der blauen Blume, die noch die Nachwelt
erfreuen werden, wie Velasquez' Farbe und Lope de Vegas
Reim, aber leer werden seine Speicher stehen.

Der Dame seines Herzens und der ritterlichen Ehre ge-
hörte das Leben des Spaniers in den alten guten Zeiten, da
die Nation noch gross war. Aber Cervantes' Spott nahm diesen
Angelpunkten die Festigkeit. Haltlos wurde das Leben und
Kastilien verfiel. Ein spanischer Edelmann hat Sir William
Temple diese Geschichte erzählt [2]). Und es ist etwas Wahres

[1]) Ranke 313.
[2]) Essays. Upon ancient and modern learning. 180.

an derselben. Nur ist Cervantes nicht der Schuldige. Er hat
nicht den Geist getötet, der Spaniens Grösse war, sondern die
Anschauung des scharfsinnigen Junkers von der Mancha, die
alle Spanier in der guten alten Zeit erfüllte, hat Spaniens
Weltstellung unhaltbar gemacht. Das Ideal des Spaniers war und blieb Cid Campeador.
der ritterliche Held. Aber die Ritterzeit war vorüber. Ehe
die Nation wusste, wie es geschah. war aus dem Cid der Don
Quijote geworden.